포트폴리오 인생

◦ 이 책은 2008년에 출간한 〈포트폴리오 인생〉의 개정판입니다.
문장을 다듬고 수정하여 재출간 것입니다.

포트폴리오 인생

내 삶에
힘이 되어 줄
찰스 핸디의
삶과 철학

MYSELF
AND
OTHER
MORE
IMPORTANT
MATTERS

찰스 핸디 지음
강혜정 옮김

에이지21

이 책의 찬사

찰스 핸디의 책은 신이 내린 선물과 같다. 그는 영국의 뛰어난 경영 전문 작가다. 그의 책은 항상 도발적이고, 아주 쉽고 재미나게 읽히며, 깊은 통찰력을 보여준다. 항상 그의 생각에 동의하지는 않을 수 있다. 하지만 독자가 생각하게끔 만드는 재주가 있다는 것만은 확실하다. 이 책에서 찰스 핸디는 자신이 겪은 온갖 경험을 소재로 하여 우리의 삶과 일, 사회가 나아가는 방향에 날카로운 질문을 던진다.

-데일리 텔리그래프

어떤 책보다도 비즈니스의 핵심을 깊이 파고든다. 그의 삶의 여정에는 강력한 흡인력과 감동이 있으며, 우리에게 영감을 불러일으키고 우리를 분발케 하는 힘이 있다. 찰스 핸디가 인용한 T. S 엘리엇의 말을 바꿔서 인용하자면 '그의 뛰어난 업적은 우리를 출발점으로 돌려보냈다. 출발점을 처음으로 인식하게 하면서.'

-옵저버

찰스 핸디의 글은 영적이면서 동시에 현실적이다. 그는 우리가 각자의 삶에서 적극적인 뭔가를 하고 싶게 만들고, 동시에 뭔가를 할 수 있다고 믿게 만든다. 찰스 핸디라는 사람과 그의 사고의 토대를 가장 잘 보여주는 책이다. 그만큼 정곡을 찌르고 진정한 영감을 주는 최고의 조언이 될 것이다.

-TES

아주 쉽고 재미있게 읽힌다. 누구나 귀중한 가르침을 얻게 될 지혜가 담긴 책이다.

-선데이 타임스

찰스 핸디의 저서 중에 최고다. 인간에 대한 깊은 애정이 깃들어 있고 사려 깊고 진지하다.

-파이낸셜 타임스

차례

Myself And Other More
Important Matters

감사의 마음을 전하며

안톤 체호프의 희곡 〈갈매기〉를 보면 소설가 트리고린이 작가의 고뇌를 말하는 장면이 나온다. "그래, 글쓰기가 좋아. 글쓰기는 기분 좋은 일이야. 교정을 보는 일도 정말 좋지. 하지만 그러고 나면 출판되어야 해. 글이 출판되는 순간 난 잠을 잘 수 없어. 이미 형편없는 글, 애초에 쓰지 말았어야 할 글이라는 생각에 영 불쾌하고 비참한 기분이 들어. 그러다 사람들이 읽고는 '좋아. 아주 훌륭한 소설이야. 정말 재밌어. 톨스토이만큼은 아니지만 말이야.' 혹은 '좋은 글이군. 하지만 투르게네프의 〈아버지와 아들〉이 더 나은 것 같아.'라고 말하지."

작가라면 누구나 그의 말에 공감할 것이다. 글쓰기는 항상 최종 결과가 불확실한 상태에서 매달리는 외로운 작업이다. 작업 단계마다 타인의 도움과 격려가 필요한 일이기도 하다. 나는 운이 좋았는지 윌리엄 하이네만 출판사 편집자의 도움을 받았다. 조이 드 메닐은 아이디어를 정리하고 체계화하는 과정에 도움을 주었다. 조이가 고국인 미국으로 돌아간 뒤 합류한 캐롤라인 나이트는 부족한 초고를 능숙하게 다듬어 한 권의 책으로 만들어 최종적으로 서점에 진열되는 데까지 전 과정을 살펴주었다. 책이 서점에 진열된 이후에는 랜덤하우스의 마케팅 팀이 판매에 힘을 쏟았을 것이다. 내가 트리고린 같은 비애를 가급적 덜 느끼도록 말이다.

오랫동안 고생한 가족에게 감사의 마음을 전한다. 함께 사는 작가의 고뇌를 참고 견뎌주었을 뿐 아니라 이 책을 핑계로 내가 그들의 귀중한 시간을 약탈하는 것까지 이렇다 할 불평 없이 허락해주었다. 내 삶을 돌아보는 이 책을 집필하면서 가족이 삶에서 얼마나 핵심 역할을 했고 지금도 그러한가를 새삼 실감했다. 아내이자 동업자인 엘리자베스는 항상 나보다 더 내 작품을 믿어 준 사람이다. 엘리자베스의 믿음이 나한테는 엄청난 힘의 원천이었다. 늘 고마운 사람이다. 내가 얼마나 고마워하고 있는지 이 책을 통해 잘 전달되었으면 좋겠다.

마지막으로 그동안 길다면 긴 삶의 여정에서 얼마나 많은 사람이 나와 함께 해주었으며, 내가 그들에게 얼마나 많은 도움을 받았는지 깨달았다. 늦게나마 모두에게 감사를 전한다. 부디 알아주었으면 하는 마음이다. 그들이 없었다면 내 삶이 지금과 같지 않았을 것이다.

2006년 봄, 노퍽과 런던을 오가며

찰스 핸디

1장 ◦ 정말입니까?

Myself And Other More Important Matters

몇 년 전 아내의 인도 차 밭 사진 전시회를 거들고 있었는데 사진을 둘러보던 한 남자가 다가왔다. "찰스 핸디가 여기 있다고 들었습니다만." 그가 말했다. "맞습니다. 제가 바로 그 사람입니다." 남자는 다소 미심쩍다는 표정으로 잠시 나를 보더니 이렇게 물었다. "정말입니까?" 나는 남자에게 좋은 질문이었다고 말했다. 시간이 지남에 따라 찰스 핸디의 여러 버전이 나왔지만 사실 내가 마냥 자랑스러워하는 것은 아니었다.

예를 들면 아일랜드 시골 마을 사제관에서 나고 자란 수줍은 영국계 아일랜드 소년이 있다. 수줍은 소년은 어쩌다 보니 옥스퍼드 고전학도가 되었다. 그리고 보르네오의 강과 정글 속에서 살아남으려 안간힘을 쓰는 셸 석유 회사의 간부가 있다. 막 태동하는 신흥국에서 어떻게든 벗어나 좀 더 흥미로운 세상으로 여행과 돈과 권력이 있는 세상으로 들어가고 싶어 안간힘을 쓰는 딱한 모습이었다. 그것은 내가 바라는 찰스 핸디의 모습이 아니었다. 오랫동안 나는 내가 바라는 찰스 핸디의 모습이 어떤 것인지 뚜렷한 확신을 가지지 못했다. 그래도 교수 찰스 핸디의 모습이 내가 바라는 모습에 조금 더 가까웠다. 가르치고 강연하는 것은 내가 무시하려고 무던히 애썼지만 끝내 외면하지 못한 가문 대대로 이어지는 유산 같은 것이었다.

BBC 라디오 프로그램 〈투데이(Today)〉에서 '오늘의 사색(Thought for the Day)' 코너 진행자로, 말하자면 방송에서 들리는 목소리로 나를 기억하는 사람도 있다. 찰스 핸디라는 경영 컨설턴트, 시쳇말로 경영 구루

(guru)로만 알고 있는 사람도 많다. 소위 경영 구루라는 부류가 주로 미국인이다 보니 이들 중 상당수는 당연히 내가 미국인이라고 생각한다. 아이들에게 나는 다소 비현실적인 면도 있지만 상당한 요리 실력을 갖춘 자애로운 아빠 정도로 비치지 않았을까 싶다. 반면에 아내는 나의 이런 다양한 모습과 역할을 대부분 보았을 테니 이미 과거형이 되었거나 지금도 진화 중인 찰스 핸디의 복잡한 면모를 어쩌면 나보다 더 잘 알 것이다. 지금의 찰스 핸디는 60대에 들어서 또렷이 모습을 드러냈다. 앞으로 다른 버전의 새로운 찰스 핸디가 나타날지 누가 알겠는가. 죽기 전까지는 누구도 행복하다거나 온전한 자신이 되었다고 할 수 없다.

정체성이란 수수께끼 같은 주제다. 나는 내 사진을 볼 때마다 깜짝깜짝 놀란다. 사진 속의 나는 매일 아침 거울을 통해 보는 내가 아니기 때문이다. 거울에 비친 나는 사진 속 은발 노신사보다 자애롭고 더 젊어 보인다. 사진도 이러할진대 타인의 시선으로 자신을 본다는 것은 또 얼마나 어렵겠는가. 요즘 기업들이 열을 올리고 있는 그 무시무시한 360도 업무 평가도 아마 진실의 일부분만 보여줄 것이다. 자신을 길쭉한 8단 서랍장 같은 존재라고 표현하던 친구가 있었다. 서랍 하나하나가 그의 삶의 한 가닥을 나타내는데 그 서랍을 통해 그의 온전한 자아를 엿볼 수 있다고 했다. 하지만 거기가 끝이 아니었다. 서랍 하나는 외부인이 볼 수 없게, 또 하나는 자신의 무의식에까지 잠겨 있었다.

그때 나는 사회 심리학을 배우던 시절에 접한 '조하리의 창(Johari window)'이라는 개념이 떠올랐다. 조셉 루프트(Joseph Luft)와 해리 잉햄

(Harry Ingham) 두 교수가 고안한 이 실험은 네모난 상자 창을 네 개로 나눈 모양이다. 각 칸은 A부터 D까지 이름을 붙이는 방식으로 구성되었다.

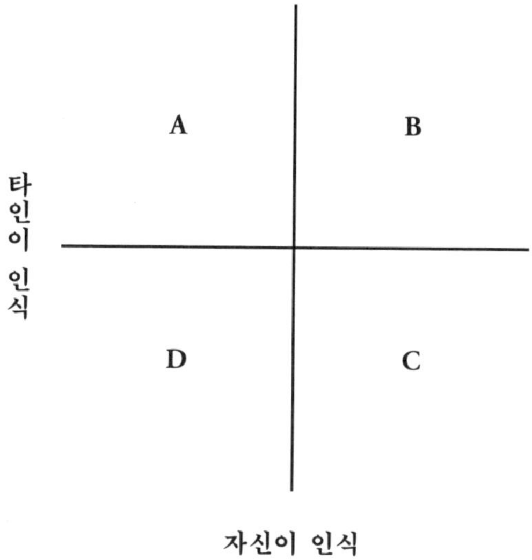

전체 창은 자신과 타인이 보는 자신의 모습을 나타낸다. 자신은 내부에서 보는 반면 타인은 창밖에서 본다는 발상이다. 칸막이가 워낙 두꺼워서 누구도 전체 모습을 볼 수 없었다. 타인은 창 A와 D로 표현된 당신의 일부를 보았지만, B와 C는 보지 못했다. 다시 말해 창 D의 모습은 모두에게 공통적이다. 하지만 C는 당신만의 모습이고 B는 모두에게 숨겨져 있었다. 조셉과 해리는 모두가 공통으로 인식하는 창 D를 최대한 크게 만들 수 있다면 더 나은 기능을 발휘하고 자신에게 충실한 사람이 될 수 있다고 했다.

그런 일이 얼마나 가능할지는 의문이다. 셰익스피어는 일찍이 '한 사람이 일생 동안 여러 역할을 소화한다'고 말했지만, 요즘은 순차적으로 뿐 아니라 동시에 여러 역할을 소화하기도 한다. 나는 젊은 시절의 찰스 핸디와 다를 뿐 아니라 장소와 함께하는 사람에 따라서도 다르다. 그렇다면 우리는 같은 사람인가 아닌가? 우리를 바라보는 사람만이 아니라 우리 자신도 혼란스럽지 않을까.

최근 아내와 함께 델리의 한 콜센터를 방문할 일이 있었다. 이 콜센터는 미국에서 걸려오는 AOL과 델(Dell) 사의 전화 문의를 처리하는 곳이었다. 델리에서는 한낮이었지만 미국에서는 아직 밤 시간대였기 때문에 콜센터는 한산했다. 직원 대부분이 저녁에 도착했다. 그들은 콜센터에 오면 서양 옷으로 갈아입고, 영어 이름을 사용하고, 가능한 미국식 억양을 흉내 냈다. 그들은 여가 시간에 미국식 구어에 익숙해지도록 미국 드라마를 보도록 권장받았는데, 이는 문의 전화를 건 고객이 델리가 아닌 캔자스에서 상담해주는 것처럼 느끼게 하려는 배려라고 했다.

우리는 이런 이중생활을 해야 한다는 사실에 적잖이 놀랐다. 밤에는 미국인이고 낮에는 인도인인 그들이 어떻게 버텨내는지 신기했다. 급여가 좋은데도 이삼 년 이상 버티는 사람이 없는 것도 당연한 일이다 싶었다. 회사를 비롯한 여러 조직에서 일하던 나의 생활을 떠올렸다. 나 역시 소속 조직 사무실에 들어서는 순간 옷차림과 태도를 바꾸곤 했다. 어떤 면에서 가족이 아는 찰스 핸디와는 전혀 다른 사람이 되었다. 이렇게 우리 모두는 어느 정도 주위 환경에 순응하며 살아간다.

사진 작가인 아내 엘리자베스는 특이한 인물 사진을 통해 이를 잘 보여준다. 그녀는 피사체가 되는 이에게 옷을 바꿔 입거나 동작을 달리하면서 두세 가지 다른 자세를 취해달라고 요구한다. 그 사람의 삶에서 다양한 역할을 반영하기 위함인데 모두 같은 배경에서 촬영한다. 주방을 배경으로 찍은 본인의 사진에서도 엘리자베스는 사진 작가로서의, 스토브 앞에 서 있는 요리사로서의, 컴퓨터 앞에 앉아 있는 내 대리인으로서의 모습을 취하고 있다. 엘리자베스는 이렇게 찍은 사진을 합쳐서 마치 한 공간에 세 명의 다른 사람이 있는 것처럼 보이게 만든다. 물론 세 사람은 동일인이다. 여기에는 반전이 있다. 그녀는 같은 위치에서 인물 사진을 찍지만 피사체를 방 주위에 배치하기 때문에 카메라에서 가장 가까운 이미지가 더 크게 나온다. "여러 역할을 소화하는 모습 중에 어떤 것이 가장 당신다운가요?" 그녀가 인물 사진을 찍으려고 앉아 있는 사람에게 묻는다. 대답하기 어려운 질문이다. 하지만 엘리자베스 본인의 사진을 보면 대답이 명쾌하다. 사진 작가인 엘리자베스가 당당한 모습으로 전면에 나와 있고, 배경에는 컴퓨터 앞에 웅크리고 앉은 작은 엘리자베스와 스토브 앞에서 가족의 식사를 준비하는 조금 더 큰 엘리자베스가 있다.

나는 가끔 이 인물 사진을 보는 사람에게 질문을 던진다. 엘리자베스가 사진을 찍어준다면 어떤 자세로 세 장을 찍고 싶습니까? 어떤 사진을 맨 앞에 놓고 싶습니까? 시간이 지남에 따라 사진의 내용이나 배치가 달라질까요? 다른 사람들도 당신의 배치에 동의할까요? 내 경우 요즘 가장 부각되어야 할 이미지는 책을 들고 있거나, 책상에 앉아 있거나, 머리를 긁적이며 무엇을 쓸지 고민하는 작가로서의 모습이 좋을 것 같다. 나는 쓸거리를 생각할 때면 머리를 비비는 버릇이 있다. 몇 년 전 엘리자베스가 나를 찍어줄 때 이 세 이미지 모두를 활용해서 합성 사진을 만들었다. 나는 그다지 만족스럽지 않았다. 글쓰기가 내 전부인 양 보였기 때문이다. 프라이팬을 들고 요리하는 모습이나 와인 병을 들고 가족과 식탁에 둘러앉은 모습을 넣었으면 싶었다. 10년 전이었다면 회사에서 회의하는 모습을 찍은 사진을 포함했을 것이다. 그때는 이론가이면서 실천가가 되길 원했고, 중요한 사람들 가까이에 있고 싶었던 시절이었기 때문이다. 엘리자베스가 10년 정도마다 이런 식으로 내 사진을 찍었다면 내 삶의 변화 과정과 진화하는 찰스 핸디를 구성하는 다양한 역할을 생생하게 묘사할 수 있었을 것이다.

엘리자베스는 촬영 의뢰를 받으면 일단 여러 장을 찍어 가장 마음에 드는 것을 고르라고 한다. 흥미롭게도 사람들은 누구에게 줄 것인지에 따라 다른 사진을 고른다. 한 젊은 여성은 각각 다른 네 장을 골랐다. 첫 번째 사진은 아버지를 위한 것이라는데 사진 속의 그녀는 어린아이 같은 천진한 모습이다. 어머니에게 주겠다는 사진은 전혀 달랐는데 컴퓨터 옆에서 독립적이고 유능한 교수로 보이는 모습이었다. 연인을 위한 사진에서는 무척 다정하고 로맨틱한 매력을 한껏 발산하고 있었다. 마지막으로 본인이 간직할 사진에서는 탐색적이면서도 호기심 가득한 눈빛, 진지하면서도 애틋한 표정을 하고 있었다. 그녀는 각각의 관계에서 자신을 다르게 보았다. 어떤 것이 진짜 그녀의 모습일까? 모든 모습이 그녀이겠지만 사람들은 그녀의 한 면만 볼 것이다. 어쩌면 그녀 자신조차 모르는 또 다른 이미지가 숨어 있을 가능성도 많다. 조하리의 창이 보여주듯이 우리는 스스로에게도 낯선 존재다.

영국에서는 '딸을 직장에 데려가는 날' 행사가 있다. 1년에 한 번 부모가 어린 딸을 직장에 데려가서 바깥세상을 체험하는 날이다. 아이들은 이날 부모의 다른 모습을 본다. "엄마, 회사에서 아빠는 대단한 사람이었어요." 집으로 돌아가는 길에 한 아이가 그렇게 말하는 걸 들었다. 직장에서는 사자처럼 씩씩한 아빠가 집에서는 새끼 고양이처럼 겁쟁이가 되거나 그 반대일 수도 있다. 우리는 종종 델리의 콜센터 직원과 다를 바 없는 1인 2역을 하는 경우가 많다.

그게 문제일까? 문제일 수 있다. 윤리의 큰 수수께끼 중 하나는 사람들이 개인적인 영역에서는 감히 상상도 못할 일을 업무 영역에서 태연히 자행하고 어떻게 이를 정당화할 수 있는가와 그로 인해 발생하는 혼란이다. 많은 사람이 친구나 친척과 함께 일하는 것이 지뢰밭을 걷듯 위험천만한 일임을 알았다. 왜냐하면 개인 영역과 업무 영역이 겹치기 때문이다. 친구란 상대의 재능과 재주는 물론 기벽과 결점까지 모두 받아들이는 존재다. 싫든 좋든 친구는 친구 그 자체다. 하지만 일이 개입되면 무조건 받아들일 수 없는 상황이 생긴다. 상사나 동료의 위치에서는 상대를 변화시킬 필요가 있다는 생각도 하게 되고, 심지어는 해고해야겠다고 느낄 수도 있다.

친구로부터 자신이 운영하는 자선 단체의 경영 문제를 도와달라는 부탁을 받은 적이 있다. 이사회는 공식적으로 나를 컨설턴트로 임명했고, 나는 4주 동안 모든 경영진을 면담했다. 면담이 끝날 무렵 나는 조직에 만연한 불신을 조장하고 모든 일을 방해한 주범이 바로 내 친구로 그의 냉담하고 거리감 있는 경영 스타일이 문제라는 것을 알았다. 나는 내 생각을 말하고 상황을 개선하기 위해 그가 할 수 있는 몇 가지 실질적인 안을 제안하기 위해 사적인 저녁 식사에 초대했다. 그는 마지못해 동의했고 나는 간지러운 일을 나름 잘 해결했다고 자축했다. 하지만 자축은 너무 이른 감이 있었다. 뒤에 열린 이사회에서 친구는 조직 내에 불화를 조장해 자신이 일을 수행할 수 없게 만들었다고 공개적으로 나를 비난하고 사임했다.

입장이 곤란해진 우리 부부는 친구 부부를 다시 저녁 식사에 초대했지만, 친구는 성찬식을 함께하고 싶지 않다는 경건한 표현까지 쓰면서 나와 식사하고 싶지 않다는 의사를 분명히 했다.

그 이후로 나는 친구를 위하거나 친구와 함께 일하지 않기로 결심했다. 심지어 친구와 집을 공유하지도 않겠다고 다짐했다. 우정은 워낙 소중해서 섣불리 위험에 빠뜨려서는 안 된다. 우정과 일이라는 두 영역은 겹치지 않을 때 가장 잘 작동하는데 자기 인식에 혼란이 오지 않기 때문이다. 그러나 문제는 함께 일하는 사람이 친구가 되는 경우다. 아마 내가 친구보다 먼저 승진할 수도, 반대 상황이 벌어질 수도 있다. 사정은 항상 변하는 법이다. 친구이자 동료가 승진하여 상사이자 친구로 지낼 수도 있다. 이런 관계에서 근무 평가를 한다고 상상해 보라. 비판이 필요할 경우 새로운 상사가 얼마나 솔직할 수 있을까? 조직을 우선하여 친구를 배려하지 않아도 될까? 냉정히 비판하거나 변화를 촉구해야 하는데도 우정 때문에 두루뭉술한 말밖에 못할 수도 있다.

사실 우리는 상대에 따라, 또 환경에 따라 다르게 행동한다. 그렇지 않다고 주장하는 사람은 아마도 상황을 충분히 확장하지 못했거나 타인이 보는 것처럼 자신의 모습을 생각해보지 않았을 것이다. 전쟁이나 비상 상황에서 내가 과연 어떻게 행동할지 궁금하다. 당당히 도전에 응할 수 있을까, 아니면 지레 포기하고 말까? 다행히 아직까지는 그런 시험대에 오른 적이 없다. 우리가 할 수 있는 일은 조하리의 창에서 D 영역을 최대한 열고 미지의 영역인 B 영역을 탐색하여 자신이 아닌 척하는 대신 스스로에게 솔직하고 개방적인 태도를 취하는 것뿐이다. 오랫동안 나는 어찌 보면 거짓되었다고 할 수 있는 삶을 살았다. 내가 아닌 다른 사람이 되려고 했던 탓이다. 젊은 시절에는 술 좀 한다는 소리를 듣는 사교적인 사람이 되려 했고, 한때는 강인한 석유 회사 임원이 되었으면 했다. 그러다가 결국 나와 뜻이 같지도 않은 사람들을 억지로 끌고 가는, 의욕과 야심만 넘치는 리더가 되어 있는 나를 발견했다. 가끔은 전혀 다른 사람으로 태어났으면 하고 바랄 때야 있지만 있는 그대로의 나를 받아들이자 마음이 편안해졌다. 하지만 이제는 더 이상 불가능한 소망에 헛되이 매달리지 않는다.

심리학에서 중요한 논쟁거리는 '애초에 우리 내면에 드러나기를 기다리는 핵심 자아가 있는가, 아니면 시간이 지남에 따라 진정한 자아가 진화하는 것인가' 하는 문제다. 조직을 괴롭히는 끊임없는 질문도 이런 논쟁에서 파생된 것이다. 리더는 타고나는 것인가, 만들어지는 것인가? 세상사 대부분이 그렇듯이 진실은 아마도 둘 다일 것이다. 우리가 내성적인지 외향적인지, 구조화된 환경을 좋아하는지 다소 무질서한 환경을 좋아하는지를 알려주는 '성격 테스트'는 우리의 진정한 정체성이 성인이 된 초기에 형성되며, 행복한 삶은 각자의 특성에 맞는 환경을 찾는 것이라는 사고에 기초한다. 여기에는 직관적인 진실이 있다. 우리는 성장하면서 혹은 유전적으로 특정 기질을 가지고 태어난다. 말콤 글래드웰(Malcolm Gladwell)의 책 〈티핑 포인트(The Tipping Point)〉에 따르면 우리는 모두 메이븐(Maven), 커넥터(Connector), 세일즈맨(Salesman) 성향이 어느 정도 혼합되어 있다고 한다. 간단히 말하면 메이븐은 영리하고 지식에 관심이 많은 사람, 커넥터는 사교적이어서 주위와 교류가 활발한 사람, 세일즈맨은 설득에 능하고 카리스마를 가진 사람이다. 누구에게나 이 세 가지 성향이 섞여 있지만 보통은 한 가지 성향이 더 강하다는 것이 그의 주장이다.

애초에 우리는 유전자로부터 자유롭지 못하다. 나의 경우 어렴풋이 어머니를 닮은 구석이 있으면서 전체적으로는 아버지를 많이 닮았다. 좋은 분들이지만 누구도 잘생겼다고 할 수는 없다. 한번은 강연하러 벨파스트에 갈 예정이었는데 공항으로 마중 나오기로 한 직원이 나를 어떻게 알아보느냐고 전화를 걸어왔다. 당연히 내 비서가 전화를 받았을 거라 생각한 직원은 '통통하고 키가 작은 분이라고 들었습니다.'라고 말했다. 전화를 받은 아내는 '맞습니다. 통통한 대머리 남자예요.'라고 대답했다. 영락없는 아버지 모습이다. 직원은 우리를 만났을 때 전화를 받은 사람이 아내였다는 사실을 알고 무척 당황했다. 나는 아내에게 내가 그렇게 작지도 뚱뚱하지도 않다고 항변했다. 아내는 '중요한 건 당신의 됨됨이지 외모가 아니에요.'라며 허영심 부리지 마라고 했다. 하지만 나는 훤칠하고 머리숱 많은 미남이 부러웠다. 율리우스 카이사르는 작고 통통하고 대머리였지만 세계를 정복하지 않았던가. 나는 로마 여인들이 카이사르를 아주 섹시한 남자로 생각했다는 사실을 계속 상기해야 했다.

아버지를 닮은 건 외모만이 아니었다. 아버지는 항상 권력을 거북해했다. 교구 사제로 일하면서 아버지는 신도들을 직접 만나는 사목 활동을 좋아했는데 젊은이들에게 더할 나위 없이 훌륭한 멘토가 되어 주었다. 훗날 한 남자에게 들은 바에 따르면 아버지는 시골 교구 너머 바깥세상의 시련과 유혹, 특히 성에 대한 놀라운 인식을 보여주었다고 한다. 사실 대중적이지 않은 결정을 포함해서 교구를 운영하는 데는 힘든 점이 많았다. 규칙과 규율을 적용해야 하고, 때로 전체의 이익을 위해 누군가를 해임해야 하는 등 사람들이 반기지 않는 일이어서 아버지에게는 편치 않고 하기 싫은 업무였다. 나도 그렇다. 그것이 내가 결코 훌륭한 관리자가 되지 못한 이유일 것이다.

한편으로 우리는 경험을 통해 배우면서 성장하며 유전적으로 타고

난 자아를 넘어선 뭔가를 만들어내는 것 같다. 우리는 끊임없이 자신의 정체성을 채워 간다. 나이가 들면서 자신에게 가장 잘 맞는 삶의 영역을 찾아가면서 정체성은 더욱 견고해지고 일관성을 갖는다. 지금 생각하면 나는 항상 메이븐 기질이 강해서 아이디어와 지식에 관심이 많았으나, 실제로는 커넥터의 삶을 갈망하고 세일즈맨이 되기를 간절히 꿈꿨던 것 같다. 하지만 나는 자신을 돌아보고 몇몇 성공한 기업가를 조사하는 과정에서 또 다른 가능성도 보았다. 열정이 있으면 타고난 기질로 보아 영 거리가 먼 사람도 세일즈맨과 커넥터가 될 수 있다는 사실이다. 충분히 좋아하고 관심을 기울이면 거의 모든 것을 할 수 있고 배울 수 있다. 나의 진짜 문제는 인생의 전반기에 맞지 않는 일에 종사했던 것이 아니라 내가 하는 일에 열정이 부족했다는 데 있었다.

어쩌면 나는 운이 좋게도 다른 많은 재능 중에서도 천성적으로 자신이 관심이 있는 것에 훌륭한 커넥터이자 세일즈맨인 사람과 결혼한 것인지도 모른다. 그런 면이 배우자를 나태하게 만들 수도 있다. 오스트리아에서 어린 시절을 보낸 아내 덕분에 나는 굳이 독일어를 배울 필요가 없었다. 우리는 종종 배우자의 재능에 지나치게 의존한 나머지 스스로의 재능을 개발하지 않기 때문에 배우자가 떠나면 무력감을 느끼고 당황한다.

조금 다른 형태의 나태함도 있다. 첫 결혼 생활이 얼마나 공허했는가를 내게 실토하던 여성의 경우가 그렇다. 그녀의 남편은 결혼 후 몇 년이 지나 아이를 가질 수 없다는 사실을 알고는 우울증과 실의에 빠져 1년 동안이나 그녀에게 말을 걸지 않았다고 한다. "신혼 여행을 갔을 때부터 잘못되었다는 것을 알았어요." 그녀가 말했다.

"그럼 왜 그와 결혼했나요?" 내가 물었다.

"당시에는 일종의 기차를 탄 기분이었는데 어떻게 내려야 할지를 몰랐어요. 우리는 외국에 나가 있었는데 영국에 있는 아버지는 횃불, 불꽃놀이, 리무진 등 모든 것을 갖춘 성대한 결혼식을 준비했어요. 난 그냥 따르기만 했어요." 그녀가 대답했다. 사실 그녀는 결혼이라는 고상한 허울을 쓰고 남편과 13년을 살았는데, 새로운 삶과 보다 온전한 정체성을 갖게 된 계기를 제공한 다른 사람을 만나고 나서야 공허한 결혼 생활에 종지부를 찍을 수 있었다. 이제 그녀에게는 딸도 있다. 타협적인 삶은 결국 시간 낭비라는 엄청난 대가를 치르고 끝날 수 있었던 셈이다.

프랑스 인시아드(INSEAD) 경영대학원 허미니아 아이바라(Herminia Ibarra) 교수는 서른아홉 명의 성공한 사람을 인터뷰하여 인생을 획기적으로 바꾼 방법을 알아보았다. 문학 교수에서 주식 중개인이 된 사람, 투자 전문가에서 베스트셀러 작가가 된 사람 등이 포함되었다. 아이바라 교수는 성공적인 삶이란 행동하기 전에 자신이 무엇을 하고 싶은지 아는 것이 아니라 그 반대라고 주장한다. 일단 행동하고 경험하고 질문하고 다시 행동하는 과정을 통해서만 자신이 누구이고 무엇을 할지 알 수 있다는 것이다. 우리의 정체성은 부분적으로는 타고나고 부분적으로는 초기 경험에 의해 형성되지만 더 많은 가능성을 탐색할 때까지 완전히 형성되지 않는다. 따라서 우리는 끊임없이 감춰진 영역을 들여다보고 가능한 많은 것을 밝은 빛으로 끌어내고자 노력해야 한다. 쉽지 않겠지만 어쩌면 우리가 생을 마감할 즈음에는 자신에게나 타인에게 감춰진 영역이 없는 온전한 정체성을 구현할지 모른다.

결국 삶이란 자신의 정체성을 찾아가는 과정이라는 생각이 든다. 자신이 진정 누구인지, 자신이 진정 무엇을 할 수 있는지 끝내 모른 채 죽는다는 것은 슬픈 일이다. 삶이란 정체성이라는 사다리를 오르는 과정이고, 우리는 사다리를 오르면서 서서히 자신의 정체성을 증명하고 발견해간다. 심리학자 에이브러햄 매슬로우(Abraham Maslow)는 이를 '욕구 단계설'이라고 불렀는데, 나한테는 오히려 사다리에 더 가깝다. 첫 번째 사다리는 생존의 단계다. 둥지를 떠나면 혼자 날 수 있을까? 돈을 벌고 가족을 부양하고 직업을 유지하거나 자격증을 딸 수 있을까? 생존이 보장되면 우리는 자신을 표현하고 어떤 식으로든 다른 사람과 차별화하여 독립적인 정체성을 구축해야 한다. 대다수 사람에게 중년의 성공은 사다리에서 이 단계에 도달하는 것을 의미한다. 하지만 사다리는 여기서 끝나지 않는다. 우리는 세상에 자신의 흔적을 남기며 좋든 싫든 한평생을 살기에 조금이라도 다른 세상을 만들고 싶어한다. 따라서 마지막 사다리는 자신보다 더 큰 무언가를 위한 기념비적인 것, 즉 오래 지속될 자신만의 기여의 단계다. 누군가는 매슬로우의 욕구 단계설을 다른 방식으로 설명했는데 훌륭한 삶의 구성 요소를 살아가기, 배우기, 사랑하기, 유산 남기기로 나열했다. 나는 이 설명이 마음에 든다. 내가 삶에서 노력해온 부분이 잘 담겨 있기 때문이다.

'기여'가 세상을 뒤흔들 정도로 대단할 필요는 없다. 대다수 사람은 그들이 키우는 자녀가 최고의 유산이다. 누군가에게는 하는 일이나 자신의 사업이, 다른 누군가에게는 자신이 구하거나 건강하게 해준 생명, 가르친 아이, 치유한 환자, 심지어 자신이 만든 정원이 그 대상이 될 수 있다. 여기에는 소중한 교훈이 있다. 개인이든 집단이든 결국은 '어떻게 돈을 벌었느냐'가 아니라 '어떻게 돈을 썼느냐'로 기억된다. 무덤 주인이 수백만 달러를 벌어들였다고 묘비에 기록한들 지나가는 사람 누가 거기서 감명을 받겠는가. 중요한 것은 수백만 달러로 무엇을 했는가이다.

우리가 할 수 있는 작은 일이 큰 체제에서 중요하리라는 생각 자체가 어쩌면 교만이다. 하지만 안 그럴 수도 있다. 내 책은 모두 재활용되고 내 아이디어는 잊힐 것이다. 하지만 나는 여전히 글을 쓰고 가르친다. 왜 그럴까? 죽기 전에 나의 모든 면을 발견하기 위해 그 창을 채우고 싶기 때문이다. 지금 쓰는 이 책은 그 자체로 나의 완전한 정체성을 찾아가는 탐색의 일부다. 변화해온 삶 속에 등장했던 여러 찰스 핸디와 그 과정에서 깨달은 것을 만나고 성찰하는 과정이 바로 이 책이다. 지금 나는 내 자신을 알고 있을까? 완전히는 아닌 것 같다. 아직 가야 할 길이 남아 있다. 자주 인용되는 엘리엇의 시구가 있다. "모든 탐험의 끝은 우리가 시작한 곳에 당도해 처음으로 그곳이 어떤 곳인지 아는 일이다." 우리가 탐험을 멈추는 때는 아마도 삶이 끝나는 순간일 것이다. 나는 아직 그럴 준비가 되지 않았다.

이베이의 공동 창립자인 제프 스콜(Jeff Skoll)은 아버지가 말기 암 진단을 받았다는 소식을 듣고 집으로 돌아오던 날을 기억한다. 당시 열네 살이었던 제프에게 아버지는 '죽음은 두렵지 않지만 살면서 하고 싶었던 걸 다해 보지 못해서 슬프다'고 말했다. 말하자면 그는 자신의 가능성을 다 경험하기 전에 죽을까 봐 두려웠던 것이다. 다행히 그의 경우 진단이 잘못되어 다시 한번 기회가 주어졌지만 모든 사람이 운이 좋지는 않을 것이다.

2장 ◦ 아일랜드에서의 시작

Myself And Other More Important Matters

태어나서 20년 동안 내 주소는 에이레 킬데어 주 샐린스 마을 세인트 마이클 사제관이었다. 당시 아일랜드 사정에 밝은 사람이라면 주소만으로 나에 대해 많은 것을 알 수 있다. 먼저 주소에는 내가 현재 아일랜드 공화국이라고 불리는 남부 아일랜드에 사는 개신교도라는 사실이 나와 있다. '사제관(vicarage)'이라는 단어를 통해 내가 가톨릭이 아닌 국교회의 사제, 구체적으로는 영국 국교회의 한 종파에 속한 아일랜드 국교회 사제의 아들이라는 것도 알 수 있다. 이는 또한 내가 완전히 아일랜드인이거나 영국인이 아닌 '영국계 아일랜드인'이라는 사실을 말해준다. 17세기 영국에서 건너와 소수인데도 다수의 가톨릭에 법적 우위를 차지했던 이들은 보통 '지배 세력'이라고 불렸는데 토착 아일랜드 사람이 좋아할 신분이 아니었다. 누구나 내 주소만 알면 내가 초등학교부터 대학교까지 어떤 학교를 다녔을지, 누구와 친구가 되었을지, 어느 정당을 지지했을지 짐작할 수 있다.

시작이 결국 끝을 결정한다는 사실을 이제 나는 실감한다. 더구나 시작과 관련해서는 우리가 능동적으로 할 수 있는 일이 많지 않다. 아일랜드 시골 마을에서 자란 어린 시절 나는 집안 내력이나 아일랜드의 오랜 비극의 역사를 전혀 몰랐지만 그래도 내가 왠지 모르게 다르다는 사실만은 확실히 알았다. 영국계 아일랜드인이니 지배 세력이라는 표현은 몰랐지만, 내가 아일랜드 억양을 조금이라도 내비치면 어머니가 유독 예민하게 반응한다는 사실을 알았고 늘 그것이 궁금했다. 우리는 더블린에서 서쪽으로 50킬로미터쯤 떨어진 들판 한가운데 있는 사제관에서 살았다. 아버지가 매일 아침 기도를 하는 아름다운 시골 교회에서 100미터쯤 떨어진 곳이었다.

우리는 부유하지 않았지만 그렇다고 가난하지도 않았다. 집에는 함께 머무는 가정부와 정원사가 있었다. 그들은 가톨릭 신자여서 지역 성당에 미사를 보러 다녔다. 우리와 우리가 아는 사람은 모두 교회에 다녔다. 그들 대부분은 개신교 신자로 우리처럼 예전에 건너온 영국계 아일랜드인의 얼마 안 되는 후손들이었다. 점점 줄어드는 소수 민족이라면 더 이상 믿지 않더라도 자신의 정체성을 일깨워주는 어떤 것에 더욱 집착한다. 대다수 영국계 아일랜드인에게 교회는 종교 기관이 아니라 일종의 친목 단체였고 아마도 항상 그랬을 것이다. 교회에 다니는 사람 중 일부는 여전히 한때 웅장했지만 이제는 껍데기에 불과한 집에서 살았다. 다른 일부는 의사, 교사, 변호사, 건축가 등 전문직 종사자였는데 적정 규모의 부동산이나 농장을 소유하고 있었다. 내가 아는 사람 중에 사업가라고 부를 만한 사람이 있었는지는 모르겠다. 부모님이 그쪽과는 거리가 먼 탓도 있지만 영국계 아일랜드인이 사업을 업으로 하지 않았던 것도 일정 부분 원인이 있다. 이들은 지방 유지였는데 상당수가 17세기 청교도 혁명 지도자였던 크롬웰과 함께 건너왔다. 당시 조상들은 위대한 호국경에게 봉사한 대가로 넓은 땅을 하사받았다. 이후 오랫동안 그들의 후손은 영국을 위해 아일랜드를 통치했고 그래서 지배 세력으로 불리었다.

몇 년 전 나는 핸디 가문이 처음 아일랜드에 와서 살았던 곳을 찾았다. 아일랜드 중심부 멀린가(Mullingar) 인근의 폐허가 된 성이었다. 아직 근처에 살면서 집안 내력을 잘 아는 먼 친척인 리암 핸디가 들판 한가운데 돌무더기가 있는 곳으로 나를 안내했다. 아일랜드에 발을 디딘 핸디 가문 역시 크롬웰의 뒤를 따라왔다. 1641년 크롬웰은 얼스터의 많은 개신교 이민자가 학살당한 보복으로 2만 명의 병력을 이끌고 아일랜드를 침략했다. 크롬웰은 고상한 사람이 아니었고 휘하의 지휘관들도 마찬가지였다. 리암의 설명에 따르면 당시 핸디 가문은 약 30명의 아일랜드인이 지키던 성을 함락하라는 명령을 받았다고 한다. 핸디 중위는 무기를 버리면 안전하게 퇴로를 열어주겠다고 그들에게 제안했다. 수적으로 열세였던 적병은 제안을 받아들였다. 하지만 그들이 성을 나오자마자 중위는 그들을 쏠어 버렸다. 핸디 중위는 승전의 보상으로 성과 그 땅을 하사받았다. 그러니 영국계 아일랜드인 개신교도가 가톨릭교도 이웃에게 그리 사랑받지 못하는 것은 당연했다. 비록 일부 개신교도는 그들이 선택한 조국, 아일랜드의 독립을 위해 전투도 불사했지만 말이다.

어머니의 집안은 과거의 영화를 잃고 쇠락해가는 영국계 아일랜드 가문의 전형이었다. 그녀의 어머니는 허버트(Herbert)로 머크로스 허버트의 먼 후손이었다. 머크로스 하우스와 부지는 킬라니 중간 호수 북쪽 해안의 대부분을 차지하고 있었다. 그곳은 원래 1580년 엘리자베스 1세가 데즈먼드 백작(Earl of Desmond, 데즈먼드는 현재의 먼스터 주 코크와 케리 시를 묶어서 일컫던 옛 지명으로 이곳 영주를 대대로 데즈먼드 백작이라 불렀다-옮긴이) 소유의 땅을 영국인에게 분할해주었을 때 '먼스터 정착지'의 일부였던 독특하고 아름다운 지역으로 지금도 여전히 그 모습을 간직하고 있다. 허버트 가문은 1900년까지 그곳에서 살다가 다른 영국계 아일랜드인인 아딜라운 경(Lord Ardilaun, 기네스 맥주를 만든 아서 기네스의 증손자로 머크로스 하우스를 사들여 보존하고 킬라니의 자연 환경 보존에도 앞장섰던 인물-옮긴이)에게 집을 팔았다. 전설에 따르면 빅토리아 여왕이 엄청난 수행원과 함께 장기간 머물렀을 때 경제적인 이유로 허버트 가문이 몰락했다고 한다. 이후 머크로스 하우스는 여러 소유자를 거쳐 내가 태어난 1932년 당시 주인이었던 아서 로즈 빈센트(Arthur Rose Vincent) 상원의원이 저택과 영지를 국가에 헌납했다. 〈어떻게 킬라니를 살 수 있나요?(How Can You Buy Killarney?)〉라는 노래(결코 킬라니를 살 수 없다는 내용을 우회적으로 표현한 노래-옮긴이)를 들으면 항상 '그냥 수표를 써'라고 대답하고 싶은 충동을 느낀다. 슬프게도 어머니의 가문은 수표를 쓸 여력이 없었다.

당시 개신교도는 전체 인구의 8퍼센트가 채 안 되는 소수에 불과했고, 지금도 적기 때문에 우리는 똘똘 뭉쳤다. 우리는 모두 같은 학교를 다녔고 대학에 갈 만큼 머리가 좋으면 더블린에 있는 트리니티 칼리지에 진학했다. 또 우리는 국영 아일랜드 은행에 돈을 맡기고, 뷸리스(Bewley's) 카페에서 커피를 마시고, 경건한 마음으로 왕립더블린협회(Royal Dublin Society)에서 열리는 승마술 대회에 참석하고, 상류층 사교 클럽인 킬데어 스트리트 클럽(Kildare Street Club) 오찬에 초대받기를 바랐다. 가톨릭교도 친구는 거의 찾아볼 수 없었다. 길 아래 밀리센트 하우스에는 보일런 가족이 살았다. 여동생의 친구 프랭키가 살았는데 나는 버려진 다락방에서 숨바꼭질을 하며 놀았다. 또한 개신교로 개종하라는 헨리 8세의 명을 거부했던 플런케트, 뉴전트, 브라바즌 등 정말 오래된 영국계 가문의 후손도 있었다. 나는 영국에서 큰 가톨릭 공립 학교인 앰플포스나 다운사이드로 가는 배에서 그쪽 집안 아이들을 만나곤 했다. 당연히 나는 개신교 학교인 우스터셔의 브롬스그로브에 다녔다. 부모님은 개신교 귀족을 위한 아일랜드 학교가 나에게 고생스러울 것이라는 예비 학교 교장의 조언을 마지못해 받아들였기 때문이다. 돌아보면 많은 영국계 아일랜드인이 영국에서 자녀를 교육시키기로 한 결정은 토착 아일랜드인과의 분리를 강조하고 영속화했을 뿐이다. 나를 비롯해 영국에서 교육받은 많은 아이가 아일랜드로 돌아오지 않았다.

선의에서 그런 결정을 내린 부모님을 포함하여 우리 모두 이것이 인종 차별의 한 형태임을 생각하면 우리가 어떻게 그런 무관심으로 이를 받아들였는지 놀랍기만 하다. 당시 아일랜드에는 분리된 두 인종이 살았다. 북아일랜드에서는 아직 폭력이 없었지만 부분적으로 종교와 계층의 차이, 무엇보다 역사로 인한 분열이 존재했다. C. S. 앤드류스는 그의 책 〈더블린이 나를 만들었다(Dublin Made Me)〉에서 같은 세상을 반대편에서 바라본다.

"나는 어릴 적부터 내가 속한 가톨릭교도와 개신교도가 마치 흑인과 백인처럼 서로 섞일 수 없는 별개의 시민이라는 것을 알았다. 우리는 개신교도를 잘 알지 못했지만 그들이 거기 있다는 것을 알았다. 그들은 지역사회의 적대적 요소였고 뚜렷이 드러나지 않았지만 우리에게 위협적이었다. 그들은 워낙 고매한 부류인지라 그들의 자식들은 마을 아이들과 섞이는 법이 없었다."

우리가 백인이고 가톨릭교도가 흑인이라고 생각한 사실만 빼고 나는 그의 생각에 동의한다. 그로부터 몇 년 뒤 미국에서 일 년을 머물다 돌아와 어머니에게 그동안 아일랜드에 큰 변화가 있었는지 물은 적이 있다. "있지. 혼혈혼이 훨씬 많아졌단다." 어머니의 대답이었다. 여전히 미국인처럼 생각하면서 나는 갑자기 흑인들이 어디에서 왔는지 의아해하다가 이내 의미를 간파했다. 어머니는 흑인과 백인이 아니라 개신교도와 가톨릭교도의 결혼을 말했던 것이다. 하지만 그것은 여전히 문화적인 인종 차별이었고, 나는 그 속에서 살았지만 아무 문제도 없었다.

지금 생각하면 외부인이 보기에는 전혀 이해가 안 되는 오랜 부족 간의 차별이 공동체에 불화를 가져올 수 있다는 것을 이해할 수 있다. 부모님과 부모님이 아는 모든 사람은 신념과 실천 모두에서 기독교도다운 모습을 보여주었다. 그들은 만나는 모든 사람을 예의 바르게 대했고, 그들을 위해 일하는 사람을 배려했고, 모든 사람의 평등한 권리를 믿었다. 어머니는 가정에 여성의 손길이 필요할 때면 언제나 지역 가톨릭 사제를 도울 준비가 되어 있었다. 그럼에도 우리는 우리만의 강한 유대로 뭉친 소규모 영국계 개신교 세계에서 살았고, 우리와 그들이 다르다고 생각하고 말하면서도 그것이 이상하다고 느끼지 못했다. 지금 생각하면 훗날 내가 어찌 감히 조국의 인종 차별 정책 안에서 행복하게 사는 남아프리카공화국 친구들을 비난할 수 있었을까 싶다. 이들은 하인에게 친절하고 그들을 배려하면서도 나라의 현실에 관여하는 것을 금지하고 자신들만의 세계에 살았다. 나 역시 원주민에게 큰 해를 끼치지 않았지만 그들과 거리를 두고 우리만의 세계에 살았던 것은 크게 다르지 않았다.

이제 나는 어릴 적 환경의 힘을 깨달았다. 세상을 보는 방법이 단 하나라고 믿고 의심 없이 받아들이기가 얼마나 쉬운 일인지 이해했다. 특히 상충하는 견해를 만나본 적이 없고, 다른 구성원과 같은 신문(나의 경우는 '아이리쉬 타임스'였다)만 읽고, 같은 학교에 가고, 같은 파티에 참석하고, 같은 클럽과 사교 모임에 가입하면 그럴 수밖에 없다. 이제 나는 황당무계한 인생관을 주장하는 이가 동시에 참으로 마음씨 고운 좋은 사람이 될 수 있다는 사실을 이해한다. 뒤늦게나마 고정관념을 넘어 세상을 보는 법을 배웠다.

아일랜드의 새로운 번영에 묻혀 영국계 아일랜드인은 사실상 사라졌다. 그들의 교외 저택은 신흥 백만장자들이 차지했거나 길 아래의 밀리센트 하우스와 바튼 부부가 살았던 스트라판 하우스(지금은 잭 니클라우스가 설계한 코스가 있는 K 클럽)와 같은 골프 클럽으로 바뀌었다. 많은 사람이 나처럼 아일랜드가 다른 나라에 뒤처진 모습이었던 1950년대와 1960년대 암울한 시기 동안 아일랜드를 떠났다. 실업률은 30퍼센트에 달했고 뛰어들 만한 사업도 없었고 달리 희망을 걸 만한 미래도 없었다. 가능한 빨리 낙후된 장소를 떠나는 것이 당시 팽배했던 아일랜드의 대책이었다. 그런 다음 상상 속에만 남아 있던 아일랜드를 그리워하며 되돌아보는 것이었다. 남아 있던 개신교도는 지배 세력이라는 기억이 사라졌고 아일랜드인 이외의 다른 존재가 될 필요가 없다고 생각했다. 실제로 진정한 아일랜드인은 켈트인이면서 가톨릭교도라는 전통이 생겨났고 이로 인해 나는 제외되었다. 영국에서 교육을 받은 뒤 다시 아일랜드로 돌아가지 않았지만 추억은 항상 간직하고 있다.

이제 종교 분열도 사라졌다. 그 변화는 극적인 방식으로 내 앞에 모습을 드러냈다. 북아일랜드 '피의 일요일' 사건 이후 크리스마스 때였다. 피의 일요일은 영국 공수부대가 북아일랜드 런던데리에서 행진 중이던 비무장 가톨릭교 시민에게 발포하여 사상자를 낸 사건이다. 당시 런던에 살던 우리 가족은 크리스마스를 부모님과 보내려고 아일랜드로 건너온 참이었다. 맨 먼저 교회에서 캐럴을 부르는 성가 의식이 있었는데 전통적인 크리스마스 행사의 일부였다. "빨리 가는 게 좋겠어." 여동생이 말했다. 나는 못 믿겠다는 표정으로 여동생을 쳐다보았다. 이런 축제일이라 해도 신도 수는 40명을 넘어본 적이 없었다. "곧 알게 될 거야." 여동생의 대답이었다. 실제로 우리가 도착해서 보니 교회는 거의 꽉 차 있었다. 대부분을 알아보지 못했지만 제단 계단 아래에 앉아 손가락을 현악기에 대고 있는 젊은 하프 연주자가 눈에 들어왔다. 아버지가 평소 권장하지 않는 일이었다. 아버지가 예배를 시작하기 위해 입장했다. 그런데 아버지 옆에는 가톨릭 신부도 있었다. 북아일랜드에서 일어난 불상사가 이곳에서 일어나서는 안 된다는 뜻으로 합동 예배를 보기로 한 것이다.

이제 더 이상 혼혈 결혼이 이야깃거리가 되지 않았다. 가톨릭 교단은 1959년 트리니티 칼리지 입학 금지 조치를 철회했고, 지금은 학생의 90퍼센트가 가톨릭 신자다. 한편 아일랜드 교회는 꾸준히 줄어 1985년 10만 명이 채 안 되더니 지금은 그보다 훨씬 적어졌다. 가톨릭 교회 역시 소아 성애자 스캔들이 터지면서 기존의 권위를 많이 상실했다. 소비 사회가 도래하면서 아일랜드는 점점 세속적인 국가가 되고 있었다.

마지막 영국계 아일랜드인 중 한 명인 나에게는 너무 늦은 변화였다. 나는 그곳을 떠났고 돌아갈 기회가 사라진 지 오래였다. 아무래도 나는 오늘날 세계 어디서나 볼 수 있는 복수의 국가에 충성하면서 이를 '세계 시민'이라는 그럴 듯한 말로 미화하는 그런 사람이 될 운명이었던 모양이다. 나는 불편했다. 우리는 성탄절 점심 식사를 한 뒤 자리에 앉아 여왕의 연설을 들었다. 그때는 영국계 아일랜드인 대부분이 그랬다. 마지막에 항상 연주되는 영국 국가를 들을 때 어머니는 고집스럽게 일어서곤 했다. 나는 어머니를 따라할 수가 없었고 어머니의 영국식 열정에 당황했다. 하지만 아일랜드 국가의 가사와 리듬 대부분을 기억하지 못하는 내 무능함에도 당혹스럽기는 마찬가지였다.

나는 영국인인가, 아일랜드인인가? 나는 1948년 이전에 태어났기 때문에 영국 여권도 받았지만 아일랜드 여권을 소중히 여겼다. 1948년 영국은 마침내 아일랜드를 독립 국가로 인정하는 국적법을 통과시켰다. 상호 시민권과 무역권을 인정하고 양국을 자유롭게 여행할 수 있는 권리를 확립했다. 아일랜드 총리는 1년 뒤 캐나다 방문에서 아일랜드를 공화국으로 선언하고 영연방을 탈퇴함으로써 영국의 관대한 조치에 화답했다. 그래도 영국 여권을 가질 수 있는 나의 권리는 여전히 유효했다. 나는 영국 여권을 가지고 있어도 여전히 노먼 테빗(Norman Tebbit)의 크리켓 테스트(영국인의 연대감이 어떻게 형성되어 있는지 보려는 테스트. 크리켓은 모든 걸 제쳐두고 오로지 룰만 따른다-옮긴다)를 통과하지 못한다. 아무리 불리한 상황에서도 항상 영국 팀보다는 아일랜드 팀을 응원하고 있으니 말이다. 하지만 아일랜드 여권을 가지고 있어도 아일랜드인에게 나는 영국인이다. 아일랜드 외무부에 지원했다가 환영받지 못하는 존재라는 사실만 확인했다. 내 가족이 300년이나 넘게 그 땅에 살았음에도 나는 아일랜드를 대변할 믿을 만한 사람이 아니었던 것이다.

기질적으로도 나는 아일랜드인이 아니다. 사교적으로 위트가 넘쳐 파티의 활력소가 되거나, 선술집이나 바에서 편안하게 지내는 스타일도 아니다. 그렇다고 사격과 사냥, 낚시를 즐기는 전형적인 영국계 아일랜드인도 아니다. 아일랜드에서 낚시하는 것을 무척 좋아하던 예비 장인이 나에게 아일랜드 서부에 멋진 저택이 없다는 사실을 알고 실망이 이만저만이 아니었다. 나는 영국에서 40년 넘게 살고 있지만 진정한 영국인이나 영연방 사람이라는 느낌이 없다. 그렇다고 딱히 영국을 떠나 다른 곳에서 살고 싶은 것도 아니다. 옥스퍼드 학생이 되어 숙소를 구하는데 많은 하숙집 문에 '흑인, 개, 아일랜드인 사절'이라는 문구가 붙어 있는 것을 보고 충격을 받았다. 지금은 영국 시민이 되었지만 여전히 완전히 동화되기를 거부하고, 출신 국가와 삶의 터전으로 삼은 국가 모두에 충실할 수 있다고 주장하는 수백만 이민자의 심정에 공감한다. 우리는 새로운 땅에서 자신의 정체성을 지키기 위해 뿌리에 집착한다. 나는 가슴으로는 아일랜드인이지만 육체적이고 정서적으로는 영국과 유럽에 속해 있다. 점점 많은 사람이 태어나지 않은 땅에서 살고 일하게 될 것이기 때문에 이중, 삼중 국적을 갖는 것이 불가피하고 나는 피할 수 없는 일이라면 받아들여야 한다고 생각한다.

세월이 흐르는 동안 나는 짧은 휴가 이상으로 아일랜드에 가지 않는 전 세계 수백만 위대한 아일랜드 디아스포라의 일원으로서 나의 역할을 기쁘게 받아들이는 법을 배웠다. 나 같은 사람이 미국에만 4천만 명이 있다고 한다. 나는 미국인들처럼 모든 사람이 아일랜드에 호감을 가지고 있음을 알았다. 아일랜드는 지난 월드컵에서 모두가 자국 다음으로 좋아하는 팀이었다. 이코노미스트 인텔리전스 유닛(Economist Intelligence Unit, EIU)은 2004년 아일랜드가 삶의 질 면에서 가장 살기 좋은 나라라는 조사 결과를 발표했다. 그곳에 사는 사람들은 그렇게 확신하지 못했지만 외부인은 그들을 부러워했다.

요즘 아일랜드는 과거에 비해 평범한 나라가 되었다. 1인당 소득으로 봤을 때 아일랜드는 세계에서 네 번째로 부유한 나라다. 이것이 의미하는 바는 비극적인 역사의 낭만적인 신비주의가 만연한 소비주의, 오르는 집값, 교통 체증, 환경 오염, 마약, 차량 절도 등으로 대체되었다는 것이다. 아일랜드 서부의 목가적인 시골 마을은 이제 아름다운 정원 대신 아스팔트로 둘러싸인 채 들판 한가운데 내던지듯 놓여 있는 평범한 흰색 방갈로나 박공지붕 저택으로 얼룩져 있다. 이런 건물은 늪지대에서 자연히 자란 듯한 오래된 아일랜드 식의 초가지붕을 인 오두막보다 편할지 모르지만 확실히 매력은 덜하다.

그렇다. 아일랜드는 내가 떠날 무렵 비통하고 가난하고 가톨릭 신부에게 지배당한 땅, 프랭크 매코트(Frank McCourt)가 〈안젤라의 재(Angela's Ashes)〉에서 생생하게 묘사한 세상보다 분명 살기 좋은 곳이 되었다. 하지만 가끔은 그때의 삶이 더 단순했던 것 같다. 내가 열세 살이 될 때까지는 전기도 없었고 장작불 말고는 난방도 없었으며 직접 만든 노래 외에는 음악도 없었다. 우리는 직접 물을 길어 마시고, 일용할 채소를 기르고, 집닭이 낳은 달걀을 먹고, 매일 아침 이웃 농장에서 우유를 가져오고, 어디든 자전거를 타고 다녔다. 토요일마다 우리는 일요일에 모두 목욕을 할 수 있도록 보일러에 불을 지폈다. 다른 날은 아버지가 면도할 물만 주전자에 끓이고 나머지는 찬물로 그럭저럭 씻었다. 매일 저녁 하루를 마친 진정한 성취감을 맛보았고, 주말마다 감사하고 축하할 일이 있었다. 물론 그 힘겨웠던 시절로 돌아가고 싶지는 않지만 철학적으로 볼 때 삶이 훨씬 단순했다. 삶은 그저 먹고사는 일이었고 그것으로 충분했다.

스위치 하나만 누르면 전기와 난방이 해결되고, 전자레인지나 주문 배달에서 음식을 얻는 등 물리적 생활이 훨씬 편해진 지금 우리는 단순히 살아가는 것 이상의 목적을 찾아야 한다. 쉽지 않은 일이다. 그리고 한 가지 일을 충분히 잘해야 다른 모든 필요한 것을 살 수 있는 돈을 벌 수 있다. 이 또한 힘든 일이다. 이런 현실은 사람을 이기적으로 만들어 남을 배려하기보다 자신을 챙기게 만든다. 진보는 참 묘한 것이어서 두 발짝 앞으로 나아갔다가 한 발짝 뒤로 물러나거나 심지어 그 반대일 경우도 있다.

얼마 전 아내와 나는 더블린에서 열린 '우리는 자신에게 무엇을 하고 있는가'라는 주제의 세미나에 초청되었다. 세미나에 참석한 젊은이들은 그들이 얻은 것만큼 잃어버리고 있다고 느꼈다. 과거 아일랜드의 미덕인 친근함, 시대를 초월한 감각, 여유로운 생활, 가족 중심의 삶이 가난, 거짓 신앙, 섬나라 근성, 감상주의와 같은 나쁜 점과 함께 사라졌다. 그들은 세계화를 복합적인 축복으로 보았다. 사실 많은 사람이 그렇게 말하지만 어떤 나라가 세계화의 문을 이성적으로 닫을 수 있겠는가. 오늘날의 아일랜드는 현대 사회의 딜레마를 보여주는 사례 연구의 장이다. 아일랜드인은 어느 민족보다도 이를 생생하게 경험하고 있기 때문이다. 하지만 아일랜드인이 그들의 말과 이상까지 잃은 것은 아니다.

1943년 당시 정부 수반이었던 에이먼 데벌레라(Eamon De Valera)는 '우리가 꿈꾸던 아일랜드'라는 제목의 연설에서 조국을 위한 자신의 비전을 밝혔다. 20세기 아일랜드에서 가장 유명한 방송 연설로 꼽히는데 여기서 데벌레라는 전통의 정신적 가치를 찬양했다. 그는 베푸는 것이 받는 것만큼 소중하고 봉사가 재산만큼 중요하다고 말했다. 아일랜드는 권리와 책임이 균형을 이루고, 생산에 참여하는 어른들이 과거 세대와 미래 세대의 정신적 책임을 인정하고, 세대와 세대 간이 촘촘하게 연결되어 있는 그런 사회였다고 호소했다. 안타깝게도 데벌레라 정부의 업적은 그의 연설에 부합하지 못했지만 그의 꿈은 남아 있다. 아일랜드는 이제 그 꿈의 최대 장점만을 모아 실현할 수단을 갖고 있지만, 그 의지는 소비주의의 유혹과 끈끈했던 공동체의 분열로 무뎌졌을지 모른다. 개인의 목표에 몇 년 더 매달리면 훨씬 높은 위치까지 오를 수도 있는데 왜 우리가 이웃은 물론이고 그들의 아이까지 돌봐야 하는가? 비단 아일랜드만의 문제는 아니겠지만 데벌레라의 꿈의 파편이 남아 있는 한 아일랜드는 여전히 이 문제를 해결할 좋은 기회를 갖고 있는 셈이다.

3장 ◦ 그리스인의 지혜

Myself And Other More Important Matters

"일단 '진리란 무엇인가'를 3천 자로 에세이를 제출하게." 뭐 그리 새로운 주제는 아니라고 생각했다. 기억하기로는 성서에 나오는 본디오 빌라도가 예수에게 했던 질문이었다. 그는 답을 얻지 못했다. 나는 그가 답을 기대하지도 않았다고 본다. 첫 만남에서 이런 과제를 던진 사람이 철학 지도 교수여서 나는 가볍게 넘어갈 수 없었다. 당시 나는 옥스퍼드 대학에서 고대 그리스 로마의 역사와 철학을 배우고 있었다. 이미 2년 동안 그 문명의 고전 문헌을 영어로 또는 반대로 번역하며 보낸 터였다. 당시에는 깨닫지 못했지만 지도 교수의 간단해 보이는 에세이 주제가 내가 여태껏 겪은 것과는 아주 다른 형태의 교육으로 나를 이끌었다. 세월이 흐른 뒤에야 그것이 내 인생에 얼마나 결정적인 역할을 했는지 깨달았다.

친구와의 우정 때문에 우연히 나는 고전학도가 되었다. 열두 살 때 윈체스터 대학에 입학하기 위해 그리스어를 배워야 했던 친구가 내게 공부를 도와달라고 부탁했다. 나는 기꺼이 그러겠다고 했다. 하지만 이 일이 향후 10년간 내 공부를 결정할 줄은 몰랐다. 당시에는 그리스어와 라틴어를 모두 공부하는 사람이 없어서 나는 금세 눈에 띄었고 곧바로 고전주의자로 분류되어 옥스퍼드에서 해당 언어를 전공하게 되었다. 나는 학생들에게 이른 나이에 붙은 꼬리표가 옳든 그르든 한 가지에만 집착하는 것을 조심하라고 일러준다. '고전주의자' 꼬리표가 아니었으면 내가 열정적인 과학자가 되었을지 누가 알겠는가. 어쨌든 나는 그럴 기회를 얻지 못했다. 내가 좋아하든 싫어하든 그리스 로마인이 나를 손

아귀에 쥐고 있었다.

나는 언어학자가 아니었기 때문에 그리스어와 라틴어를 그다지 좋아하지 않았다. 하지만 언어의 장벽을 깨고 두 위대한 문명의 역사와 철학을 탐구하기 시작하면서 흥미가 생겼다. 역사에 매료되었다고 할까. 역사적 사실의 원인을 밝혀내고 인물, 정황, 사건의 얽히고설킨 연관성을 밝히려고 애쓰는 과정에서 즐거움도 발견했다. 역사가들은 삶이 보이는 것처럼 단순하지 않다는 사실을 잘 알았는데 이런 사고방식이 그대로 나의 일부가 되었다. 당시에 말해준 사람은 없지만 내가 터득한 이런 사고방식이 알고 보니 '시스템 사고(Systems Thinking)'라는 것이었다. 훗날 런던 경영대학원에서 학생들을 가르칠 때 최고의 학생은 종종 역사학도라는 사실이 놀랍지 않았다.

철학은 역사와 또 달랐다. 플라톤과 아리스토텔레스의 책은 읽기가 쉽지 않았다. 더구나 옥스퍼드의 짧은 학기 동안 경쟁 수업이 많은 상황에서는 더욱 그랬다. 나는 철학 지도 교수가 다음 주 에세이 주제로 제시한 과제를 붙잡고 항상 고민했고, 번번이 기가 꺾이는 경험을 해야 했다. 첫 만남에서 지도 교수는 플라톤의 〈국가론〉부터 20세기 영국 철학자 알프레드 J. 에이어(Ayer)의 〈언어, 논리, 진리(Language, Truth and Logic)〉에 이르기까지 나에게 도움이 될 만한 진리에 관한 책을 골라주었다. 나는 진리 같은 자명한 주제의 글을 쓰는 데 그런 참고 도서까지 읽을 필요가 없을 것 같아 내 식대로 했다. 그 주 후반에 나는 밤을 꼬박 새우며 항진식 같은 일부 수학 원리를 제외하고 절대적인 객관적 진리 같은 건 없다는 사실을 필사적으로 이해하려고 애쓰는 자신을 발견했다. 모든 것은 정황, 관점, 초기 가정에 따라 달라진다. 내가 미학적으로 아름답다고 생각하는 것을 아내는 추하다고 볼 수 있다. 인테리어 꾸미기를 논할 때는 이런 문제가 발생한다. 누가 옳고 어떤 것이 진리인가? 나는 아름다움의 정확한 정의를 모르기 때문에 둘 다라고 생각한다. 누군가에게는 자명한 진리가 다른 누군가에게는 명백한 거짓이거나 착각일 수 있다. 그러니 법정에서 오직 진실만을 말하겠다고 맹세하는 사람은 처음부터 거짓말을 하는 셈이다. 왜냐하면 아무도 특정 상황의 모든 진실을 알 수 없기 때문이다. 실제로 우리가 듣는 것은 그들이 인지하는 진리라는 사실을 우리도 안다. 내가 지금 쓰는 이 책도 마찬가지다. 당연히 나는 진실을 말하려고 노력했지만 어디까지나 내가 기억하는 대로만 진실을 말할 뿐이다. 다른 사람, 특히 여동생들을 보면 같은 일에 나와 다른 기억을 갖고 있을 경우가 많다. 누구 말이 맞을까? 둘 다, 아니면 둘 다 아닐 수도 있다. 파고들기 시작하자 그런 생각이 점점 분명해졌다.

플라톤에게 우리가 보거나 아는 것은 사물 자체의 그림자일 뿐이다. 있는 그대로의 실재가 아니라 어디까지나 우리가 인식하는 진리일 뿐이며 그것은 언제나 신비로 남아 있다. 우리는 마치 아는 것처럼 행동해야겠지만 우리의 감각으로는 실제 존재하는 것을 알 수 없다. 스코틀랜드의 실용주의 철학자 데이비드 흄(David Hume)은 '아무것도 확실하게 알 수 없다'는 불가지론을 스스로 흡족하게 증명한 뒤 '이제 나는 파이프에 불을 붙이고 식사하러 나가야겠다'고 말했다. 진리는 물리적 세계에서 관념의 영역으로 이동하면 한층 까다로운 문제가 된다. 달리 말하면 인생은 하나의 거대한 가설이다. 모든 것이 끝날 때까지 증명하거나 반증하기가 어렵기 때문이다.

첫 번째 에세이는 나를 불편하게 한 사전 경고장 같은 것이었다. 세상은 지금까지 내가 보았던 그런 모습이 결코 아닐 수 있다는 경고 말이다. 세상이 나의 생각만큼 단순하지 않다는 것을 알았다. 나는 성공하거나 최소한 살아남고 싶으면 먼저 세상을 경험한 사람들이 내놓은 가설이 나와 같은지 확인하는 것이 좋겠다는 생각이 들었다. '진리'라고 해서 당연하게 받아들일 수는 없다. 이것이 나를 습관적인 회의주의자, 좀 더 긍정적으로 말하면 사려 깊은 사람으로 만들었다.

진리에 대한 에세이는 많은 것의 시작이었다. 나는 그리스 철학자들이 현대의 많은 문제를 예견했고, 심지어 일부 문제에 기여했다는 사실을 알았다. 플라톤은 인간에게 매우 냉소적인 시각을 갖고 있었는데, 인간을 이기적이고 탐욕스러운 존재라고 보고 자신의 '이상 국가'는 수호자들이 다스려야 한다고 생각했다. 그가 말하는 수호자는 나머지 사람의 이익을 적절히 배려하도록 교육받은 남자들이었다. 항상 남자였다. 또한 플라톤은 계급 제도를 신봉했는데 모든 사람이 자신의 위치를 알 때 사회가 원활히 돌아간다고 믿었다. 여자는 무조건 집에 있어야 하고 남자는 정해진 역할에 따라 나랏일을 해야 했다. 플라톤은 수호자, 소위 철인 왕 아래에 국가의 물리적 수호자로 군인 계급을 두었고, 각종 생산 활동을 하는 상인과 노동자가 뒤를 따르고, 마지막이 노예로 계급을 설정했다. 플라톤의 이런 세계관은 오랫동안 영국인의 계급과 교육을 대하는 태도에 영향을 미쳤다. 물론 귀족들은 플라톤주의자가 되는 것이 이득이었다. 그들은 '우리에게 맡겨라. 그러면 모두에게 최선이 될 것이다.'라고 말하며 또 그렇게 믿었다.

영국인은 오랫동안 사업을 군대보다 지위가 낮고 열등한 직업으로 여겼다. 나에게 드라이한 마티니를 처음 알게 해준 무뚝뚝한 노장군인 종조부는 내가 입대 권유를 뿌리치고 셸에 입사하자 겁쟁이라고 비난하며 절망했다. 솔직히 고백하지만 그가 맞았을 수도 있다. 그는 심지어 나를 유언장에서 제외하겠다고 협박까지 했다. 몇 달 뒤 종조부가 돌아가셨을 때 정말 그렇게 했다는 것을 알고 나는 실망했다. 군 복무가 '경영'이라는 직업보다 더 가치 있는 일이라고 생각했던 그는 철저한 플라톤주의자였다. 비단 종조부만이 아니었다. 경영 경력을 선택한 나는 옥스퍼드 동기들 중에서도 별종이었다.

플라톤처럼 영국인은 태어날 때부터 고정된 적절한 위계질서가 있어야 모든 일이 원활하게 돌아간다고 보았다. 공평한 기회주의는 플라톤의 개념이 아니었다. 플라톤이 황금기를 지나 쇠퇴기에 접어든 아테네에서 목도한 민주주의는 다른 대안에 비해 덜 위험할지라도 비효율적이었고 사실 지금도 그렇다. 나는 플라톤이 기업에서 통용되는 무척 비민주적인 방식에, 즉 스스로 나서거나 신중하게 고른 수호자들이 조직의 운영을 결정하는 방식에 신뢰성을 부여했다고 생각한다. 나중에 안 사실이지만 나도 셸에서 그런 잠재적 수호자 중 한 명이었다. 나는 그해 채용된 신입 사원 중에서 특별 교육 과정을 밟게 될 열네 명의 엘리트에 속했다. 흔히 '장래가 촉망되는 인재'였다.

플라톤이 말하는 소크라테스는 항상 의문을 품고 근본 가정을 파헤치는 위대한 심문자였다. 훗날 나는 '왜?'라는 질문을 서너 번 반복하면 결국 상대의 동기, 그조차 인지하는 못하는 무의식적인 동기까지 밝혀낼 수 있다고 들었다. 나는 그 방법을 활용했다.

Q: 이 전략을 채택한 이유가 무엇인가요?

A; 투자 수익률이 가장 좋아서요.

Q: 왜 그 기준을 적용했습니까?

A; 투자자가 기대해서요.

Q: 왜 그들이 유일한 결정권자인가요?

A; 그게 조직의 방식이라서요.

Q: 왜 그런가요?

소크라테스와 동시대인도 생각했듯이 이런 과정은 매우 소크라테스적인 발상이고 짜증나는 일이다. 하지만 이 일은 우리가 하는 일이나 하고자 하는 일에 기본 가정과 진정한 이유를 찾아내는 방법으로써 정중하게 진행되면 매우 효과적이다. 런던에 있을 때면 아내와 나는 아침 식사 시간에 우리 책을 읽었거나 강연을 들은 사람을 위해 집을 개방했다. 우리는 어떤 조언도 하지 않고 가능한 '왜'라는 질문을 많이 한다. 어떤 조언보다 '왜'라는 질문이 상대의 생각을 정리하는 데 도움이 되어서다. 물론 소크라테스에게 배운 방법이다.

나에게도 같은 방법을 쓴다. 나는 나보다 내 편견을 더 잘 아는 아내의 도움을 받아 모든 초기 가정에 도전한다. 일이 진행되는 방식을 의심하고 이의를 제기하는 것은 어찌 보면 흥미로운 지적 게임이다. 하지만 한편으로 그로 인한 위험도 도사린다. 도랑에 빠진 지네가 어느 발을 먼저 움직여야 할지 결정하느라 빠져나오지 못하는 상태가 될 수 있으니까 말이다. 내가 담쟁이덩굴로 뒤덮인 옥스퍼드 대학의 안전한 담장을 벗어난 직후에 안 사실이지만 가끔은 질문을 혼자만 간직하는 것이 최선일 때도 있다.

진로를 정할 시점이 되자 나는 해외에서 편하게 일할 수 있는 직업을 원했다. 그래서 세계 곳곳에 해외 지사가 있는 셸이라는 대기업에 지원했다. 하지만 셸은 석유 회사였고 나는 고전학도였다. 면접에서 나는 내 전공 선택에 아쉬움을 드러냈다. "걱정 마세요. 당신 머리는 잘 훈련되었어요. 하지만 내용물이 없는 셈이니 우리가 유용한 지식으로 채워주면 됩니다." 면접관의 대답이었다. 물론 셸은 내가 예전에 받은 교육 내용을 알지 못했다. 전공 덕분에 나는 언어와 논쟁을 좋아했다. 또한 일반 통념에 의문을 품고, 받아들여진 견해에 이의를 제기하고, 문제 해결에 대안적인 접근 방법을 찾으라고 배웠다. 이런 훈련이 조직에 부적합한 것은 아니었지만 상사들의 반응은 좋지 않았다. 말레이시아의 석유 운송 시스템을 보다 효율적으로 조직할 방안을 처음으로 제안했을 때 본사의 운영 책임자는 간단한 요약본 말고는 내 보고서를 읽어 보지도 않았다.

"여기 온 지 얼마나 됐나, 헨디?" 그가 물었다.

"6개월 되었습니다."

"그럼 우리 회사가 이 나라에서 석유 사업을 한 지 얼마나 되었을 것 같은가?"

"50년쯤이요." 내가 어림짐작으로 말했다.

"정확하게 55년이네. 자네가 6개월 만에 55년 경험을 통해 터득한 것보다 나은 방법을 찾아낼 수 있다고 생각하나?"

"아닙니다. 죄송합니다."

나는 내 생각이 옳다고 확신했지만, 학교에서 배운 대로 '널리 인정받는 견해에 이의를 제기하기'에 지금은 좋은 때가 아니라고 생각하며 사무실을 나왔다. 훗날 내가 옳았다는 사실이 입증되었지만 그 무렵에는 내 보고서가 싱가포르의 하수구에 처박힌 지 오래였다. 이 일로 젊은 친구들의 아이디어가 아무리 무모해 보여도 결코 무시해서는 안 된다는 교훈을 얻었으니 다행이었다.

부분적으로 〈플라톤의 소크라테스(Plato's Socrates)〉를 접한 덕분에 나는 토론이나 논쟁에서 반대 의견을 잘 받아들이고 즐거움을 느낀다. 하지만 이런 태도는 유용하기도 하지만 한편으로 합의된 결정에 이르는 데는 방해가 될 수 있다는 것을 알았다. 그래서 나중에는 특단의 조치를 취했다. 내 생각과 조언은 필요하다면 비공식적으로 막후에서 전달하는 것이 가장 효율적이라는 판단을 내렸다. 이런 판단이 서자 나는 한날 한꺼번에 그동안 관여했던 일곱 군데 위원회와 이사회에서 사임했다. 단 세 곳에서 그동안의 나의 기여에 감사하다는 답장을 보내온 것으로 봐서 내가 떠나는 것이 아주 싫지만은 않았거나 심지어 아예 신경조차 쓰지 않았음을 알았다.

그리스어 원문으로 읽자면 플라톤의 철학은 상당히 어렵다. 하지만 아리스토텔레스에 비하면 그건 약과였다. 아리스토텔레스는 거의 내가 이해하기 버거운 수준이었다. 그는 플라톤의 제자였지만 많은 부분에서 플라톤과 견해를 달리했는데 그 점이 마음에 들었다. 나에게 어려웠던 것은 아리스토텔레스가 워낙 박식한데다 그의 저작물이 과학에서 윤리, 예술, 정치에 이르기까지 인간 활동의 다양한 영역을 다루고 있기 때문이었다. 그는 심지어 다윈의 진화론을 예상했다. 그의 사상은 강의 노트 형태로 전해지는데 이해하기가 쉽지 않았다. 최근에야 친구인 제임스 오툴(James O'Toole)의 〈좋은 삶 만들기: 아리스토텔레스의 지혜를 적용하여 인생의 의미와 행복을 찾다(Creating the Good Life: Applying Aristotle's Wisdom to Find Meaning and Happiness)〉라는 책 덕분에 아리스토텔레스의 인생관이 내 의식에 얼마나 깊이 스며들어 있었는지 깨달았다.

'중용(Golden Mean)'의 개념으로 '충분함'을 처음 내게 소개한 사람은 아리스토텔레스였다. 그는 미덕이 악의 정반대가 아니라고 말했다. 미덕은 지나침과 모자람 사이의 중간 지점에 있었다. 아리스토텔레스에게 부(富)는 더 큰 것을 위한 수단으로 간주되는 한 반드시 좋거나 나쁜 것이 아니었다. 죄는 지나침과 모자람 사이의 중간 지점인 중용을 넘어서는 데서 생긴다. 사도 바울이 돈에 대한 사랑이 모든 악의 근원이라고 말한 것은 옳을지도 모른다. 하지만 그 말이 부자가 반드시 악하다는 뜻은 아니다. 돈을 어떻게 쓰느냐에 따라 달라진다.

그렇다면 돈이 유용할 수 있는 '더 큰 것'이란 무엇일까? 여기서 아리스토텔레스는 내가 그의 영향을 인식하지 못했지만 내 사고에 오래도록 강하게 영향을 미쳤다. 그에게 좋은 삶이란 바로 에우다이모니아(eudaimonia)에 다름 아니었다. 이 복잡한 그리스어는 흔히 '행복'이라고 번역되지만 아리스토텔레스는 다른 의미로 사용했다. 그에게 행복은 '상태'가 아니라 '행동'이었다. 그것은 와인과 책을 들고 해변에 누워 있는 것도, 꿈에 그리던 이성과 질펀한 사랑을 즐기는 것도 아니었다. 에우다이모니아는 '번영' 또는 '자신이 가장 잘하는 일에 최선을 다하는 것'으로 더 잘 번역된다. 흥미롭게도 에우다이모니아는 조직에도 그대로 적용된다. 현대 경영 구루들은 이를 '핵심 역량 최적화'라고 부르지만, 나는 아리스토텔레스식 표현이 더 좋다.

아리스토텔레스는 인간의 추론 능력 덕분에 다른 동물과 다르다고 주장했다. 지구상의 모든 종 중에 유일하게 인간만이 생리 욕구와 충동에 사로잡혀 행동하지 않는다. 따라서 삶에서 우리의 과제는 우리가 가진 것을 최대한 활용하는 것이다. 누구나 성공할 수 있다. 미국의 독립선언서를 기초한 토머스 제퍼슨은 이를 잘 이해했다. 생명, 자유, 행복추구를 미국인의 삶의 세 가지 토대로 삼은 그의 위대한 선언은 방종을 위한 처방이 아니라 모두가 자신의 삶을 최대한 활용하라는 호소였다.

오랜만에 아리스토텔레스에 몰두하면서 나는 그를 더 잘 이해했고, 그가 어떻게 현대의 많은 딜레마를 예견했는지 감탄했다. 여러 면에서 보면 우리의 삶은 수천년 동안 갖가지 기술 발전에도 크게 변하지 않은 듯하다. 하지만 그의 제자 알렉산더가 그의 지혜를 무시했듯이 옥스퍼드 학생이었던 나도 그랬다. 아마도 인생에는 활력, 모험, 야망을 위한 시기가 있고, 나중에 성찰과 지혜를 위한 시기가 있는 모양이다. 기회가 있었을 때 아리스토텔레스와 지도 교수의 말을 새겨듣지 않은 것이 후회스럽다. 대학 시절을 낭비하는 젊은이가 많다. 인생의 그 시기에는 다른 방해 요소가 너무 많아서일까.

하지만 방해 요소에도 불구하고 옥스퍼드에서 보낸 몇 년 동안 무언가가 남아 있었다. 대부분의 교육은 한 세대가 보유한 지식을 다음 세대에 체계적으로 전하는 방식으로 이루어진다. 그런 식으로 교육은 사회화의 수단으로 작용하며 젊은이들이 선배들의 방식에 익숙하게 만든다. '우리처럼 되어라, 그러면 괜찮을 것이다.' 이것이 우리의 학교와 대학의 암묵적인 메시지이다. 평화로운 세상을 만들고 한 세대에서 다음 세대로 삶이 크게 변하지 않았을 때는 이것이 어느 정도 효과가 있었다. 빤한 게 세상 같지만 한 세대만 지나도 세상은 변해 있다. 과거의 효과에만 의존하는 것은 현재에 도움이 되지 않고 오히려 방해가 될 수 있다. 옥스퍼드는 우리에게 선택권을 주었다. '위대한 지성의 업적을 암기하고 시험장에서 되뇌는 것으로 살아남을 수 있지만 그것으로 성공할 수는 없다.' 옥스퍼드의 이 암묵적 메시지를 이해하는 데는 약간의 시간이 걸렸다. 처음에는 초기 그리스부터 현대에 이르기까지 고전이란 고전은 거의 다 읽고 모든 철학을 공부하라는 강의 계획서에 압도당했다. 나는 기억력이 썩 좋지 않은데다 흥미가 없는 것에 쉽게 지루함을 느낀다. 과연 내가 할 수나 있을까.

곧 나는 다른 방법이 있다는 것을 알았다. 나는 지도 교수였던 레지 버튼(Reggie Burton)의 수업을 항상 기억하고 감사하게 생각한다. 수업 과제로 처칠의 연설문을 그리스 산문으로 번역했다. 교수님은 내가 번역한 내용을 꼼꼼히 체크하고 다른 학생에게 질문하면서 읽어 내려갔다. 그러다가 처음 보는 단어가 나왔다. 교수님은 모르는 단어라며 리델앤스콧 그리스어 대사전을 펼쳤다.

"흠, 리델도 스콧도 모르는 모양인데. 하지만 그리스인이라면 이 단어를 이해했을 거야. 맞아, 그랬을 거야. 그리스인이라면 이 표현을 좋아했을 거야. 잘했네."

그리고 체크. '너의 답이 더 나은 경우 책에 나온 답은 중요하지 않다.' 그날 내가 얻는 교훈이었다. 지금은 어떤 단어였는지 기억나지 않는다.

여전히 기억력은 좋지 않지만 이제 연연하지 않는다. 나는 나쁜 기억이 창의력을 촉진한다며 '내 말을 들을 때까지는 나의 생각을 어떻게 알 수 있겠는가'라고 말한 전설적인 아일랜드 사람을 인용한다. 나는 공부하는 것보다 대화하고 논쟁하면서 더 많은 것을 배우는 편인데, 때로는 스스로의 말에 놀라기도 한다. 예전에 해왔던 것을 토대로 하지만 필요하다면 그 토대를 버릴 준비가 되어 있는 나는 스스로를 믿고 의지할 수 있는 자신감을 갖기까지 시간이 좀 걸렸다.

이 모든 깨달음이 고대 그리스어 공부에서 터득했다니 묘하기도 하다. 내가 받은 학위인 그레이츠(Greats), 공식 명칭은 리테라이 후마니오레스(Literae Humaniores, 인문학 과정)가 오랫동안 사회의 예비 수호자를 교육하는 최고의 준비 과정으로 여겨진 데는 다 그만한 이유가 있다. 나처럼 라틴어와 그리스어, 그들의 역사와 철학에 대해 알았던 모든 것을 잊어버렸다 해도 상관없다. 옥스퍼드 인문학도는 스스로 생각하고, 자신의 생각을 논리적이고 조리 있게 표현하고, 자신의 추론을 실제 삶에 적용하는 법을 배웠다. 아마도 셸의 면접관이 '머리는 잘 훈련되었다'고 말한 의미는 바로 이것이었을 것이다.

아들이 배우 생활을 막 시작했을 때 자신이 출연하는 연극 홍보물에 들어갈 짤막한 자기 소개서를 보여주었다. 나는 학력 사항이 빠졌다고 지적했다. 아들은 3년 동안 케임브리지 대학을 다녔고 성적도 우수했다. 그러자 아들이 대답했다.

"아빠, 여기서 중요한 건 내가 무엇을 할 수 있느냐예요. 그걸 어디서 배웠는지는 관심사가 아니라고요."

교육으로 인한 실질적인 효과는 그 순간이 아니라 훨씬 뒤에 드러난다. 안타깝게도 학교를 떠날 때의 최종 성적 이외에 교육의 효과를 측정할 방법은 많지 않다. 재학 당시에는 깨닫지 못했지만 옥스퍼드는 내가 삶을 준비하도록 해주었다. 이 자서전은 내가 옥스퍼드에서 배운 것으로 사회에서 무엇을 했는가를 기록한 내용이라 할 수 있다. 이제야 아리스토텔레스를 다시 만나게 된 것도 감사한 일이다. 아리스토텔레스는 내 삶의 후반부를 이해하고, 타인의 인정에 덜 의존하고, 삶의 초점을 에우다이모니아에 다시 맞추고, 무엇보다도 그의 위대한 주제인 가족과 친구의 동반자 관계를 돈독히 하는 데 도움을 주었기 때문이다.

안타깝게도 당시에는 이 모든 것을 깨닫지 못했다. 지혜는 인생의 후반부에 찾아온다고 했던가. 옥스퍼드를 떠난 뒤에도 배움은 끝나지 않았다. 인생 학교, 즉 셸에서 배워야 할 다른 교훈이 나를 기다리고 있었다.

4장 ◦ 보르네오에서 얻은 교훈

Myself And Other More Important Matters

"평소에도 아침을 먹을 때 브랜디를 마시나?"

영업이사인 피터 메섬이 커피잔 옆에 놓인 잔을 보며 물었다. 그는 내 직속 상사로 싱가포르에서 이곳 사라왁의 쿠칭으로 건너와 싱가포르 셸 회사의 마케팅 담당자로 일했다. 나는 싱가포르 지사에서 쿠칭으로 파견되어 사라왁과 브루나이의 석유 판매를 담당했는데 1959년 당시 이들 지역은 영국령에 속했다.

"아닙니다. 최근에 좀 피곤해서 이걸 한 모금 해야 아침에 한결 힘이 나서요."

사실이 아니었다. 나는 셸이 아니라 보르네오를 하시라도 빨리 벗어나고 싶었다. 나는 순진하게도 그렇게 습관적으로 브랜디를 마시는 모습을 연출하면 상사가 후임자 물색 의지를 한층 굳히지 않을까 해서 한번 해보는 행동이었다. 어쨌든 내 선임자가 알코올 금단 증세로 입원했다가 서둘러 집으로 돌려보내졌으니 그런 생각을 해볼 만도 했다. 그는 벽을 타고 동물들이 올라온다느니, 진분홍 코끼리가 보인다느니 하며 알코올성 환각 증세를 호소했다.

막 스물여섯 살이 된 나는 한 번도 휴가를 가지 못한 채 내리 3년을 싱가포르, 말라야, 보르네오에서 일했다. 당시에는 3년이 해외 근무의 일반적인 계약 기간이었다. 기간이 거의 끝나 가던 때라 눈에서 멀어지면 마음에서도 멀어진다고 불안한 마음도 있었다. 나는 사라왁에서 나보다 한 살 어린 데릭 폰 베트만 홀베그라는 외국인을 데리고 완전히 독립적으로 일했다. 잉글랜드보다 큰 나라, 강이 유일한 운송 수단이고 주민 대부분이 정글 속에 사는 그런 나라에서 셸의 모든 저장고와 영업점을 관리하는 것이 내 임무였다. 싱가포르와 전화도 연결되지 않았고, 본사 근무자도 굳이 이곳을 방문할 필요성을 느끼지 않았다. 물론 보르네오는 매혹적인 땅이지만 1950년대 말의 쿠칭은 젊은 총각인 나에게 문명의 중심지라고 보기 어려웠다. 나는 외로움과 향수병에 시달렸고 눈 오는 크리스마스를 그리워했다. 까놓고 말하면 내가 저지른 터무니없는 실수가 들통나기 전에 떠나고 싶었다.

당시 셸은 직원들을 물속에 집어넣고 수영을 배울 수 있는지 확인하는 '몰입 이론(Immersion Theory)'을 믿었다. 할 말이 많지만 나는 발령지로 가서 일을 시작하기 전에 어떤 일을 하게 될지 암시라도 해주었더라면 좋았을 텐데 하는 아쉬움이 남는다. 대학에서 그리스어와 라틴어, 철학을 전공한 나는 광대한 땅에 흩어져 있는 200여 명을 조직적으로 관리하는 방법은커녕 등유와 휘발유의 차이도 알지 못했다. 나는 싱가포르 본사에서 경제학자인 척하며 동남아시아의 석유 수요를 예측하고 있었는데 어느 날 지사장 사무실에서 호출이 왔다.

"사라왁을 좀 아는가?" 지사장이 대뜸 물었다.

"잘은 모릅니다." 나는 그의 의도를 생각하며 조심스레 대답했다. "주민 대부분이 다약 족이고, 수도는 쿠칭, 후추를 많이 재배하죠."

"흠, 앞으로 더 많이 알게 될 걸세. 자네를 사라왁의 마케팅 책임자로 임명할 테니 영국으로 돌아갈 전임자에게서 업무를 넘겨받도록 하게. 주말 전에 출발해야 하네. 핸디, 자네에게는 흥미로운 기회가 될 거네.

독립적으로 통솔해볼 첫 기회 말이야. 영업 담당자가 시장 상황을 브리핑해줄 걸세. 행운을 비네!"

지사장이 일어서서 손을 내미는 모습을 보고 면담이 끝났음을 눈치챘다. 내 인생에 방금 무슨 일이 일어났는지 이해할 겨를도 없이 나는 문밖으로 나왔다. 그것이 바로 광고에서 선언하던 셸이었다,

영업부 사무실에서 곧 알게 된 사실인데 '흥미진진'은 기회만큼이나 많은 위험을 암시하는 불길한 단어였다. 먼저 당시 셸은 시장점유율이 95퍼센트에 달하는 1위 기업이었는데 이 점유율은 더 이상 올라갈 수 없는 수치로 보였다. 그리고 우리가 100퍼센트 연료를 공급하는 비행장 여섯 곳이 강과 정글로 이루어진 광활한 땅 곳곳에 흩어져 있었다. 차에 연료를 공급하는 방법은 알지만 비행기는 전혀 모르는 영역이었다. 나는 빨리 알아내야 했다.

항공 관리자의 문을 두드렸다.

"사라왁에 가게 되었습니다. 비행기 관련 일을 배우고 싶습니다. 아주 기초적인 것까지 포함해서요." 나는 그에게 말했다.

"좋아요. 당신만의 특별한 실습 과정을 짜서 실제 비행기에 연료를 주입하는 것도 해보죠. 재밌을 거예요, 가능한 최고의 방법으로 즐겁게 배워 봅시다." 대답하는 그의 얼굴에 열의가 넘쳤다.

"그거 정말 좋겠네요. 그런데 문제는 제가 모레 떠난다는 겁니다." 내가 말했다.

"그렇다면 성당에 가서 기도하는 편이 낫겠네요." 그는 안타깝다는

표정을 지었다. 그래서 그렇게 했다.

다코타 비행기로 쿠칭까지는 두 시간이 걸렸다. 해안선 위로 끝없이 펼쳐진 정글과 구불구불한 갈색 강줄기를 내려다본 기억이 난다. 나는 도로를 찾다가 허사였는데 나중에야 나라 전체에 포장도로가 몇 개 마을의 총 50킬로미터가 다라는 것을 알았다. 심지어 식민지 총독 관저도 배를 타야만 갈 수 있었다. 내가 도대체 어떤 세상에 온 걸까, 어떻게 대처할 수 있을까 싶었다. '시키면 무조건 한다'는 오래된 군인 정신만이 유일한 해답처럼 보였다. 수세기 동안 경험이 부족한 신참 장교들이 사용한 이 원칙이 나에게는 통할지도 모른다.

나는 매우 유능한 유라시아계 운영 관리자를 만났다. 그는 꽤 오래 거기서 일하면서 여러 명의 젊은 관리자가 교체되는 과정을 지켜보았다. 현지 경험이 많은 그는 나의 눈과 귀가 되어 실무를 도와주었다. 유능한 친구였지만 딱 한 가지 문제가 있었는데 그는 소위 말하는 '매뉴얼대로' 일하는 사람이라 매뉴얼에 없는 상황이 발생하면 속수무책이었다. 매뉴얼에 뭔가를 추가하거나 창의적인 방법을 모색하는 것도 자신의 업무가 될 수 있다고 생각조차 않는 눈치였다. 기업가 정신 따위는 그의 머릿속에 아예 없었고, '실험'이라는 단어는 그를 몸서리치게 만들었다. 하지만 그건 내가 하면 되니 괜찮았다. 변화를 만들기 위해 내가 그곳에 있는 것 아니겠는가.

나는 새로운 영토를 탐험하기 위해 출발했다. 당시에는 영국령 보르네오에서 어디를 가든 먼저 비행기를 타고 시부(Sibu)로 가야 했다. 시부는 당시만해도 황량하기 그지없는 작은 마을로 악어가 들끓는 라장 강 상류 100킬로미터 지점에 위치했다. 이 나라의 대동맥인 라장 강은 간선 도로나 다름없었는데 시부 근처는 폭이 800미터나 되었다. 시부에 도착한 다음 강력한 선외 모터가 달린 좁고 긴 갑판 없는 배를 타게 되는데 나로서는 배 조종사에게 목숨을 맡기는 셈이었다. 부디 그가 이 거대한 강과 예상치 못한 상황에도 정통한 사람이기를 바랐다. 사실 라장 강에서 배를 몰려면 강만 잘 아는 것만으로는 부족했다. 상류 벌목장에서 떠내려오는 통나무를 잘 피하는 예리한 시력도 필요했다. 통나무는 물에 잠겨 끝부분만 살짝 드러나 있어 여간해서 잘 보이지 않는다. 고속으로 달리다가 이런 통나무에 부딪히면 꼼짝없이 악어와 함께 수영해야 할 판이었다. 강에 어스름이 깔리면 조종사는 통나무를 식별하려고 회중전등을 꺼낸다. 그럴 때면 나는 숨을 죽이고 다음 굽이에서 제발 부잔교가 나타나기를 빌었다.

주민인 다약 족은 길다란 배와 카누에서 생활했는데 여기에 장착된 선외 모터에 연료를 공급할 휘발유가 필요했다. 그들에게 가능한 최저 비용으로 휘발유를 조달하는 것이 나의 일이었다. 내 생각에 세부적인 작업 흐름은 사실 시시했다. 휘발유는 쿠칭에서 45갤런 드럼통에 담겨 낡은 증기선의 갑판 위에 수북이 쌓여 있었다. 드럼통은 쿠칭에서 휘발유를 채운 다음 인력으로 보트에 싣고 내렸는데, 안전과는 거리가 먼 조건의 마을에서 보관했다가 다시 쿠칭으로 운반해야 했다. 비용이 많이 들고 비효율적인데다 무엇보다 위험했다. 그래서 나는 존 레이놀즈를 만났을 때 해답을 찾았다고 확신했고, 이번에는 싱가포르에 있는 누구에게도 알리지 않기로 했다. 그들은 젊은 직원의 새로운 아이디어를 좋게 보지 않는다는 것을 경험을 통해 알고 있었기 때문이다.

존 레이놀즈는 틀에 박힌 삶과 맞지 않는 바다의 무법자와 같았다. 나보다 열다섯 살이 많았는데 건장한 체격에 입담이 대단했다. 이튼 칼리지 출신인 그는 당시 작은 증기선을 마련해 일감을 따려고 열심이었다. 우리는 마을 둑에 저장고를 설치해두고 그의 증기선으로 저장고까지 휘발유를 배달하면 드럼통 없이 훨씬 저렴하고 안전하며 빠를 것이라고 생각했다. 하지만 먼저 5,000갤런 용량의 탱크를 설치할 부지를 물색해야 했다. 그래서 우리는 일주일간의 라장 강 마을 답사를 떠났다. 며칠 밤낮을 세상과 단절된 채 황토색 강물과 정글만 바라보며 거대한 강을 둘러보았는데 가끔 악어들이 동행이 되어 주었다. 문제가 한 가지 있었다. 그곳의 수질을 믿지 못하는 존은 스페인 남부에서 제조한 독한 셰리주에 의지했다. 셰리주를 마시고 압력솥에 셰리주를 넣고 요리를 했다. 사실상 씻는 것 말고는 모두 셰리주로 했다. 어느 날 저녁 강변에 배를 묶어놓고 앉아 영 믿기지 않는 존의 방랑 이야기를 들었다. 정글의 소음과 밀려오는 시커먼 강물 소리 외에는 아무 소리도 들리지 않는 곳에서 우리는 알코올에 취해 몽롱한 상태로 대화를 나누었다. 이건 내가 생각지도 못한 삶이었다. 잠시지만 아일랜드 사제관에 계신 부모님이 이 사실을 알면 어떻게 생각할지 궁금했다.

답사를 마치고 돌아와 쿠칭의 사무실에서 나는 계산을 해봤다. 존의 증기선을 이용해 운송 비용을 절감하면 18개월 안에 필요한 탱크를 구입할 수 있었다. 싱가포르 본사는 수치를 보고 놀라며 동의했다. 존과 계약을 체결하고 대형 탱크를 주문해 마을 강둑에 설치했다. 넉 달 뒤 존과 나는 첫 시찰을 떠났다. 쿠칭에서 이틀 정도 떨어진 시부를 지나 예전에 보았던 강변에 도착했는데 뭔가 달라 보였다. 눈에 띄게 수위가 낮아져 있었다. "맞습니다. 지금은 건기라 수위가 조금 낮아졌어요." 존의 말이었다. 좀 더 둘러보니 아주 낮은 정도가 아님이 드러났다. 인근에서 가장 큰 마을인 카핏에 도착해서 살펴보니 새로 설치한 탱크가 그 자리에 잘 있었다. 하지만 의도했던 강변이 아니라 강에서 족히 100미터나 떨어진 높이에 있었다. 증기선의 호스가 닿을 수 없는 곳이었을 뿐 아니라 너무 높아서 위태로워 보였다. 당연히 그런 상태로는 무용지물이었다. 다른 마을도 상황은 마찬가지였다.

그렇다고 달리 방도도 없었다. 탱크 위치를 건기 수위에 맞추면 우기에는 물속에 잠기고, 우기 수위에 맞추면 건기에는 고립무원의 상황이 될 수밖에 없었다. 나는 존을 탓했고 존은 내가 요청한 대로 했을 뿐이라고 대꾸했다. 짧았던 취중 우정의 서글픈 결말이었다. 결국 탱크들을 시부로 가져와 고철로 헐값에 팔아 버리고 지금까지 누구에게도 그 사실을 발설하지 않았다. 물론 싱가포르의 직원들은 아무도 눈치 채지 못했다. 하지만 현지 주민은 달랐다. 그들의 얼굴에 감도는 능글맞은 웃음을 보면 어리석은 나를 어떻게 생각하는지 너무나 자명했다.

회사에서 이 문제가 논의되지는 않았다. 재앙으로 치닫는 나를 기꺼이 막아주었을 직원들의 충고를 무시하고 독단으로 일을 추진한 행동이 얼마나 허술하고 어리석었는지, 회사의 이미지를 얼마나 손상시켰는지를 평가하는 문제 제기는 없었다. 경험으로 배운 것이 있다면 바로 이것이었다. 내게는 추락한 신뢰를 회복해야 하는 중대한 과제가 놓여 있었다. 하지만 싱가포르의 관리자들이 알아채기 전에 실수를 바로잡을 수 있었던 점에서 보면 현지 직원에게 일찍 의견을 구했더라면 이런 참담한 결과도 없었을 것이다. 이런 판단이 서자 나는 쿠칭의 직원들에게 내 실수를 죄다 털어놓고, 혹시라도 내가 다른 중대한 실수를 범하고 있지 않은지 살펴달라고 요청하려고 했다.

아침 식사 자리에서 상사와 마주하면서 나는 그가 알고 있는지 궁금했다. 아는지 모르는지 그는 아무 말도 하지 않았다. 내가 알기로 쿠칭 직원 중 누구도 이 일을 언급하지 않았다. 대신 그들은 조직에서 흔치 않지만 나에게 실수를 만회할 기회를 주었다. 내게 분에 넘치는 믿음과 이해를 베푼 셈이다.

그날 저녁 베란다에 홀로 앉아 녹음기에서 흘러나오는 베토벤의 교향곡과 경쟁하는 정원의 개구리 합창을 들으며 나는 처음으로 '내가 여기서 무엇을 하고 있는지' 궁금해졌다. 그렇다. 보르네오는 흥미롭고 신나는 경험이고, 실수를 해도 이를 바로잡을 수 있게 해준 회사에 감사하지만 한편으로 이 일이 내 적성과 맞지 않다는 생각이 들었다. 나보다 다른 사람이 더 잘하리라는 사실은 분명했다. 상사는 떠나기 전에 도움이 되었으면 하는 마음으로 나에게 충고를 건넸다. 내가 권위를 존중하지 않고 자기 방식대로 일하는 것을 좋아하는 것 같다며 회사에서 성공하고 싶다면 그 점을 고쳐야 한다고 그가 말했다. 불길했지만 미래를 예언한 말이기도 했다.

두 달 뒤 나는 런던으로 돌아와 셸에 알리지 않고 다른 일자리를 알아보기 시작했다. 나는 여전히 내 미래가 그 세계에 있다고 확신했고 이제는 되도록 집에서 가까운 곳을 원했다. 첫 인터뷰에서 면접관이 물었다.

"관리 경험이 있습니까?"

나는 자신감을 가지고 당당하게 말했다.

"잉글랜드 크기의 지역을 총괄하는 마케팅 책임자였습니다. 직원이 200명이 넘었습니다. 공항이 6곳, 물류 창고가 4개였습니다."

"그렇군요. 그곳이 어딘가요?"

"동남아시아의 보르네오였습니다."

"알겠습니다."

거꾸로 읽으면서 그가 '관련 경험 없음'이라고 적는 것을 보았다.

보르네오에서의 경험이 그의 목적에 맞지 않았겠지만 나의 목적에는 부합했다. 다른 것은 다 빼고라도 내가 평생 하고 싶지 않은 일이 무엇인가는 확실히 알았다. 누군가는 이를 '부정적 학습'이라고 부를 수도 있지만 나는 실험의 유용한 결과로 보았다. 인생의 모든 실험이 잘 풀린다면 아무도 자신을 더욱 채찍질하지 않을 것이다. 더 대담했다면 살아볼 수 있었던 다른 삶이 있을 수도 있다. 셸에 지원할 때만 해도 나는 어떤 일을 하게 될지, 어떤 일을 좋아하고 잘할 수 있을지 막연한 생각밖에 없었다. 이제 한층 뚜렷해졌다.

보르네오는 3년 동안의 셸 수습 기간의 정점이었다. 나를 위한 뚜렷한 계획이 없었기에 다채로운 경험을 많이 한 시간이었다. 공식 연수 프로그램이 없었으므로 나는 그때그때 발생하는 상황에 투입되는 식이었다. 이런 무계획적인 배치는 내가 영국에서 쿠알라룸푸르로 처음 왔을 때부터 시작되었다. 보아하니 내가 오리라고 예상치 못했던 것이 분명했다. 젊은 관리자는 당황하지 않고 말했다.

"이렇게 하면 어떨까. 처음 두 달 동안은 내 사무실로 출근하는 거네. 말은 하지 말고 그냥 듣고 보기만 하게. 아주 사적인 대화나 기밀 사항이 아니라면 종일 있어도 좋아. 나와 출장에도 동행하고 말이야. 그럼 돌아가는 상황을 파악할 수 있을 거네. 그리고 매일 저녁 따로 시간을 내서 낮에 보고 들은 내용을 이야기하는 거지. 누가 알겠나? 자네가 나에게 배운 것 못지않게 나도 자네에게 배우게 될지."

몇몇 간부는 동석한 나를 보고 당황하긴 했지만 내가 들어온 세계를 배우는 좋은 방법이었다. 얼마 지나지 않아 관리자의 감독 하에 특정 프로젝트를 조사하는 임무를 맡았다. 신입 사원으로서 가만히 앉아서 새로운 조직을 이해하는 과정은 무척 흥미롭고 귀중한 경험이었다. 두 달 동안이나 입을 다물고 있자니 여간 힘든 게 아니었지만 말이다.

1년 뒤 마케팅 담당자가 되어 보르네오로 가기 전 나는 당시 셸이 지향하던 몰입 교육을 처음 맛보았다. 이 역시 우연한 기회에 찾아왔다. 동남아시아 지역을 총괄하는 셸 싱가포르 지사장이 나를 호출했다.

"런던에서 동남아시아를 맡을 경제 전문가를 임명해달라고 하는군. 자네가 잘할 것 같은데." 지사장의 말이었다.

"하지만 저는 경제학을 전혀 모릅니다. 대학에서 그리스어와 라틴어를 공부했습니다." 내가 항변했다.

"하지만 옥스퍼드에서 배운 게 아니었나?"

"네. 그렇습니다."

지사장이 빙그레 웃으며 결론을 냈다. "그렇다면 괜찮을 걸세. 잘할 수 있을 거야."

문득 학위란 배움을 계속할 수 있는 증서, 즉 배움의 시작이지 끝이 아니라는 사실을 깨달았다.

지사장실을 나오자마자 〈독학 경제학(Teach Yourself Economics)〉이라는 노란 표지의 작은 책을 사서 정말 열심히 읽었다. 예전에도 이후에도 책을 그렇게 열심히 읽은 적은 없었다. 경제 전문가로 맡은 일은 지역의 석유 제품 수요를 예측하는 일이었다. 셸은 석유 소비와 국민총생산 사이에 밀접한 상관관계가 있다고 생각했다. 그런데 문제는 당시까지 영국령 식민지였던 싱가포르의 공식 GNP가 나와 있지 않다는 것이었다. 수요 예측을 뒷받침할 근거 자료가 없다면 스스로 추정치를 만들어야 했다. 당시 내 예측이 전혀 정확하다고 할 수 없고, 회사의 전체 계획에 중요한 영향을 주었다고 생각하지도 않지만 한 나라가 돌아가는 현황을 알고 싶다면 GNP를 추정해보는 것이 가장 좋은 방법이다. 나는 셸의 경제 전문가라는 직함을 달고 있었기에 정부 관리와 사업가들을 접할 기회가 많았지만, 중국의 무역 문제나 무수한 식당의 매출액 따위는 가늠해본 적이 없었다.

한 달 뒤 싱가포르 대학에서 석유 산업의 미래에 관하여 강연을 해달라는 요청을 해왔다. 그때 나는 또 하나의 귀중한 교훈을 얻었다. 무언가를 정말 배우고 싶으면 다른 사람을 가르쳐 보라는 것이다. 그때까지만 해도 청중보다 내가 많이 알았기 때문에 강의가 그리 어렵지 않아야 했지만 기대감에 밤늦도록 책과 통계 자료를 살폈다. 이후로 나는 새로운 청중을 대상으로 강연하고 글을 쓰는 도전을 즐겼다. 내가 그들보다 더 많이 배운다는 것을 알기 때문이다.

셸은 나에게 무엇보다 사람이 중요하다는 사실도 가르쳤다. 싱가포르에 도착한 직후 당시 영업부 책임자였던 에이드리언 샤프를 만났다. 지금까지 그가 교육한 신입 사원 가운데 기술 분야 전공자가 아닌 사람은 내가 처음이라고 했다.

"대학에서 뭘 전공했나?" 그가 물었다.

나는 앵무새처럼 서글픈 후렴구를 반복했다. "라틴어와 그리스어입니다."

그가 웃었다. "앞으로 당신이 관리하게 될 중국인 영업 사원과 함께 있을 때는 별로 도움이 안 될 것 같군. 오늘 저녁을 먹을 겸 몇 명을 만나러 가지. 진짜 교육은 그때부터야."

그날 밤 일종의 신고식이었는데 그들은 술을 먹여 나를 곯아떨어지게 하려 했다. 하지만 옥스퍼드에서 술 마시는 법은 제대로 배웠다. 긴

술자리 끝에 에이드리언을 집에 데려다준 사람은 나였다. 신고식에서는 살아남았지만 내 미래가 알량한 머리보다 이들에 의해 좌우되리라는 걸 알았다. 그때 이후로 나는 새로운 조직에 들어가면 아래 계급에서 실제로 일이 굴러가게 하는 사람을 찾으려고 노력했다. 왜냐하면 그런 사람들은 아주 큰 부정적인 힘을 가지고 있기 때문이다. 사람들이 서로 믿지 못하는 상태에서는 할 수 있는 일이 많지 않다. 보르네오에서는 처음부터 사람을 제대로 골라서 시작하는 것이 모든 작업의 핵심이며 첫인상을 너무 믿어서는 안 된다는 사실을 배웠다. 존 레이놀즈가 가르쳐준 교훈이었다.

훗날 런던 경영대학원에 다닐 때였다. 레스토랑을 해보겠다며 떠난 동료를 6개월 뒤에 만났다.

"어때요?" 내가 물었다. "효율적인 기업 운영의 모든 지식을 실제 상황에 적용해보는 건 분명 신나는 일일 텐데요."

"그거 알아요? 처음부터 사람만 제대로 구하면 다른 건 다 필요 없어요. 사람을 제대로 고르지 못하면 어차피 아무런 소용이 없어요." 그가 말했다.

의도한 것은 아니겠지만 셸이 나에게 창고에 보관된 지식은 금세 사라진다는 것을 가르쳐주었다. 내 경우처럼 경험이 우선하더라도 교훈과 경험이 하나로 연결되지 않으면 학습은 증발한다. 따라서 나는 많은 공식 교육이 낭비되고 있다고 생각한다. 스코틀랜드의 기업가이자 자선가인 톰 헌터(Tom Hunter)는 '비즈니스의 세계에서는 지식보다 행동이 더 잘 작동한다.'고 말했다. 이는 셸이 나에게 가르친 것이기도 하다.

하지만 반성 없는 경험도 도움이 되지 않는다. 아내는 자원봉사로 결혼 생활 카운슬러로 활동한 적이 있었는데, 모든 카운슬러는 한 달에 한 번씩 만나는 선생님이 있었다. 또한 아내는 2주에 한 번씩 동료 카운슬러들과 모여 퍼실리테이터의 지도 아래 상담 사례를 검토하기도 했다. 비판이나 비난이 목적이 아니라 서로의 활동을 이해하고 배우고 도움을 받자는 취지였다. 참석자는 정직해야 했고, 실수를 했거나 어떻게 해야 할지 모르는 상황을 겸허히 받아들이는 자세가 필요했다. 기업에서도 그간의 업무를 돌아보는 작업을 하는데, 흔히 '근무 성적 평가'라고 부른다. 의도가 무엇이든 기업의 근무 성적 평가는 불가피하게 비판적인 성격을 띠게 되는데 결과적으로 평가 대상자의 방어적인 반응을 유발한다.

뒤늦게나마 일부 조직이 카운슬러의 선례를 따르고 있다. 이 발상은 1991년 걸프 전쟁에서 미 육군이 사용한 '사후 평가(After-Action-Reviews)' 프로그램으로 이어졌다. 이 프로그램은 원래의 목표가 무엇이고 실제로 어떤 일이 일어났는지, 왜 그렇게 진행되었는지, 이를 통해 무엇을 배웠는지, 다음에 무엇을 하려는지를 파악하기 위해 교전을 포함한 모든 작전 수행 뒤에 정기적으로 열리는 그룹 회의다. 셸에 근무할 무렵 내게는 이런 사후 평가를 수행할 집단이 없었기 때문에 차선책을 택해 실천했다. 일을 마친 뒤 개인적으로 사후 평가를 하고 이를 기록하는 것이었다. 당시 셸은 실수를 좋아하지 않았다. 셸은 실수를 허용하는 문화보다 실수 없는 조직을 지향했다.

마지막으로 가장 중요한 것일 텐데 나는 셸에서 예전 학교 교육에서 배운 중요한 가르침이었던 '누군가는 항상 최선을 알고 있다'는 믿음을 버렸다. 대신 나는 인간이 처한 대부분의 상황에 모범 답안이 없으며, 개개인이 다르기 때문에 스스로 상황을 판단하고 결정한 다음 그 결정을 지켜야 한다는 것을 배웠다. 기술적인 문제일 때만 전문가가 더 잘 알았다. 사실 옥스퍼드가 나에게 가르치려 했지만 내가 아둔하여 당시에 깨닫지 못했을 뿐이었다. 나는 좀 늦되는 편이었지만 그래도 너무 늦지 않게 깨달았다.

훗날 경영대학원에서 전도유망한 경영진을 위한 교육 프로그램을 담당했을 때 나는 첫 시간에 참가자들에게 지금까지의 삶에서 가장 인상 깊었던 학습 경험을 떠올려 보라고 했다. 이 질문을 여러 번 던졌지만 대학 수업이나 인생 후반기에 공부한 과정을 언급한 사람은 한 명도 없었다. 사람들은 항상 자신이 죽음의 문턱까지 갔거나, 가까운 사람이 죽음과 맞닥뜨렸거나, 어떤 상황에서 자신의 능력을 넘어서는 일을 겪었다는 이야기를 꺼냈다. 그들의 이야기를 들은 뒤 나는 이렇게 말해주곤 했다.

"이 수업이 여러분의 과거 경험을 되돌아보고 이해하는 데 도움이 되지 않는다면 두고두고 기억에 남을 학습 경험이 되지는 못하리라는 것을 알겠지요? 만약 이 수업이 도움이 된다면 앞으로 부딪힐 문제에 더 잘 대처할 수 있을 겁니다. 경험과 성찰이 결합된 배움은 오래 남습니다."

보르네오를 떠날 무렵 나는 셸이라는 기업과 세상에 대해 어느 정도 안다고 생각했다. 하지만 나의 경험과 배움이 이제 막 시작되었을 뿐이었다.

5장 ◦ 황금 씨앗

Myself And Other More Important Matters

최근 오랜 친구의 장례식에서 몇 마디 해달라는 부탁을 받았다. 처음 만났을 때는 패트리샤 롤링스였는데 그 친구의 이름은 팻 켄달이었다. 무슨 말을 해야 할까 고민하던 중에 아내보다 그녀를 더 오래 알고 지냈다는 사실을 깨달았다. 그리고 내가 그녀에게 많은 도움을 받았다는 생각도 들었다. 그녀는 결정적인 순간에 내 인생의 문을 열어주었는데 나는 감사 인사를 한 적이 없었다. 마침내 뒤늦게 사후에 감사의 말을 전하게 되었다.

내가 셸의 직원이 되어 싱가포르로 첫 해외 근무를 나갔을 때 팻을 처음 알았다. 그녀는 당시 회사가 해외 파견 직원의 개인 생활을 챙겨주고자 고용한 유능한 직원으로 숙소와 여행 계획, 체류 국가가 바뀔 때마다 생기는 번거로운 모든 잡무를 도와주었다. 특히 나처럼 혼자 나가 있는 외로운 총각들에게는 큰 힘이 되었다. 팻이 런던으로 돌아갈 때는 얼마나 아쉬웠는지 모른다.

그로부터 6년 뒤 나도 팻처럼 런던으로 돌아왔다. 한 차례에 3년씩 두 번에 걸쳐 싱가포르, 말라야, 보르네오 일선에서 근무하고 나자 셸은 내가 런던 본사로 돌아와 일할 때가 되었다고 판단했다. 그렇게 해외 근무자로서 누리던 화려한 생활도 끝났다. 더불어 나의 총각 시절도 막을 내렸다. 나는 이미 엘리자베스와 약혼한 상태였고 가을에 결혼할 예정이었다. 당연히 런던으로 돌아가게 되어 기뻤다. 당시 예상하지 못했던 게 있다면 생활 수준의 극적인 저하였다.

처음 엘리자베스를 만났을 때 나는 말라야 남부 해변에 위치한 말라

카에 사는 셸의 간부로 정원과 테니스코트가 딸린 오래된 식민지 풍의 저택에 살았다. 도우미들이 요리와 빨래는 물론 정원 손질까지 해주었고, 밤이면 대문을 지키는 무장 경비병까지 있었다. 저택에는 손님을 위한 별채까지 딸려 있었다. 엘리자베스의 부모님이 와서 별채에 머물렀다. 당연히 두 분은 내가 사는 모습을 보고 좋은 인상을 받았다. 하지만 이후 런던 집을 방문했을 때는 분위기가 사뭇 달랐다. 당시 내가 엘리자베스와 살던 집은 런던 남부에 위치한 방이 두 개 딸린 아파트였다. 그것도 임대였다. "자네 승진했다고 하지 않았나?" 두 분이 어리둥절해서 물었다. 사실이었다. 하지만 애석하게도 나는 이제 꿈 같은 생활을 누리는 해외 주재원이 아니라 국내 거주자의 임금을 받는 평범한 직장인이었다.

승진도 조금 실망스러웠다. 사무실 문에는 '지중해 지역 석유 마케팅 담당'이라는 근사한 직함을 새긴 쇳조각이 붙어 있었다. 하지만 유감스럽게도 나의 직함은 금속이 아니라 그 아래 플라스틱 조각에 새겨져 있었다. 나는 소위 말하는 임시직이었다. 당시 나는 지중해 지역에 흩어져 있는 해외 지사의 우체국 같은 존재였다. 지사에서 요구 사항을 보내오면 나는 그 내용이 타당한지 코멘트를 달아 조직 위계질서상의 적절한 위치에 있는 사람에게 전달하는 역할을 했다. 나는 결정을 내릴 어떤 권한도 없었다. 내가 지원하는 해외 지사를 방문할 권한도, 그쪽 관리자가 런던에 왔을 때 만날 권한도 없었다.

아무리 좋게 말해도 지루하기 짝이 없는 일이었다. 평생 처음이자 마지막으로 나는 종일 시계만 들여다보는 게으른 직장인이 되었다. 공식 근무 시간은 오후 5시 20분까지였는데 끝나자마자 사무실을 나서면 나처럼 퇴근하는 직원들로 엘리베이터가 이미 만원이었다. 하는 일과 책임이 너무 작아 스트레스를 받은 경험도 그때가 처음이었다. 일이 즐겁지도 않았고 솔직히 말하면 썩 잘하지도 못했다. 하루를 시작하며 회사 건물로 들어설 때마다 어깨가 족히 5센티미터는 처졌다. 정말로 그랬다. 사무실 창밖으로 도로와 템스 강이 보였다. 템스 강을 오가는 바지선을 하염없이 바라보거나 도로 위의 행인들이 얼마나 불쌍한가를 관찰하며 대부분의 시간을 보냈다. 필요하다 싶으면 손가락 몇 번 움직여서 몇 백 명쯤 치워 버리는 것은 일도 아니겠구나 싶었다. 저 위층에 있는 경영진도 이런 생각을 하지 않을까 궁금하기도 했다.

할 일이 없어서 생기는 문제점을 흔히 과소평가하는 경향이 있다. 이로 인한 스트레스가 업무 과다로 분주한 사람이 느끼는 스트레스 못지 않은데도 말이다. 업무량이 많은 사람은 지치고, 질리고, 때로 일을 제때 처리하지 못하지만 적어도 자신이 쓸모 있고 필요한 존재라고 느낀다. 내가 경험한 업무 과소 상황은 심리적으로 훨씬 비참하고 괴로운 일이었다. 쓸모없는 존재일 뿐 아니라 무시당한다는 생각이 들었다. 당시 나의 업무는 시간과 삶의 낭비처럼 보였다. 회사에서 받는 돈 때문에 매달려 있다는 생각을 하니 일종의 공범자라는 생각이 들고 죄의식마저 느껴졌다. 어떻게 해서든 조직에 반격을 가하고 싶었다. 맡은 업무에서 긍정적인 일을 할 권한은 없어도 부정적인 영향을 끼칠 힘이 있다는 사실을 깨달은 것이 바로 그때였다. 나는 일을 중단시킬 수 있었다.

어느 날 이탈리아 지사에서 나폴리 만에 석유 정제소를 건설하겠다는 설비 투자 제안서가 날아들었다. 당연히 내 업무는 적절한 위원회에 이를 전달하는 것이었다. 하지만 이번에는 제안서를 전달하지 않고 서랍에 넣어두었다. 나폴리 만에 석유 정제소는 미학적으로 어울리지 않는다는 판단에서였다. 시간이 흐르자 이탈리아 지사에서는 제안서가 도중에 분실된 것으로 보고 다시 발송했다. 이번에는 나에게만 보낸 것이 아니라 여러 부서에 뿌리다시피 했다. 결국 정제소는 건설되었다. 그 날 나의 행동이 자랑스러운 건 아니지만 잠시나마 이 일을 지연시켰다. 당시의 경험으로 나는 힘 없는 노동자들이 부정적인 힘을 행사하고 싶은 충동을 느끼는 데는 그만한 이유가 있음을 알았다. 통화 중에 전화를 끊어 버린 콜센터 여직원, 나를 못 본 척 무시하던 웨이터, 뚜렷한 이유 없이 개발 허가를 내주지 않던 공무원, 부리나케 뛰어가는 나를 보고 문을 닫아 버리던 공항 직원 등 그들은 부정적인 힘을 행사하고 있었는지도 모른다. 자신들이 중요한 존재임을 보여줄 유일한 방법이 그것뿐이었기 때문이다. 최근 영국에서 조사한 결과를 보면 노동자의 72%가 회사에 불만을 품고 있으며 그중 19%는 적극적으로 회사 업무를 방해하고 싶은 충동을 느낀다고 답했다. 셸 본사에 근무하던 당시를 생각하면 이들의 심정을 알 것 같다.

그러던 어느 날 상사가 문으로 머리를 디밀고 말했다. “잠깐 내 사무실로 올 수 있겠나?”

"알겠습니다."

무슨 일이지 싶었다. 서로 그렇게 대화가 많은 편이 아니었다. 나는 상사가 내 시간과 재능을 썩히고 있다고 생각했다. 상사는 내가 업무 부적응자로 회사 자원을 낭비하고 있다고 생각했다. 어느 정도는 그의 생각이 옳기도 했다.

"위에서 특이한 요청을 받았네. 자네를 회사 산하 관리자 연수 센터 부책임자로 보내라고 하는군." 그런 지시가 아무래도 특이하다고 생각하는 모양이었다. "업무에 막 익숙해지기 시작했는데 유감이네. 하지만 자네를 붙잡아 둘 마땅한 명분이 있어야 말이지. 어쩔 수 없이 동의했네."

센터 건물은 킹스턴 근처 템스 강변에 있었다. 넓은 잔디밭 가운데 지어진 빅토리아 풍의 저택이었다. 지금은 주택 지구가 되었지만 1963년에는 분위기 있는 교외 지역이었다. 센터는 세미나와 중간관리자 연수 진행 공간으로 쓰였다. 연수 과정이 시작되면 중간관리자 열여덟 명이 6주에서 8주 정도 머무르며 교육을 받았다. 나는 중간관리자 연수 과정 운영을 맡았다. 군대로 말하면 참모 대학으로 조직의 고위 간부가 되려면 반드시 거쳐야 하는 통과 의례 같은 것이었다. 연수 계획은 런던에 있는 그룹 인사부 소관이었지만 실제 진행은 내 몫이었다. 나로서는 믿기지 않는 행운이었다.

센터에서 새로운 상사와 그의 아내를 만난 뒤에야 어찌된 일인지 자초지종을 알 수 있었다. 나의 상사는 '위어리(Weary, 피곤하다)'라는 별명으로 불리는 켄달 씨로 셸의 베테랑 직원이었다. 사실 나는 그의 진짜 이름을 알지 못했다. 그의 아내는 팻 롤링스였다. 내 기억으로 그녀는 셸 본사 인사부에 친구가 있었는데 과거 싱가포르에서 보살폈던 친구를 다시 챙겨주고 싶어서 힘을 써준 것 같았다. 어쩌면 내 비참한 상황을 전해 듣고 이런 비인간적인 거대 조직에서 한 사람을 구할 자애로운 보호자로 나서기로 말이다.

회사에서는 이 일을 다음 해외 파견 근무를 준비하며 거쳐 가는 자리쯤으로 생각했다. 내가 그 일에 매료되는 상황은 회사 계획에 없었다. 어쨌든 젊은 관리자에게 향후 직면할 넓은 세상을 알리고 준비시키는 교육 업무는 나에게 무척 매혹적으로 느껴졌다. 직감적으로 천직을 찾았음을 알았다. 회사에서 라이베리아 지사 관리 업무를 제안했을 때 나는 거절 의사를 밝혔다. 센터 일을 계속하고 싶었기 때문이다. 그러나 회사의 생각은 달랐다. 그래서 아무런 대책 없이 나는 최초의 사직서를 썼다.

요즘만 해도 사직서 제출이 그렇게 큰일은 아니다. 하지만 1960년대에는 셸을 떠나는 직원이 거의 없었다. 준비된 다른 일자리가 없는 경우에는 더욱 그랬다. 난생처음 나는 사회 제도나 기관의 보호 바깥에 있었다. 나는 철저하게 혼자였다. 그것은 분명 두려운 일이었다. 하지만 아내와 팻은 나에게 알리지 않은 채 나름대로 일을 꾸미고 있었다. 내 의향을 감지한 두 사람은 신밧드 싱클레어(Sindbad Sinclair)와 연락을 취했다. 싱클레어는 내가 동남아시아에 근무할 당시 런던 본사 동남아시아 지역 담당자였는데 팻의 오랜 친구이기도 했다. 내가 운이 좋았던지 싱클레어는 셸에서 퇴사하고 경영교육재단 이사장직을 맡고 있었다. 경영교육재단은 영국 최초의 경영대학원 설립과 자금 지원을 목적으로 기업가가 주축이 되어 세운 단체였다. 싱클레어는 훗날 런던 경영대학원 학장으로 임명된 아서 얼(Arthur Earl) 박사에게 나를 추천했다. 당시 런던 경영대학원은 아직 문을 열지 않았는데 책상과 전화를 갖춘 사무실만 있는 상황이었다.

"뭘 가르칠 수 있습니까?" 아서 얼이 물었다.

"경영 분야입니다. 제가 해왔던 일입니다."

"경영학은 가르치지 않을 겁니다."

그의 대답에 나는 깜짝 놀랐다. 사람을 제대로 찾아온 건가 의심스러울 정도였다. 그가 말을 이었다.

"재무, 마케팅, 경제학을 가르칠 겁니다. 말하자면 경영을 구성하는 요소들이지요. 이 가운데 할 수 있는 게 있습니까?"

아쉽지만 어떤 분야도 가르칠 만한 실력이 못된다고 대답했다. 언제나처럼 대학에서 라틴어와 그리스어, 철학을 공부했다는 말도 덧붙였다.

"좋습니다. 그렇다면 논리학을 가르치면 되겠네요. 관리자에게는 논리가 절실히 필요하지요. 경영진을 위한 교육 프로그램도 운영할 겁니다. 아직 확정된 건 아니지만 슬론 재단에서 자금 지원을 받을 예정입니다. 기업에서 선발한 임원들에게 안식년을 주어 교육시키는 그런 프로그램이지요."

이렇게 나의 미래가 결정되었다. 이런 일이 흔히 그렇듯 시기와 연줄이 적절히 결합된 결과였다. 특히 팻의 도움이 컸다. 이제야 팻의 진가를 제대로 알았다는 생각이 든다. 팻은 내가 원하는 방향을 알고 고문과 같았던 본사 생활에서 나를 구해주었을 뿐 아니라 훨씬 적성에 맞는 생활로 이끌어주었다. 팻은 그런 사실을 말하지도, 충고하지도, 나보다 나를 더 잘 안다고 주제넘게 나서지도 않았다. 그저 '이것이 도움이 되겠구나' 생각하면 그대로 실행했다. 그러면서도 결코 자신이 한 역할을 떠벌리지 않았다. 워낙 나서지 않는 팻의 성격 탓에 나는 감사 인사도 못했다.

팻은 그것 말고도 나에게 소소하지만 유익한 자극을 주었는데 당시에는 깨닫지 못했다. 팻 부부가 열어준 비공식 송별 파티에서 그녀가 나에게 이별 선물을 내밀었다. 나는 잔뜩 궁금한 마음으로 특이한 모양의 꾸러미를 풀었다. 내용물이 드러나자 나는 잠시 할 말을 잃었다. 눌어붙지 않는다는 프라이팬이었다. 1965년에 개발된 신제품으로 미국 우주개발 프로그램에서 나온 초기 부산물 중 하나였던 테플론을 입힌 것이었다. 하지만 내가 원하거나 기대한 것은 아니었다. 어쩌면 팻은 그저 새로운 생활에 실질적인 도움을 주려고 프라이팬을 선물했는지 모른다. 하지만 곰곰이 생각하면 팻은 프라이팬을 통해 내 삶에 일 외에도 다른 것이 있다는 사실, 남자의 역할이 주방까지 확장될 수 있다는 사실을 넌지시 알려준 건 아닐까. 그렇다면 팻은 미래 내 삶에서 중요해질 요소를 제대로 예견한 셈이다.

최근 회의장에서 있었던 일이다. 강연자가 청중에게 젊은 시절 가장 큰 영향을 미친 사람이 있다면 서너 명을 꼽아보라고 했다. 추천 목록을 보니 교사와 어머니가 많았는데 아버지를 꼽은 사람은 드물었다.

아버지 입장으로 조금은 서글펐다. 나의 경우 맨 위에는 당연히 아내 엘리자베스가 들어가야 한다. 엘리자베스의 믿음은 결코 변하는 법이 없다. 믿음이 어찌나 강한지 때로는 겁이 나고 부담스러울 정도다. 나는 엘리자베스 다음으로 스승 두 분을 목록에 넣었다. 샘 다비 선생님은 기숙제 중고등학교였던 브롬스그로브의 고전 교사로 옥스퍼드 장학금 입학을 권할 만큼 나를 깊이 신뢰한 분이다, 그리고 런던 경영대학원의 짐 볼 학장은 모르는 사람이 보면 무모하다 싶은 상황이었지만 내 잠재력을 믿고 나를 정교수로 임명한 분이다. 당시 나는 경영대학원 교수직에 적합한 학위를 가진 것도 아니고, 관련 논문과 학술서를 발표하기도 전이었다. 누군가 자신의 잠재력을 그렇게 믿어준다는 것은 놀랍고도 두려운 일이며, 그 믿음에 부합하는 사람이 되도록 노력하지 않을 수 없게 만든다. 그리고 팻이 있다. 생각해보니 누구에게도 제대로 감사의 마음을 전하지 못했다 싶어 후회스러웠다. 엘리자베스와 나는 〈홀로 천천히 자유롭게-현대의 연금술사(The New Alchemists)〉라는 책을 공동 집필했다. 창의력을 가진 진취적인 사업가를 다룬 책으로 이들이 무에서 유를 창조했다는 의미로 '연금술사'라고 이름 붙였다. 이들 연금술사의 삶에서 두드러지는 특징은 인생 초반에 존경하는 인물의 개입이 있었다는 사실이다. 개입이란 자신에게 믿음과 확신을 심어준 것을 말한다. 이런 믿음과 확신이 있었기에 이들은 과감히 아무도 가지 않는 길을 선택해 연금술사로 성장할 수 있었다. 책을 쓴 다음에야 프로이트가 이것을 '황금 씨앗(golden seed)'이라고 불렀다는 사실을 알았다.

황금 씨앗은 우연한 의견 형태로 제시될 경우가 많지만 결정적 순간에 소개나 추천, 기회 부여 등을 통해 확실한 믿음을 보여주는 형태로 표출될 수 있다. 능력이 충분히 증명되지 않았는데도 잠재력을 믿고 나에게 경영대학원 교수직을 맡긴 짐 볼 학장님의 경우가 그렇다. 연금술사 중 한 명인 디 도슨(Dee Dawson)은 선생님이 무심코 흘린 자신이 과목 최고 점수를 받았다는 말을 평생 잊지 않았다. 황금 씨앗이 심어진 것이다. 도슨은 비교적 늦은 나이인 30대에 과감하게 의대에 지원했다. 성공할 수 있다는 믿음이 있었기 때문이다. "제가 똑똑하다는 걸 알고 있었거든요." 도슨은 선생님에게 감사 인사를 했을까?

이런 경험을 통해 나는 교사, 부모, 배우자는 물론 심지어 경영 관리자도 대리 만족을 느껴야 한다는 것을 알았다. 다시 말해 자신이 키우고, 가르치고, 지도한 이들의 공적인 성취를 통해 사적인 만족을 얻어야 하는데 혜택을 받은 수혜자는 당시에 그것을 깨닫는 경우가 드물고, 깨닫더라도 당연하게 받아들이기 때문이다. 운이 좋으면 오랜 시간이 흐른 뒤에야 찾아와 감사의 마음을 전하기도 한다.

인정하든 안 하든 행동과 말로 황금 씨앗을 심는 것은 사람이 사람에게 해줄 수 있는 가장 기쁘고 중요한 일 중 하나다. 세상에는 그런 씨앗이 부족하다. 가끔은 그런 씨앗 심기가 문화적으로 부적절하게 보일 때도 있다. 나이 지긋한 경영대학원 교수가 불만을 토로하는 경우가 그렇다. "굳이 그런 말을 해줄 필요가 없지요. 내가 호통이라도 친다면 모를까 평소에는 다들 스스로 잘하고 있다고 자만해서 탈이니까요." 회사의 공식 평가 자리에서 황금 씨앗이 심어지는 경우는 드물다. 으레 어느 정도는 긍정적인 피드백이 필수 의식이라 생각하므로 듣는 사람이 의미를 두지 않기 때문이다. 축제에서 색종이 조각을 흩뿌리듯이 아무렇게나 뿌려진 씨앗이 발아하여 성장하는 일도 거의 없다. 흔하면 귀한 줄 모른다고 역시 중요하고 진지하게 받아들이지 않기 때문이다. 황금 씨앗은 진심에서 우러나온 진실한 것이어야 한다. 때로는 익명으로 전달될 수도 있다. 한번은 전혀 모르는 사람에게서 카드를 받은 적이 있다. '최근 나온 선생님의 책을 읽었습니다. 감사합니다.'라고만 쓰여 있었다. 발신인 주소도 없어서 답장을 보낼 수 없었지만 작은 카드에서 진심이 느껴졌다. 글쓰기는 외로운 작업이라 짧은 몇 마디 때문에 마음이 따뜻해지고 기운이 났다.

팻은 황금 씨앗을 전혀 몰랐지만 무의식중에 나에게 씨앗을 심어주었다. 팻이 보여준 나에 대한 믿음과 힘닿는 데까지 도우려는 열망은 10년간 다니던 회사를 접고 새로운 삶을 시작하려던 내게 큰 힘이 되었다. 그런데 예기치 않게 새로운 인생의 서막은 미국에서 펼쳐졌다. 런던 경영대학원 신임 학장과 면담한 이후 최소 1년은 지나야 슬론 재단의 자금 지원이 확정될 예정이었다. 그동안 슬론 재단에서 지원하는 미국의 경영대학원 교육 과정을 둘러보는 것이 좋을 것 같았다. MIT 경영대학원에서 내가 1년간 교육 과정을 체험할 수 있게 지원하겠다는 의사를 전해왔다. 신밧드 싱클레어가 있는 경영교육재단에서 나처럼 미국 경영대학원에서 공부하려는 사람에게 장학금을 제공했다. 아직 영국에는 경영대학원이 없다는 점을 참작한 조치였다. 그리하여 1966년 우리 부부는 6주 된 딸아이와 함께 보스턴으로 날아갔다. 당시만 해도 유럽인에게 미국은 미지의 나라였다. 이런저런 소문만 많았지 실제로 방문한 유럽인은 많지 않았기 때문이다. 케네디는 죽었고, 베트남 전쟁은 진행 중이었으며, 1960년대 본격화된 흑인의 기본권 보장 운동이 신문의 헤드라인을 장식하던 시기였다. 미국의 번영은 아직도 곤궁한 영국에게 부러움의 대상이었다. 우리는 기대로 울렁거리는 가슴을 안고 미국으로 날아갔다.

보스턴 로건 공항에 내리자 낯선 나라에 왔다는 사실이 실감났다. 덥고 습한 오후였는데 날씨 탓인지 출입국 관리원의 심기가 썩 좋아 보이지 않았다. 땀으로 얼룩진 셔츠를 입은 그는 우리를 보며 눈살을 찌푸렸다.

"천연두 발생 지역에서 왔네요. 예방 접종 증명서 주세요."

두어 달 전에 독일 남부에서 천연두 환자가 발생했기 때문에 우리도 나름대로 대비를 한 터였다. 우리 부부의 예방 접종 증명서는 최근 것이었지만 6주 된 딸아이 것이 없었다. 의사가 아이가 너무 어려 예방 접종을 하지 않는 게 좋겠다고 권했기 때문이다. 대신 의사는 그런 취지를 적어 의견서를 써주었다. 하지만 의사의 의견서는 관리원에게 아무런 의미가 없었다.

"4주 동안 격리해야 합니다." 말을 마친 관리원은 우리가 어안이 벙벙해서 서로 얼굴만 쳐다보고 있는 사이 필요한 조치를 취하려고 뒤쪽 사무실로 사라졌다.

관리원이 돌아오자 우리는 3일 뒤부터 경영대학원 일정이 시작된다고 사정을 설명했다. 거기에 꼭 가야 하며 우리는 4주간의 병원비를 지불할 능력도 없다고 호소했다. 아내도 옆에서 거들었다. 우리의 딱한 처지에 동정이 갔는지 관리원이 조건을 제시했다. 우리가 감염된 것으로 밝혀지면 700만 달러를 배상하겠다는 MIT 명의의 각서를 쓰고 통과하라는 것이었다. 관리원이 타이핑한 문서를 만들어오자 나는 MIT를 대신해 문서에 서명했다. 물론 MIT를 대신해 서명할 권한은 나에게 없었다.

각서를 쓰고 수화물을 찾으러 가면서 이곳이 진정 영국과 다르다는 생각을 했다. 미국이 마음에 들었다. 딱한 처지의 부부를 도와주고자 법망을 우회할 창조적 해법을 제시하는 남자가 있는 땅이었다. 그도 내가 MIT를 대신해 서명할 권한이 없다는 사실쯤은 알 것이다. 하지만 만일의 경우를 대비해 보여줄 각서를 준비해둔 것이다. 관리원은 우리를 믿고 해결책을 모색하여 적절한 타협점을 찾았다. 더구나 이 모든 과정을 상사의 허락 없이 본인의 판단으로 진행했다.

몇 년 뒤 캘리포니아를 여행했을 때다. 로스앤젤레스 호텔에 도착한 뒤에야 샌프란시스코 호텔 금고에 여권을 두고 온 것을 알았다. 호텔로 전화를 하자 우리 방을 청소한 여직원과 연결해주었다. 여직원이 금고를 열어 여권을 찾았다. "그럼 이렇게 하겠습니다. 페더럴 익스프레스라는 택배사를 통해 급행으로 보내드리겠습니다. 내일 아침에는 거기 도착할 겁니다. 비용은 신경 쓰지 마십시오. 저희가 부담합니다." 객실을 치우는 여직원에게 그런 권한을 부여하다니 정말 멋진 서비스에 훌륭한 조직 체계가 아닌가.

배짱과 기백, 기꺼이 남을 도우려는 자세가 맘에 들었다. 당시 미국에는 영국에서 보지 못한 활력과 무한한 자신감을 동반한 열정이 있었다. 전염성까지 강해 주위 사람까지 급속히 물들이는 그런 열정이었다. 나는 미국인을 '개방적이고 활력이 넘치며 2×2=4를 만드는 그런 사람들'이라고 표현한 이사야 벌린(Isaiah Berlin)의 말에 동의했다. 당시의 미국은 모든 것이 가능한 그런 시기였다. 아마도 그때까지는 베트남 전쟁도 승산이 커 보였을 것이다. 달 착륙도 눈앞에 와 있었다. 도착 직후 열린 만찬을 겸한 파티에서 새로운 사업 아이디어를 놓고 브레인스토밍을 했다. 영국이었다면 파티에서 늘어놓은 흥미로운 이야기쯤으로 치부되고 말았을 테지만 여기는 미국이었다. 이튿날 아침 전화가 왔다.

"정말 좋은 아이디어였습니다. 척, 당신이 말한 내용을 거래 은행 간부와 잠깐 이야기를 나눴는데 융자를 해줄 수 있답니다. 언제 시작할까요?"

하지만 우리는 일을 시작하지 않았다. 나는 찰스가 아닌 '척'도 모험도 좋아하지 않았다. 나는 여전히 영국인이었다.

무엇보다 나의 출신에 신경 쓰지 않아도 되니 좋았다. 영국에서는 어떤 자리에서 내가 말을 시작하는 순간 사람들이 내가 어느 집안에서 어떤 교육을 받고 자랐는지 대충 감을 잡았다. 미국에서는 달랐다. 억양을 듣고 영국인이라는 정도만 구별할 뿐이었다. 사실은 아일랜드 사람이라고 말해도 그저 그뿐으로 그 말이 함축하는 복잡한 의미를 알지도 못했고 굳이 알려고도 하지 않았다. 그들은 보고 느낀 대로 나를 대했다. 마침내 과거로부터 해방된 느낌이었다. 아마 많은 이민자가 그런 해방감을 맛볼 것이다.

토크빌(Alexis de Tocqueville)은 미국이라는 나라의 특징을 조목조목 알려주는 나의 선생님 같은 존재였다. 그가 미국을 방문한 것은 1831년이었지만 그의 견해는 여전히 유효했다. 토크빌은 토지에 기반을 둔 귀족의 부재를 미국의 특징으로 들면서 그 결과 독립 정신이 생겼다는 의견을 내놓았다. 그는 또한 '돈 사랑이 그렇게 강한 나라를 본 적이 없다'고 평했다. 이 점은 나에게도 흥미로웠고 다소 충격적이었다는 사실을 고백해야겠다. 돈이 모든 척도였고 내가 다니는 경영대학원은 더욱 그랬다. 미국인은 자유와 평등을 모두 원한다고 말하지만 사실상 개인의 자유를 위해서라면 경제적 평등을 기꺼이 희생할 사람들로 보였다. 그런 태도 때문에 미국은 선진국에서 가장 경제적으로 불평등이 심한 나라가 되었다. 그런데 묘하게도 이를 바로잡으려는 진정한 사회주의 정당이 없었다. 이런 불평등 속에서도 가난한 사람이 남을 탓하지 않고 자신의 처지를 감수하게 만드는 것은 분명 아메리칸 드림의 힘이라는 결론에 도달했다. 개인의 자유에는 자신의 운명을 책임진다는 의미도 들어있다.

영국에서 특정 조직의 보호나 지도를 받지 않은 적이 없는, 그야말로 제도화된 생활을 하고 난 뒤라서 이런 상황은 눈이 휘둥그레지는 충격으로 다가왔다. 대기업의 안락한 울타리를 떠나 나름 불안을 느끼던 터라 더욱 그랬다. 나는 미래가 온전히 내 노력에 달려 있다는 사실을 새삼 깨달았다. 미국에서의 1년이 지적으로뿐 아니라 문화적으로도 더할 나위 없이 값진 준비의 시간이 될 터였다.

따지고 보면 미국 문화가 그렇게 흐른 데는 영국의 탓도 있었다. 미국 문화의 상당 부분이 영국에서 도망쳐 신대륙으로 건너간 청교도에 의해 형성되었다. 그들은 구대륙과는 다른 삶을 살겠다는 기대를 품고 신대륙으로 건너왔다. 신대륙에 지상낙원을 건설하겠다는 것도 그중의 하나였다.(그들은 살아 있는 성도로서 지상에 하나님의 나라를 건설할 책임이 있다고 굳게 믿었다) 또한 그들은 자신의 노력으로 부자가 되는 것은 하나님의 인정을 얻었다는 표시라고 보았다. 불경스럽거나 부도덕하지 않은 한 부와 지위 등 외부로 드러나는 표시에는 아무런 문제가 없었다. 힘들여 번 돈은 자랑해야 할 대상이지 결코 부끄러워할 일이 아니었다. 돈은 개인의 노력과 창조성에서 가장 확실한 보답일 뿐 아니라 손쉬운 사회 환원의 방법이기도 했다. 그리고 박애는 시간과 돈을 유익하게 쓴다는 사실을 널리 알리는 세련된 방식이었다.

이런 분위기가 나에게는 많이 낯설었다. 윈스턴 처칠은 사회가 부유해지려면 부자에게 관대해져야 한다고 말한 적이 있다. 미국에서는 부자를 관대하게 대하는 정도가 아니라 떠받들었다.(남부끄럽지 않은 방법으로 부를 축적했다는 전제가 따르긴 했다) MIT 경영대학원은 부자를 모방해야 할 영웅이라고 대놓고 찬양하는 분위기였다. 부자들은 그들과 같은 사람을 많이 길러내라는 뜻에서 경영대학원에 자금 지원을 아끼지 않았다.

돈은 꼭 필요하지만 과하면 역겨운 것이라고 교육받은 나에게 이런 분위기는 충격이었다. 하지만 우리가 알아야 할 것은 돈 자체가 아니라 사용처였다. 올바른 수단으로 벌어 제대로 사용하면 돈은 역겨울 것이 없었다. 특정 분야 사람, 특히 기업가에게는 돈이 겉으로 드러나는 성공의 척도다. 돈을 번 사람이 일부를 사회에 환원하면 모두에게 이익이다. 미국인은 박애를 단순한 자선으로 보지 않고 미래 사회를 위한 투자라고 생각한다. 반면 영국인은 개인이 세금을 내는 것으로 사회에 충분한 기여를 한 셈이며, 미래 사회의 책임자는 정부라고 생각하는 경향이 있다. 이런 태도가 사업이 이기적인 직업이라는 잘못된 사고를 부추겼다.

영국에서도 상황은 서서히 변하고 있다. 요즘은 성인 인구의 다수가 자원봉사 활동을 한다. 신흥 부자들은 사회 환원에도 적극적이어서 미국적 사고가 많이 침투했음을 알 수 있다. 이들은 돈뿐 아니라 귀중한 시간과 경험까지도 기꺼이 공유한다. 기부는 익명으로 이루어질 때 가장 아름답겠지만 사회 환원 문화가 성장하려면 일부러 본보기를 보일 필요도 있다. 기업들도 사회에서 허가받아 운영한 회사 수익금의 일부를 세금 외에도 가시적으로 기부할 필요가 있다고 느끼기 시작했다. 이런 새로운 책임감을 그저 홍보 전략으로만 치부하는 것은 아무래도 부당한 처사다.

1967년 일 년간의 미국 생활을 마치고 런던으로 돌아왔다. 런던에서 미국과 같은 분위기를 만들어낼 수 있다는 확신은 없었다. 하지만 미국에서 배운 몇 가지 교훈만은 확실히 가슴에 새겼다. 미래는 우리가 만들어가는 것이고, 충분히 노력하면 무엇이든 가능하고 개인의 창의력 활용을 장려해야 한다는 것이었다. 이후 오랫동안 나는 해마다 미국에 가서 특유의 활력과 낙관주의를 보충하곤 했다. 미국에서 보낸 시간은 삶을 대하는 나의 태도를 바꿔놓았다.

6장 ◦ 경영을 가르치는 학교

Myself And Other More Important Matters

과거 영국에는 자격 요건이나 훈련이 필요 없는 직업이 세 가지 있었다. 바로 정치인, 부모, 경영자다. 공교롭게도 셋 다 더없이 중요한 일이다. 특히 경영이나 관리는 맞닥뜨리면 누구나 할 수 있는 일로 생각되었다. 지각 있는 사람이면 마치 사랑의 행위처럼 누구나 필요할 때 본능적으로 어찌 해야 하는지를 안다는 것이다.

하지만 사랑의 행위조차도 우리가 생각하는 것처럼 마냥 자연스레 터득되지는 않는다. 실제로 나한테도 그리 쉽지만은 않았다. 요즘은 성행위를 할 때 어느 부위를 어떻게 해야 하는지 아주 구체적으로 보여주는 노골적인 잡지나 영화, 책이 넘쳐난다. 그래서 실전에서 능수능란하지 않아도 어떻게 해야 하는지 도통 모르는 사람은 없다. 하지만 우리 때만 해도 달랐다. 아일랜드에서 살던 시절 다소 노골적인 여성의 신체 사진을 접할 수 있는 책이라고는 〈건강과 능률(Health and Efficiency)〉이라는 잡지 하나밖에 없었다. 당시 아일랜드에서는 아일랜드 출신 작가 제임스 조이스(James Joyce)의 〈율리시스(Ulysses)〉조차도 외설적이라며 금서로 규정했다. 나의 경우 때가 되자 그럭저럭 경험을 통해 터득했지만 어설픈 실수나 서툰 구석이 없지 않았다.

서툴고 어설프기는 부모 노릇도 별반 다르지 않았다. 아이들을 키우던 초기 '육아 바이블'이라고 불리는 벤저민 스포크(Benjamin Spock) 박사의 〈아기와 아이(Baby and Child)〉를 밤이고 낮이고 끼고 살았어도 그랬다. 어머니와 장모님이 열심히 조언하고 도와주긴 했다. 지금 와서 생각하면 두 아이에게 미안할 뿐이다. 딸아이가 언젠가 반농담 조로 학창 시절 자기를 교육 실험 도구로 썼다며 우리를 책망한 적이 있다. 딸아이는 더욱 중요한 부분을 모르고 있었다. 학창 시절뿐 아니라 영유아 시절도 실험이기는 마찬가지였다. 첫아이일 경우는 부모 노릇이 처음이니 불가피한 부분이기도 하다.

경영 분야에서는 스포크 박사 같은 사람마저 없었다. 내 기억으로는 1950년대 영국에는 관리자를 꿈꾸는 사람에게 도움이 될 만한 책이 없었다. 그나마 읽어 볼 만한 책인 〈기업의 인간적 측면(The Human Side of Enterprise)〉은 1960년에 출간되었다. 저자인 MIT의 더글러스 맥그리거(Douglas McGregor) 교수는 리더십 유형을 X이론과 Y이론 두 가지로 구분했다. X이론은 인간의 본성을 부정적으로 보고 인간을 통제와 명령으로 관리해야 한다고 본다. 반면 Y이론은 인간이 자발성을 가지고 책임감 있게 행동할 수 있는 존재이므로 믿고 동기를 부여하는 방식으로 관리해야 한다고 본다. 맥그리거의 이론에 매료된 셸 경영진은 그해 모든 관리자에게 인상적인 안내문을 돌렸다. 맥그리거 교수의 이론을 요약해서 제시했는데 셸은 동기 부여와 자기 통제를 통해 사람을 관리하는 Y이론 조직이 될 것임을 선포하는 내용이었다. 아마 X이론 방법을 써서 Y이론을 따르겠다고 선포하는 데서 오는 혼란은 전혀 의식하지 못했던 모양이다.

경영을 배우려고 학교에 간다는 것은 당시 영국인에게 이상하기 짝이 없는 발상이었다. 미국처럼 경영대학원을 설립하자는 경영계의 권유를 거절한 것을 보면 옥스퍼드와 케임브리지도 그렇게 생각했음이 분명하다. 한 교수는 분개하여 다음과 같이 말했다. "우리 학교는 실업 학교가 아닙니다." 정부 차원에서 영국의 경영 교육 부재를 우려하고 적극적인 방법을 모색하기 시작한 때는 1960년대 초반이었다. 그나마도 자발적인 것이 아니라 앞서가는 기업가들이 필요성을 누누이 역설한 결과였다. 영국의 경영 수준은 우려하고 관심을 가져야 마땅했다. 그로부터 30년 뒤인 1987년 나는 정부의 의뢰를 받아 〈관리자 양성 현황(The Making of Managers)〉이라는 보고서를 작성했는데, 조사 결과 영국의 기업 경영진 대부분이 열다섯 살에 학교를 떠난 이후 공식 교육을 받지 않은 것으로 밝혀졌다. 의무 교육을 마친 사람 중에 8퍼센트만이 대학에 진학하는데 대학 진학자의 대부분이 교수직이나 공무원직으로 진출하기 때문이었다. 당시 관리자들이 말하듯이 경영과 관리는 '인생 대학'을 통해 실전에서 해결해야 하는 상황이었다.

경영 교육이 전무하다시피 한 상황에서 두 곳의 예외 영역이 있었다. 바로 군인과 회계사였다. 군은 관리를 중요하게 생각했는데 신참 장교를 훈련시켰고, 나중에는 사관학교에서 1년 동안 고위급 장교에게 고비용의 중간 경력 과정을 수행했다. 1950년대와 1960년대 영국의 많은 경영자는 군 복무 과정에서 조직 경영 이론을 접하며 실무 기회를 가졌다. 당시는 군 복무가 의무였기 때문에 가능했던 일이다. 이들은 군대에서 습득한 지식과 경험을 비즈니스 분야에 활용했다. 이런 사회적 분위기 탓에 한동안 영국 기업에는 경영진이 풀코스 오찬을 즐기는 일종의 장교 식당과 같은 곳이 생겨났다. 하위 직급의 직원은 구내식당에서

끼니를 해결했는데 막 제대한 신입 사원이 군대와는 사뭇 다른 세계인 기업 조직을 이해하기까지 시간이 걸리는 경우도 많았다. 지휘권이 주어지는 군대와 달리 기업에서는 지휘권을 노력으로 획득해야 하고, 더 이상 권위와 그에 따른 특권을 기대할 수 없었다. 누구도 전쟁에서 이기기 위한 훈련이 기업 경영에 적합한 준비라고 제안한 적은 없다. 단지 국가의 군사 대비 필요성이 뜻하지 않은 결과로 그렇게 된 것뿐이었다.

당시에 기업의 관리자가 되기 위한 최고의 준비는 일반적으로 회계사 자격을 취득하는 것이었다. 보고서를 준비하면서 나는 영국에 유독 자격증을 갖춘 회계사가 많다는 흥미로운 사실을 발견했다. 서독(독일이 동독과 통일 되기 전의 이름-옮긴이) 4천 명, 일본 6천 명, 프랑스 2만 명인데 비해 영국에는 무려 16만 8천 명이나 있었다. 그렇게 많은 회계사가 필요하지도, 실제 그들이 회계사로 일하고 있지도 않았다. 자격증을 가진 회계사 대다수가 기업에서 회계와 무관한 관리자로 일했다. 그렇다고 회계사 양성 교육에 문제가 있다는 것은 아니다. 회계사는 정량화가 어려운 인적 자산이 아니라 눈에 보이는 재무 비용과 자산에 우선순위를 두도록 교육받는다. 사실 회계사는 사람을 자산이 아닌 비용으로 간주한다. 또한 회계사는 미래보다 정확한 측정과 검사가 가능한 과거에 집중한다. 따라서 그들의 교육은 위험, 불확실성, 미지의 영역을 바람직하지 않은 것으로 간주한다. 당시에는 자산과 그 측정이 중요했기 때문에 인적 자원 관리 과정이 포함되지도 않았다. 이런 회계사 교육 과정이 뜻하지 않게 영국의 경영대학원으로 둔갑한 것이다. 그러니 영국 경제가 경쟁 국가에 비해 뒤처진 것도 무리는 아니었다.

셸을 떠날 준비를 하던 1965년에는 전혀 몰랐던 사실이다. 나는 그저 대학에 경영과 조직의 특성, 경영 방법을 가르치는 분야가 생긴다는 사실에 잔뜩 흥분했을 뿐이었다. 드물었지만 우리 세대에도 몇몇은 하버드를 비롯한 여러 대학에 경영대학원이 있다는 것을 알았고, 심지어 하크니스 재단의 지원을 받아 듣도 보도 못한 MBA(경영학 석사)라는 것을 따려고 하버드 경영대학원에서 공부하기도 했다. 그때 나는 그런 얘기가 풍문으로도 들리지 않는 동남아시아 현장에 내던져진 상태였다. 과거와 현재뿐 아니라 나의 미래에 대해서도 모르기는 마찬가지였다. 당시에는 내가 미국의 유수한 대학에서 공부하는 특권을 누리고, 영국 최초의 경영대학원 중 하나의 설립을 돕고, 영국 개방대학 경영대학원 준비 과정에서 중심 역할을 하고, 케임브리지 대학이 뒤늦게 자체 경영대학원을 설립할 때 자문 역할을 하고, 1990년대 영국 대학의 경영학 교육 확산에 중요한 역할을 한 '관리자 양성' 특별위원회 의장을 맡을 줄은 꿈에도 생각지 못했다. 그 과정에서 나는 경영과 교육, 학습 과정에 대해 실로 많은 것을 배웠다. 지금 생각하면 잘못된 구석도 많았지만 인생의 많은 일이 그렇듯이 실수 없이 완벽을 기했다면 시작조차 하지 못했을 것이다. 40년이 지난 지금 돌이켜보면 우리의 노력이 과거 천시되던 경영과 사업을 존경받는 학문으로 만드는 데 기여했음을 알 수 있다. 경영학은 이제 영국 대부분의 대학에서 가장 인기 있는 학부 과정이 되었다. 1966년 내가 미국으로 떠날 무렵 반기업 문화가 만연했던 영국의 정서를 감안하면 이는 문화적인 대변혁이라고 할 만하다. 이런 변화를 끌어내는 데 일조했다는 사실이 참으로 뿌듯했다.

1966년 5월의 화창한 날 힘난했던 출입국 절차를 마치고 MIT 슬론 경영대학원에 도착했을 때 나는 설렘과 두려움으로 가득했다. 당시 영국인이 미국 사정과 경영대학원에 얼마나 무지했는가 하면 한 친구는 내가 MIT에서 '상업'을 배우러 가게 되었다는 말을 듣고 몬트리올 타자학교(Montreal Institute of Typing)에 간다고 생각할 정도였다. 하지만 나는 슬론 경영대학원이 세계 10대 경영대학원 중 하나라는 것, MIT가 공학과 과학 분야에서 세계적인 명성을 얻고 있다는 것, 장래가 촉망되는 중간관리자에게 안식년을 주어 진행하는 관리자 교육 과정을 갖춘 두 곳의 대학 중 하나라는 것을 알고 있었다. 나머지 하나는 캘리포니아에 있는 스탠퍼드 대학의 경영대학원이다. MIT 경영대학원 프로그램 담당자인 피터 길(Peter Gil)은 이 과정을 파악할 가장 좋은 방법으로 일반 학생으로 수업에 참여하는 것이라고 했다. 일리가 있는 제안이었다. 그렇게 해서 나는 50명의 상고머리 미국인 남성 임원들(그때만 해도 여자는 없었다) 속에서 1년 과정의 경영대학원 수업을 들었다.

당시 나는 슬론 경영대학원 도서관에 분명 훌륭한 경영 비결서가 있을 것이고, 그곳 학자와 연구원이 오래전에 효과적인 방법과 그렇지 않은 것을 알아냈을 것이고, 이제 곧 모든 것이 밝혀지리라 기대했다. 셸에서 10년 동안 놓친 축적된 지식이 이곳 도서관에 쌓여 있을 것으로 생각했다. 무엇보다 경영학이 학문으로 존재한다면 아마도 과학적인 법칙과 규칙이 있을 터였다. 그러나 나는 크게 실망했다. 사람과 조직의 행동 방식을 설명하는 온갖 가설을 읽었지만 명확하게 검증된 것은 없었다. 강론집, 사례집, 비결이 들어 있다는 책도 샅샅이 뒤졌지만 깨달음은 커녕 혼란스럽기만 했다. 기업을 비롯한 조직을 관리하는 것은 응용과학이라기보다 실용 예술에 가깝다는 생각이 들었다. 다른 예술 분야가 그렇듯이 나름 유용하긴 했지만 무엇이 가장 효과적인지 단언할 수는 없는 그런 학문 같았다. 상황이 매번 달랐기 때문이다. 행위자, 동기, 자원, 제약 조건 등 결코 같은 상황이란 있을 수 없었다.

이런 발견은 뜻밖에도 큰 안도감으로 다가왔다. 창의성, 상상력, 개성이 여전히 중요한 역할을 한다는 것을 의미하기 때문이다. 조직의 세계는 공학의 한 부분처럼 규칙이 정해진 고정된 것이 아니었다. 조직은 무엇이든 바뀌거나 바꿀 수 있는 유동적인 작은 사회에 가까웠다. 그렇다고 해서 슬론 경영대학원 교수들이 경영 과정을 가르치기 쉬운 교육 과정으로 구성할 수 없다는 말은 아니다. 교수들은 수업에 적합한 내용을 골라 교과 과정을 꾸렸다. 나는 처음으로 모든 학교가 '배워야 할 것'보다 '가르칠 수 있는 것'을 교육하는 쪽을 택한다는 사실을 알았다. 이 깨달음은 앞으로의 교육에서 나의 생각을 바꿔놓았다.

첫 학기의 필수 과목은 경제학이었다. 당연히 경제학 때문에 고생하리라고는 생각지 못했다. 나는 셸에서 경제학을 배웠고 셸을 그만두고 미국으로 오기 전까지 한동안 경제 전문가로 일한 경험이 있었기 때문이다. 그래서 학기 말 시험을 보기 전까지는 나름 자신이 있었다. 객관식

시험이었는데 교수는 짜증나게도 열 살짜리 아들이 체크 박스에 체크만 하면 되는 시험지라고 했다. 나는 100문제 중에 23개를 맞췄는데 반에서 최하위였다. 충격이었다. 문제는 내가 보기 중에 '어느 것도 해당되지 않음'을 너무 많이 표시했다는 데 있었다. 상황에 따라 정답이 달라진다는 생각 때문이었다. 시간이 지나면서 학위 취득에 필요한 점수 따는 방법을 터득했지만 지나치게 단순화되고 환원주의적인 방식이 나는 마음에 들지 않았다. 나중에야 나도 사물을 이해하려면 때로는 심하게 단순화할 필요가 있다는 사실을 알았다. 단순화 과정을 통해 기본 골격이 정립된 뒤에야 자격 요건과 복잡한 요소를 추가할 수 있다. 지금 생각하면 나를 불편하게 했던 것은 지나친 단순화가 아니라 상처받은 자존심이었다.

교수들이 정의한 기본 규칙은 사례 연구 자료를 통해 보완되었다. 학생들은 사례 연구 시간에 특정 기업의 자료를 보고 문제점과 대책을 토론했다. 이런 과정은 자료를 분석하고, 축적된 정보에서 체질하듯 양질의 정보를 선별하고, 향후 방향을 체계화하는 데 도움이 되었다. 나에게는 책에 있는 이론이 아니라 실제 문제를 다루는 새롭고 흥미로운 방식이었다. 하지만 주어진 사례 연구 자료를 보고 진행하는 수업이다 보니 우려할 점도 있었다. 사례 연구가 현실의 주요 문제 중 하나인 생생한 자료 수집, 특히 관련자들의 평가를 불가피하게 놓치게 된다는 것이다. 또한 사례 연구 수업은 암암리에 분석이 핵심이고, 결정 사항의 실행은 부차적이라는 인식을 심어주었다. 현실에서는 오히려 반대다. 특정 상황에 맞는 대책 찾기는 쉽지만 정작 실행이 어려운 경우가 너무 많다. 당연한 얘기지만 이는 강의실에서 시도할 수 없는 부분이고 그러다 보니 거의 논의되지도 않았다. 이론과 사례 연구 수업 모두 흥미로웠지만 향후 나의 일을 생각할 때 이 모든 것이 경영을 실제보다 쉬워 보이게 하는 것은 아닌지 걱정스러웠다.

나는 경영대학원에 다니는 시간을 즐겼다. 다시 배운다는 것 자체로 즐거운 일이었다. 1년이라는 시간을 나에게 투자하면서 나와 가족 말고는 어느 누구에게도 책임을 지지 않아도 된다는, 순전히 자기 만족의 시간이었다. 제대로 못하면 조직이 아니라 자신에게 실망할 터였다. 예산이나 직원 만족 여부, 고객 만족도도 신경 쓸 필요가 없었다. 그 어느 것도 걱정할 필요가 없었고 행복했다. 하지만 과연 나는 그곳에서 유용한 뭔가를 배웠는지 자문해본다. 내 대답은 간단하지만 다소 역설적이다. 나는 여기에 올 필요가 없었다는 아주 중요한 사실을 배웠다. 과정이 끝나갈 무렵 나는 내가 대부분의 중요한 것을 이미 알고 있었다는 사실을 깨달았다. 하지만 그 사실을 확인하기 위해서는 거기에 가야 했다. 그렇다고 당시 경험을 폄하하려는 의도는 결코 아니다. 우리는 누구나 인생을 살면서 개인적인 학습을 쌓아 간다. 하지만 대다수는 정작 자신이 그런 지식을 가지고 있다는 사실을 모른다. 배운 내용이 우리의 무의식 속에 자리 잡고 있기 때문이다. 필요할 때 쉽게 꺼내 활용하려면 그것을 의식 속으로 끌어내야 한다. MIT가 내게 해준 것이 바로 이것이었다. 대다수는 이상하게 들리겠지만 '체험 후 프로그램(post-experience program)'

이라고 부르는 것을 통해 이를 끌어낸다.

모른다고 생각한 것을 실은 알고 있었음을 깨닫는 것은 결코 하찮은 일이 아니다. 무엇보다 위에서 허락만 해준다면 이제는 조직에서 발생하는 대부분의 문제를 해결할 수 있을 것 같은 자신감이 생겼다. 수업 시간에 배운 기술적인 부분도 무관하지 않았다. 예를 들면 현금흐름할인법(DCR, discounted cash flow)의 개념과 활용 방법을 아는 것만으로도 큰 도움이 되었다. 당시에는 늘 조직 주위를 얼쩡거리던 회계사나 컨설턴트가 있었는데, 이제는 이들과 제법 아는 척하며 대화할 수 있을 것 같았다. 나는 경영이 신비하거나 개념적으로 어렵지 않다는 점도 알았다. 경영의 어려움은 개념 자체가 아니라 이를 적용하는 데 있다. 이런 깨달음은 나의 자신감을 크게 키워주었으니 그만한 시간과 노력을 들일 가치가 있었던 셈이다. 자신감은 내 교육 이론에서 또 다른 핵심 주제였다. 결국 교육의 목적은 자기 삶을 책임질 수 있다는 자신감을 심어주는 일이다.

그렇다고 우리의 인격과 삶을 풍요롭게 할 심화된 학습에 접근하고 이를 적용하는 데 도움이 되는 특정 기술과 지식을 무시하는 것은 아니다. 다만 이런 기술과 지식은 우리가 개인적이고 무의식적으로 이미 알고 있는 것을 자각하고 이해하는 것이야말로 가장 훌륭한 학습이라는 사실을 대체하지 못한다. 이 자각의 과정이 수반된 뒤에야 우리는 알고 있는 지식을 효과적으로 사용할 수 있다. 경험과 학습은 같은 시간대에 함께 진행되어야 한다. 경험에 앞서 개념을 익히는 것은 나중에 유용하게 쓰이기를 바라며 머릿속 창고에 지식을 쌓아두는 행위와 같다. 내 경험에 비춰보면 창고에 쌓아둔 지식은 아주 빠르게 부패한다. 막상 사용해야 할 시점에는 더 이상 존재하지 않는 경우가 허다하다. 언어를 배우려면 배운 직후 가능한 빨리 써먹어야 한다는 것을 우리는 안다. 다른 것도 다르지 않다.

나는 미국을 좋아했고 그곳의 방식에 매료되었다. 나는 영국에 미국식 경영대학원을 설립하기로 결심하고 런던으로 돌아왔다. 물론 미국식 그대로는 아니고 보완한 형태를 생각하고 있었다. 내가 지도할 프로그램은 참가자들이 자신의 과거 경험을 이해하도록 돕고, 강의실 밖 활동을 늘리고, 학교에서 가르치는 내용을 당연하게 받아들이기보다 스스로 생각하도록 장려하는 데 중점을 두기로 했다. 나의 새 동료들은 이미 일을 시작했고. 우리는 미국 경영대학원의 동문으로서 미국식 모델의 일부를 뒤처진 영국에 적용하려고 안달이 나 있었다. 우리는 어쩌면 오만일지도 모르는 젊음의 자신감을 가지고 있었다. 평균 나이는 서른다섯으로 영국의 경영 방식을 바꾸는 것이 우리의 사명이라고 생각했다. 그래서 미국에서의 경험을 최대한 받아들여 더 나은 영국을 위해 적용하고자 했다. 마음만 너무 앞섰던 무모한 시기였다.

지금 생각하면 우리가 미국식 모델을 무조건 채택하기 전에 왜 영국의 다른 전문직에서 하는 훈련과 교육 과정을 검토하지 않았는지 의아하다. 회계 교과 과정 자체는 경영을 배우기에 부적절할 수도 있다. 하지만 회계를 비롯해 법률, 의학, 건축 등 유사한 전문 직종에서 예비 전문가를 교육해온 방식은 오랜 시간 충분한 검증을 거쳐 면면이 이어져 내려온 것이다. 이들 직종에서 활용하는 교육 방식은 일관되게 공식 수업과 도제 제도를 혼합하고 있었다. 이런 방식이 바로 내가 생각했던 것이다. 이론과 실습을 결합했을 뿐 아니라 실습형 도제 제도를 통해 학생들이 배우는 동안 돈을 벌 수 있게 해준다. 실로 유용한 제도가 아닐 수 없다. 이는 특정 직업인 양성을 목적으로 하는 프랑스 전문 단과 대학 교육 과정(포마시옹)의 핵심인 교실과 직장의 결합과도 같은 것이다. 우리는 미국의 사례를 좇아 학생들을 2년 동안 교실에 가둬두는 데만 급급했다. 더구나 그런 특권을 누리게 해주었으니 막대한 비용까지 내라고 했다. 수업료를 대느라 진 빚을 갚기 위해 졸업생들은 자연스레 수익성이 좋은 컨설팅이나 은행 분야로 취업을 모색했다. 공교롭게도 이 분야는 분석 및 수치 측정 능력이 중요했는데 학생들은 2년 동안 습관처럼 해온 사례 연구 덕분에 잘 준비되어 있었다. 나는 MBA 학위가 경영 분석 전문가에게 필요하다고 생각했는데 이것이 컨설팅 회사와 은행이 원하는 것과 일치했다.

문제는 이런 교육으로는 실질적인 경영을 익힐 수 없다는 점이었다. 그러니 관리자를 찾는 일반 회사 입장에서 보면 경영대학원 졸업생은 실무 경험이 없는 수습 사원에 불과했다. 따라서 은행이나 컨설팅 회사에서 제시하는 높은 급여를 줄 수 없는 것은 당연했다. 결국 졸업생들은 대부분 은행과 컨설팅 회사라는 한정된 영역으로만 진출했고, 이를 제외한 대부분의 비즈니스업계에는 우리 노력의 결과가 미치지 못했다.

경영대학원 설립 후 얼마 지나지 않아 여러 곳에서 지적들이 나왔다. 나는 이런 문제를 해결하기 위해 우회적이고 나름 교묘한 방법을 썼는데 굳이 들어올 필요가 없는 참가자를 가려내기 시작했다. 교실에서 토론은 할 수 있지만 교실에 앉아서 발전시킬 수 없는 '관리자의 자질'이 반드시 존재한다. 이것은 주로 대인 관계 기술 관련으로 사람들과 함께 일하고, 사람들을 설득하고 자극을 주고, 필요하다면 징계하는 능력이다. 또한 관리자에게는 상상력, 인내심, 용기, 어느 정도의 자각, 윤리적인 태도도 필요하다. 이런 자질 중 많은 부분이 '감성 지능'이라는 개념 안에 녹아들어 있다. 하지만 당시는 이런 개념이 만들어지기 전이었다. 나는 이런 자질을 가진 사람이 분석과 같은 유용한 기술을 추가하면 훨씬 유능한 관리자로 거듭날 수 있다고 주장했다. 하지만 전제 조건이 부족하면 분석 능력만으로는 도움이 되지 않을 것이다.

실제로 대부분의 경영대학원이 '관련 경험'을 입학의 전제 조건으로 제시함으로써 나처럼 사전 선별 작업을 하고 있다고 본다. 하지만 그마저도 교실에서 이루어지는 학습은 현장과 너무 동떨어져 있었다. 이를 필요로 하는 현장에서 시험해볼 기회가 전혀 없기 때문이다. 그 결과 학생들은 관리자로서의 책임에 왜곡되고 편협한 시각을 갖고 학교를 떠나는 경우가 많았다. 스탠퍼드 경영대학원의 해럴드 리빗(Harold Leavitt) 교수는 이에 대해 다음과 같이 지적한다.

"우리는 참으로 요상한 경영 교육 프로그램을 만들어 거기에 종속된 사람들을 한쪽으로 치우친 두뇌, 차가운 심장, 위축된 영혼을 가진 괴상한 생물체로 만들어놓았다.”

1981년 영국 개방대학은 ‘유능한 관리자(The Effective Manager)’라는 시범 강좌를 개설하기 위해 소정의 예산을 배정했다. 학교에서는 나를 고문으로 임명하고 강좌에 쓰일 교재 집필도 의뢰했다. 개방대학은 가정통신 학습 중심으로 운영되기 때문에 나는 교실 수업을 다양한 조직에서 일하며 배우는 직장인들의 일상적인 업무 경험과 연결할 수 있는 좋은 기회라고 생각했다. 나에게도 소중한 학습의 기회였다. 나는 강좌 팀의 일원이었고 사실상 유일한 학계 관련자였다. 다른 팀원으로는 출판 편집자, TV 방송 제작자와 작가, 과정 말미에 합류 예정인 수련회 조직자, 재무 관리 책임자, 마케팅 및 영업 담당자 등 때때로 진행 과정과 결과에 이해관계가 있는 잡다한 사람들이 포함되었다.

이론과 실제 경험이 결합되어야 한다는 나의 이론에 이의를 제기하는 사람은 없었지만 그들은 내가 준비한 교재를 검토하며 끊임없이 질문을 던졌다. ‘학생들이 읽고 싶어할까요?’ 그들은 학생들이 긴 하루 일과를 마친 뒤 집에서 공부하게 되리라는 사실을 상기시켰다. 교재가 지친 학생들의 흥미를 끌어야 했다. 학생들이 몰입하려면 실제 일과 관련된 내용이면서 흥미롭고 어느 정도는 자극적이어야 했다. 개념이 반드시 경험과 결합되어야 한다고 주장한 이상 나는 어떻게든 여기에 들어맞는 교재를 만들어야 했다. 더구나 내 작업에 따라 자신들의 일이 좌우되는 아주 깐깐한 동료들의 평가를 받고 있었다. 지금까지 해본 일 중에 가장 힘들었지만 내가 쓴 글이 실제로 타당하고 유익한가를 면밀히 살

필 수밖에 없었다. 당연히 교재의 질도 높아졌다. 머리를 맞대고 함께 고민해서 내놓은 강좌는 성공적이었다. 이 강좌의 성공에 힘입어 영국 개방대학 경영대학원이 설립되었다. 현재 이곳은 유럽의 다른 어떤 경영대학원보다 많은 학생을 확보하고 있다. 개념과 경험이 결합되어야 한다는 내 이론이 통했다.

몇 년 뒤인 1987년 나는 이 경험을 바탕으로 〈관리자 양성 현황〉이라는 정부 보고서를 만들었다. 영국, 미국, 프랑스, 독일, 일본의 관리자 교육 방식을 비교 분석하는 내용이었다. 각 나라마다 고유의 교육 전통에 맞춰 관리자 교육도 발전해왔다는 사실이 드러났다. 미국은 대학 강의실에서, 독일은 대학 평생교육원에서, 일본은 대기업 내부에서, 프랑스는 전문 단과 대학에서 교육이 이루어졌다. 왜 영국만이 고유의 전통을 버리고 미국을 따랐는지 의문이 들었다. 나는 MBA 학위가 두 단계로 이루어져야 한다고 주장했다. 1단계는 조직에 들어가기 전이나 들어간 직후 주로 교실에서 수업을 통해 취득하는 내용으로 구성된다. 내가 '비즈니스 언어(language of business)'라고 부르는 것을 두루 포괄하는 내용이다. 의학 박사 학위나 건축사 자격증이 여기에 해당한다. 2단계는 조직에 들어간 이후에 취득하는 것으로 현재 경험과 연관된 내용으로 구성된다. 수업도 전일제보다 시간제로 진행되며 참가자의 조직에 있는 멘토의 가르침도 포함된다.

당시에는 너무 급진적인 제안이었지만 훗날 다소 엉뚱한 방식으로 실행되었다. 대학 학부에서 경영학과가 급증한 것이 내가 말하는 1단계에 해당하며, 현직 임원을 위한 시간제 프로그램의 증가는 2단계로 실무와 이론의 결합이라는 논리를 좀 더 폭넓게 활용할 수 있는 길을 열었다. 영국의 경영 교육 방식도 서서히 고유의 교육 전통으로 돌아가고 있다.

이런 반성과 성찰은 물론 나중의 일이다. 내가 미국에서 돌아와 만들고 지도하려고 한 슬론 경영대학원 프로그램의 런던 버전을 생각하면 너무 늦은 감이 있었다. 그럼에도 나는 MIT 프로그램만큼 훌륭하게 만들면서 동시에 몇 가지 우리만의 장점을 보태기로 마음먹었다. 나는 옥스퍼드에서 배운 철학적 사유를 경영대학원 프로그램에 포함시킬 방안을 찾고 싶었다. 시간이 갈수록 그 가치를 깨닫고 있었기 때문이다. 옥스퍼드와 MIT가 결합하면 강력한 조합이 탄생하리라 생각했다.

7장 ◦ 안티고네의 도전

Myself And Other More Important Matters

1968년 9월 런던 슬론 경영대학원 경영자 과정에 참여한 학생들은 흥분과 호기심, 약간의 불안감을 내비쳤다. 당시로서는 새로운 경영 교육법을 적용하는 첫날이었고, 말하자면 그들은 모르모트처럼 실험 대상이 된 것이었다. 강의실로 들어온 학생들은 각자 자리 앞에 두 권의 책이 놓여 있는 것을 보았다. 하나는 그들이 기대했던 〈기업 회계 개념(The Meaning of Company Accounts)〉이었지만 다른 하나를 보고는 의아하다는 표정을 지었다. 내가 급히 손을 본 번역본인 기원전 5세기에 소포클레스가 쓴 그리스 비극 〈안티고네(Antigone)〉였다. '안티고네'는 이 프로그램의 책임자로서 경영자 교육의 범위를 업무 역량 강화뿐 아니라 가치관으로까지 넓히려는 내 바람을 상징하는 책이었다. 더 중요하게는 당시 기업 문화를 바라보는 나의 불안감의 표현이었고, 그 불안감은 수년에 걸쳐 점점 커져만 갔다.

이 프로그램은 신생 학교로서는 큰 모험이었다. 학생 모집을 위해 점심 식사 자리를 마련하고 기업체를 돌았다. 기업들과 접촉하는 과정에서 나는 그때까지 영국에서 제공되는 경영자 교육 프로그램이 고작 하루짜리였다는 사실을 알았다. 그런 기업들에게 나는 9개월 동안 최고의 인재 한 명을 보내서 우리에게 수업료를 내고 선발된 사람에게 급여와 경비까지 지급하라고 요구했다. 믿고 맡겨달라는 말밖에는 당장에 보여줄 것도 없었다. 런던 경영대학원은 설립된 지 2년밖에 되지 않았고 아직 졸업생을 배출한 적도 없었다. 더구나 나는 대부분의 학생보다 나이가 어렸다. 생각하면 당시 목표했던 20명 중 18명의 학생을 얻었으니

운이 좋았던 셈이다.

그리하여 맞은 첫날 아침은 모두에게 일종의 실험이었다. 프로그램을 설계할 당시 나는 유능한 젊은 임원이라도 재정 분야에 취약한 경우가 많다는 것을 알았다. 그들은 회사 재무상태표도 쉽게 알아보지 못했다. 아마도 기업의 세부 재무 사항에 신경 쓰지 않고 주어진 역할을 수행하는 것이 그들의 일이라 그럴 필요가 없었던 것 같다. 이제 이들이 고위 관리직으로 올라갈 것이기 때문에 우리의 첫 임무는 이 심각한 공백을 메우는 일이었다. 그래서 책상 위에 놓아둔 첫 책이 〈기업 회계 개념〉이었다.

하지만 나는 그들이 생각하는 기업인이 되기를 바랐다.(MIT에서처럼 첫해 학생은 모두 남자였다) 자신이 몸담고 있는 세상에 질문을 던지고, 삶과 일에서 스스로 문제를 해결하고, 고용주의 지시대로 따르는 노예가 아닌 스스로 생각하는 주체적인 사람이 되었으면 했다. 내가 그런 방향으로 이끈다면 이들은 철학자 겸 경영자가 될 것이다. 옥스퍼드에서의 경험은 내 안에 깊이 각인되어 있었다. 그래서 매주 한 권의 문학 작품을 집단 토의하는 첫 책으로 〈안티고네〉를 선택했다. 나는 이를 일종의 '명저' 체험으로 생각했고 이를 통해 '소크라테스식 사고'를 심어줄 수 있으리라 보았다. 집단 토의 시간은 빌 레트윈(Bill Letwin)이 맡았다. 그는 MIT에서 우연히 알게 되었는데 런던 정치경제대학교(LSE)의 교수였다. 빌은 플라톤의 〈국가론〉과 〈소포클레스의 비극〉부터 〈빌리 버드(Billy Bud)〉, 〈어둠의 심장(Heart of Darkness)〉(영화 지옥의 묵시록의 원작-옮긴이)과 같은 근대 고전까지 철학적이고 윤리적인 문제를 끌어내는 자신만의 방식을 개발했다. 심지어 학생들을 극장에 데려가 〈리어왕〉과 〈오셀로〉를 보고 와서 교실에서 토론하기도 했다.

철학과 윤리를 논하는 집단 토의 시간의 첫 작품으로 〈안티고네〉가 안성맞춤이다 싶었다. 소포클레스의 비극에서 안티고네는 테베의 통치자인 외삼촌의 명령과 종교적 신념인 양심 사이에서 선택을 강요받는다. 외삼촌인 크레온은 도시를 장악하는 전투에서 조카인 안티고네의 오빠를 죽이고 시신을 성 밖 들판에 버려두어 짐승의 밥이 되게 하라는 명령을 내린다. 안티고네에게 이것은 오빠를 불멸의 지옥에 보내는 일이었다. 당시 그리스인의 종교관에 따르면 안식을 얻지 못한 영혼은 영원히 복수의 여신에게 쫓긴다. 따라서 오빠를 묻어주는 것이 안티고네의 도리였다. 하지만 크레온은 누구든 자신의 명을 거역하면 사형에 처하겠다는 포고를 내렸으니 시민으로서 안티고네의 의무는 외삼촌의 명령에 복종하는 것이었다. 안티고네에게 이것은 선택의 문제가 아니었다. 안티고네는 종교적 신념과 오빠를 위해 합당한 일을 해야 했다. 결국 안티고네는 그렇게 했고 스스로 목을 매고 죽었다.

'당신이라면 안티고네처럼 행동할 것인가?' 이것이 우리가 학생들에게 던진 질문이었다. 어떤 결과가 초래되더라도 명령을 어길 만큼 소중한 신념이 있는가? 방문한 주교가 학생들에게 물었던 적이 있다. 선택을 할 때 가장 문제가 되는 것은 무엇인가? 개인적인 도의가 정당한 권위보다 우선할 수 있는가? 선한 사람이 악법이나 나쁜 명령을 따라야 하는가? 묵은 철학적 질문일 수도 있지만 수업에 들어온 대다수 학생에게는 생소했을 것이다. 이런 질문은 원칙적으로 합법이거나 불법이라도 들키지만 않으면 목적이 수단을 정당화한다고 믿는 당시 기업에서 주로 무시되기 때문이다. 기업의 사회적 책임 개념이 생기기 전이고, 세상을 떠들썩하게 했던 엔론과 월드컴의 회계 부정을 비롯한 각종 추문도 발생하기 전이었다. 목적이 수단을 정당화하던 기업 문화를 생각하면 이런 부정 사건들은 충분히 예측 가능했다.

안티고네처럼 잔인한 딜레마에 직면하는 사람은 거의 없다. 하지만 이보다 낮은 수준의 딜레마는 언제든 발생한다. 우리는 어른들이 가장 잘 알고, 권위자의 말에는 응당 따라야 하고, 모든 전문가는 자신의 일을 잘 알고 있으므로 우리에게 무엇을 해야 하고, 무엇을 할 수 있고 할 수 없는지 알려줄 수 있다고 믿으며 자란다. 나만 해도 의사, 건축가, 변호사, 투자 전문가가 말하는 내용은 믿고 받아들이는 편이다. 그들도 어디까지나 인간이므로 항상 옳을 수 없고 전문 분야 이외의 영역에서는 형편없을지 모른다고 생각하면서도 말이다. 정부의 장관들은 주위에 온갖 비서까지 거느리고 있으니 당연히 일을 올바로 처리할 것이라 생각했는데 내가 가르친 학생들이 그 자리에 오른 뒤에야 그들이 항상 그렇게 똑똑하거나 현명하지 않다는 것을 알았다. 배관공이 정원의 수도꼭지를 배수구 위에 설치하는 것은 건축법 규정에 위반된다고 말했을 때 하마터면 그대로 믿을 뻔했다. 상식적으로 그럴 리가 없다는 생각을 한 다음에야 배관공이 수도꼭지를 옮기기 싫어서 한 말임을 알았다. 나는 이런 유쾌하지 못한 경험을 통해 전문가가 나보다 더 많이 알고 있을지라도 어떤 질문을 해야 하는지 아는 것이 중요하다는 사실을 배웠다. 그것이 학생들이 이 강의를 통해 배웠으면 하는 교훈 중 하나였다.

남의 전문성을 지나치게 믿으면 결국에는 삶의 통제권을 모르는 사람에게 넘겨줄 수 있다. 집 청소를 도와줄 여성을 고용한 적이 있다. 그녀는 군인의 아내로 군인 숙소에서 살았는데 어느 날 남편과 이혼할 예정이라고 했다. 그렇다면 지금 숙소를 떠나야 할 텐데 어디서 살 생각이냐고 물었다.

"그들이 아직 말해주지 않았어요." 그녀의 대답이었다.

도대체 군인 전처를 누가 책임지고 있는 건지 궁금해서 나는 그 사람들이 누구냐고 물었다. 그녀는 참 답답하다는 표정으로 나를 보더니 말했다.

"그들이 누군지 아직 말해주지 않았어요. 말해줬나?"

자신을 돌볼 '그들'이 없을 수도 있다는 가능성을 그녀는 생각도 안 하는 모양이었다. 내가 그럴 수도 있다고 넌지시 말했지만 전혀 못 믿는 눈치였다.

'그들'은 정부나 경영진, 혹은 흔히 말하는 당국일 수 있다. 어떤 사람은 우리의 도덕적인 행동의 거의 모든 책임을 그들에게 맡기려고 한다. 누군가 나에게 이렇게 말했다. "잘못되었다면 그들이 불법으로 규정했겠지요. 안 그렇습니까? 내가 아는 한 합법적인 것이면 무엇이든 괜찮아야 합니다." 하지만 극단적인 예외를 제외하고 개인적으로 잔인하게 행동하거나, 불륜을 저지르거나, 거짓말을 하거나, 제품이나 서비스 요금에 바가지를 씌우거나, 신뢰를 훼손하거나, 속임수를 묵인하는 행위는 불법이 아니다. 우리는 모든 도덕적 결정을 정부에 위임해서는 안 된다. 이는 정부가 원하지도 않고 그럴 자격도 없는 책임을 억지로 지우는 것이다. 안티고네가 크레온에게 자기를 대신해 도덕적인 결정을 내릴 권한을 주었을 리 만무하다.

하지만 많은 사람이 윤리적으로 게으르다. 전문가를 상징하는 흰 가운을 입었거나 그럴듯해 보이는 신분증을 찬 사람이 시키는 일이면 별다른 의심 없이 요구하는 대로 따르는 식이다. 나는 학생들에게 〈안티고네〉를 설명하기 위해 스탠리 밀그램(Stanley Milgram)의 실험 영상을 보여주었다. 미국의 사회과학자인 밀그램은 인간이 어느 정도까지 권위를 받아들이는지 알아보기 위해 실험을 진행했다. 그는 지원자들에게 간단한 단어를 가르치는 교사 역할을 담당하라고 요청했다. 흰 가운을 입은 익명의 관리자는 학생들이 제대로 못하면 전기 충격을 가하는 벌을 주라고 교사에게 지시했다. 학구적인 분위기를 풍기는 관리자의 태도는 왠지 모르게 공정하리라는 믿음을 주었다. 전기 충격은 낮은 강도에서 시작하지만 학생들이 잘못할 때마다 강도를 높였다. 교사와 학생은 칸막이로 분리되어 있었고, 교사는 전기 충격 장치에 나와 있는 숫자를 통해 자신이 가하는 강도를 확인할 수 있었다. 교사는 학생을 볼 수 없지만 소리는 들을 수 있었다. 학생이 몹시 괴로워하며 비명을 지르는데도 교사는 관리자의 지시에 따라 '치명적'이라고 표시된 수치 직전까지 충격을 늘였다. '치명적'이라는 수치가 쓰인 강도에서도 교사의 3분의 2가 계속 전기 충격을 가했다.

실제로는 전기 충격도 가해지지 않았고 비명 소리도 가짜였지만, 영상을 보면 지원자들은 이를 의심하지 않았음이 여실히 드러난다. 그들은 흰 가운을 입은 관리자를 만족시키기 위해 최선을 다하겠다는 각오로 주어진 임무를 진지하게 수행했다. 그러나 고통스러운 비명 소리가 생생하게 들리는데도 교사가 차분하게 레버를 누르는 모습을 보는 것은 끔찍했다. 실험 지원자 중 사전에 약속한 두 명이 지시를 거부함으로써 모범을 보인 실험군에서는 지시를 어기는 수치가 높아졌다. 하지만 그런 상황에서도 지원자의 3분의 1은 여전히 지시에 따랐다.

밀그램의 실험은 나치의 강제수용소 간수들이 상부의 잔인한 명령에 어떻게 복종했는지 설명해준다. 이라크에서 포로를 학대한 혐의로 기소된 군인들이 단지 명령에 따랐을 뿐이라는 말로 자신의 행동을 정당화한 것도 밀그램의 실험으로 설명할 수 있을 것 같다. 심지어 내가 말레이시아의 단 두 곳의 석유 회사 중 한 곳에서 근무할 당시 정부 입찰 가격을 담합하자는 제안을 흔쾌히 받아들인 이유도 설명이 된다.

몇 년 뒤인 1965년 셸을 떠나 미국으로 가기 전에도 비슷한 일이 있었다. 그해 나는 구리 생산자 가격을 결정하기 위해 파리에 모인 미국, 벨기에, 남아프리카공화국에서 온 세 명의 거물급 인사를 수행하는 비서 역할을 하고 있었다. 당연히 나는 세 회사 중 한 곳에서 일했다. 이들은 정기적으로 모임을 가졌는데 국가가 아닌 독립적인 사기업이라는 점을 제외하면 훗날의 석유수출국기구(OPEC) 회담과 유사했다. 각 회사의 구리 판매 가격을 합의하는 일종의 가격 담합 모임이었다. 산업 전반에 걸쳐 구리 가격을 안정화하자는 것이 목적이었는데 물론 기업의 만족스러운 이윤을 보장하는 수준에서 가격이 결정되었다. 나는 그들이 자유무역 정신에 반하는 행동을 하고 있다고 생각했지만 회의 내내 고개를 숙이고 아무 말도 하지 않은 채 나중에 식사할 3성급 레스토랑을 예약하기에 바빴다.

해당 수업 시간에 우리는 〈12명의 성난 사람들(Twelve Angry Men)〉이라는 영화도 보았다. 배심원 한 명이 고군분투하면서 아버지 살해 혐의로 고소된 열여덟 소년의 무죄를 증명하는 내용의 영화다. 배우 헨리 폰다가 다른 열한 명의 배심원에 맞서 홀로 무죄를 주장하고 결국 다른 배심원들의 견해를 바꿔놓는 주인공 역할을 맡았다. 우리는 헨리 폰다처럼 되고 싶어할 테지만 생각만 할 뿐 현실에서는 누구도 다른 사람의 불행에 그렇게 관심을 보이지 않는다. 영화에서 헨리 폰다는 개인의 신념을 지키느냐가 문제였지 밥줄이 위태로워지거나 하는 그런 상황이 아니었던 것도 사실이다. 현실에서는 신념을 지키려다가 밥줄이 위협받는 경우도 흔하다. 외부의 압력이 거세질 때 우리는 과연 얼마나 굳건히 자신의 신념을 고수할 수 있을까? 모든 것을 잃는데도 자신의 신념을 버리지 않는 사람은 누구라도 존경받아 마땅하다. 우리가 순교자라고 부르는 이런 사람이 극소수라는 사실은 놀랄 일이 아니다. 그만큼 신념을 지키는 일은 쉽지 않다. 물론 우리는 먼저 자신의 신념을 확실히 알아야 한다. 이에 관해서는 뒤에서 다룰 것이다.

신념을 지키기 위해 물리적인 고문이 아니라 다른 대가를 치러야 하는 경우도 많다. 조직에서 내부 고발자가 되거나 공동체에서 자신의 신념을 고수하려면 강인함과 용기가 필요하다. 하지만 그런 노고에 아무도 고마워하지 않는다. 일자리를 잃을 가능성이 높고, 동료의 따돌림이나 승진 탈락은 안 봐도 뻔한 일이다. "우리는 내부 고발자를 용납하지 않네." 한 최고경영자는 내게 대놓고 말했다. 무엇이 두려워 그런 쐐기를 박았는지 모르겠지만 적어도 그는 솔직했다. 세상은 진실을 말하는 사람을 존경할지 모르지만 아무도 그들을 고용하려 하지 않는다.

지금 생각하면 왜 내가 고용주가 경쟁사와 담합 행위를 하는데 항의조차 하지 않았는지 부끄럽기 짝이 없다. 아마도 그것이 도덕의 문제라고 생각하지 않았거나 상사의 비위를 건드리고 싶지 않았기 때문일 것이다. 하지만 용감한 사람이 있었다. 2005년 데이비드 그레이엄(David Graham) 박사는 미국 식품의약청 직원으로 일하고 있었다. 당시 미국 식품의약청은 미국인 2천만 명이 복용하는 관절염 치료제 바이옥스가 5년 동안 최대 14만 명의 환자에게 심장 발작을 일으켰거나 사망에 이르게 했다는 뚜렷한 증거가 있음에도 단호한 조치를 취하지 않았다. 그레이엄 박사는 언론에 공개적으로 비판하는 것이 자신의 도덕적 의무라고 생각했다. 이런 선택을 한 데는 가톨릭 신앙이 큰 역할을 했다. 지금도 그는 식품의약청 직원으로 일하고 있지만 '더 이상 공동체의 일원으로 취급받지 못한다'고 털어놓았다. "꽤나 충격적이었습니다." 그래도 그레이엄을 해고하지 않았으니 식품의약청도 할 말은 있는 셈이다.

학창 시절 최악으로 치는 범죄는 친구를 몰래 고자질하는 것이었다. 집단의 규범을 무시하고 남다르게 구는 것도 미움을 받는 행동이었다. 지금 생각하니 경영대학원 학생들에게 윌리엄 골딩(William Golding)의 〈파리 대왕(Lord of the Flies)〉을 교재로 삼아도 괜찮았겠구나 싶다. 섬에 고립된 소년들이 하나의 유기적인 조직체가 되어 각자의 정체성과 더불어 책임감까지 상실하는 모습을 적나라하게 보여주는 소설이다. 요즘 영국 도심에서는 주말이면 남녀를 불문하고 반쯤 취한 젊은이들이 술집에서 쏟아져 나오는데 이들은 자신의 정체성을 집단의 정체성에 편입시킨 채 더 이상 자신의 행동에 책임지지 않는 것처럼 보인다.

이보다는 긍정적이지만 비즈니스 세계에서도 같은 현상을 볼 수 있다. 특히 스타트업이나 일부 공격적인 인수 합병이 진행되는 상황에서는 두드러지게 나타난다. 당장의 사냥감을 좇는 열광적인 분위기 속에 집단의 결속이 단단해지고 때로는 승리나 성공의 열망으로 윤리적 선의가 설 자리를 잃는다. 모서리는 잘려 나가고, 구분은 모호해지고, 옳고 그름은 무엇이 되고 되지 않는지 재정의된다. 톰 울프(Tom Wolfe)는 〈허영의 불꽃(Bonfire of the Vanities)〉에서 돈이 곧 신이고, 탐욕이 곧 선이라는 자칭 우주의 주인인 월스트리트의 왕들이 기준을 정하던 1980년대 뉴욕의 모습을 묘사한다. 많은 사람이 당시의 기대에 부응하기 위해 양심의 가책을 무릅쓰고 일을 하면서 내면으로는 몸부림쳤을 것이다. 하지만 그들은 여전히 그렇게 했다. 마이클 루이스(Michael Lewis)는 그의 자전적 이야기인 〈라이어스 포커(Liar's Poker)〉에서 이 장면을 잘 묘사하고 있다.

"당연히 살로몬 브라더스(Salmon Brothers)의 연수생으로서 윤리 문제는 크게 신경 쓰지 않았다. 그저 살아남으려고 노력했다. 항상 남들 앞에 군림하는 사람들과 한 팀에 있다는 사실에 감사했다. 마치 놀이터의 불량배와 친구가 된 아이처럼 그들의 보호를 대가로 채권쟁이들의 결점을 눈감아주게 된다."

또 다른 윤리 의식의 모호함은 대기업이나 정부 고위층에서 나올 수 있다. 투투(Tutu) 대주교는 남아프리카공화국의 타보 음베키 대통령이 오만하고 아첨만 일삼는 측근들에 둘러싸여 국민과 분리되고 있으며 초기의 가치관과 목표에서 멀어지고 있다고 안타깝게 말한 적이 있다. 이벤트성 행사에만 몰두하고 열성적인 동맹국에 둘러싸여 초심을 잃을 위험이 있는 국가 원수가 음베키 대통령만은 아니다. 남아프리카공화국과 국경을 맞대고 있는 짐바브웨의 로버트 무가베 대통령은 한술 더 뜬다. 권좌에는 부패를 부추기는 유혹이 많은 법이다.

"기업 총수들도 마찬가지다. 그들은 한없이 경의를 표하며 굽실거리는 직원들에게 둘러싸여 있고, 전용 비행기를 타고 귀족처럼 오가는 생활을 한다. 게다가 선거 자금이 필요한 정치인, 명예 학위를 수여하려는 대학 총장, 심지어 투자 유치에 열을 올리는 외무부 장관과 대통령까지 그들을 찾아와 온갖 아첨을 늘어놓으며 유혹의 손길을 내민다. 그들은 나폴레옹처럼 제왕의 명성을 쉽게 얻는다." 작가 에드워드 루트웍(Edward Luttwark)의 말이다. 그나마 그들이 자제심을 보이는 것은 굶주린

호랑이처럼 이들을 주시하고 있는 미국의 법 제도 때문이다. 법이 다시 개인의 도덕성을 대신하는 역할을 하고 있는 셈이다.

경영 교육에서 윤리 철학을 도입하려는 나의 독특한 시도는 오래가지 못했다. 학생들과 동료들은 보다 즉각적으로 효과가 나타나는 교육을 원했다. 늘 그렇듯이 실용적인 것이 철학적인 것보다 우세했다. 경영대학원 시절 후반에는 학생들에게 선택 과목으로 윤리학 수업을 제공했다. 등록한 학생은 거의 없었다. 한 학생은 나를 보며 이렇게 말했다. "정말 교수님의 강의를 듣고 싶습니다. 하지만 직장을 가진 다음에 듣겠습니다. 지금은 국제 금융이 더 중요한 과목이라서요."

그를 탓할 수 없었다. 당장의 필요성이 우리의 시야를 얼마나 좁히는지 나도 잘 알기 때문이다. 다음 단계를 확보해야 한다는 강박 관념 때문에 우리는 여행할 때처럼 주위를 둘러보지 않음으로써 길이 어디로 향하는지, 자신이 무엇을 놓치고 있는지 알지 못한다. 결국 나는 학생들의 바람대로 시장의 압력에 굴복해 빌 레트윈 교수의 집단 토론 수업을 축소했다. 나중에 생각해보니 바로 시장이라는 것이 순응을 강요하는 압력이 아니었을까 하는 의문이 들었다.

시장의 요구에 따라가야 할까, 아니면 시장을 선도해야 할까? 고객의 선택이 항상 옳을까, 아니면 다른 사람이 고객에게 최선이 무엇인지 일러줄 수 있을까? 합의를 따라야 할까, 아니면 스스로 옳다고 생각하는 바를 행하는 자신감을 가져야 할까? 항상 쉬운 결정은 아니다. 비즈니스의 세계에서 성공한 기업가와 혁신 조직을 보면 시류에 맞서 자신의 생각을 옹호하는 이들이 많다. 하지만 이들은 위험 부담도 본인이 직접 진다. 자기 돈을 걸고 모험을 하기 때문이다, 누군가 교육 현장에서도 이들과 똑같이 한다면 그 위험은 고스란히 학생들에게 전가된다. 내가 학생들의 우선순위를 무시했다면 오만하다고 지탄을 받았을 것이고 어쩌면 후속 과정을 채우지 못했을지도 모른다. 하지만 학생들에게 최선이라고 믿었던 것을 결국 포기한 나는 겁쟁이에 배신자였을까? 아직도 확신이 서지 않는다. 물론 남의 의견을 무시하고 자기 의견만 고집하는 것이 오만일 때도 있다. 위대한 지도자는 자신감과 겸손을 겸비했던 것 같다. 말하자면 때로 자신의 잘못을 인정할 줄 알았던 것이다.

역설적이게도 안티고네의 경우처럼 도덕성이 문제일 때는 결과가 참혹해도 오히려 결정을 내리기가 쉽다. 누구도 개인의 깊은 신념과 확신에 이의를 제기할 권리가 없으므로 결정은 오롯이 자신의 몫이다. 신념 고수로 인한 고통 앞에서 신념을 부정했을 때 치러야 하는 개인적인 대가를 가늠하고 평가할 수 있는 주체는 자신뿐이기 때문이다. 하지만 가장 효과적인 방법을 찾는 현실 문제에서는 오히려 결정이 까다롭다. 위험성이 크지 않은 사안일 때는 과연 일을 어디까지 밀어붙여야 할까? 자기 의견을 고수하고 자신의 가치관과 신념에 따르는 것이 항상 치러야 하는 대가만큼 가치가 있는 것은 아니다. 특히 친구와 맞서야 하고 주위 사람에게까지 영향을 미치는 사안일 때는 그렇다. 초기의 꿈이 형체조차 알아볼 수 없을 정도로 엉뚱한 방향으로 흘러가는 경우는 제외하고 대세를 따르는 것이 훨씬 쉬운 일이다.

관리자 교육 과정의 첫 시간에 〈안티고네〉를 교재로 택했을 때만 해도 이 작품이 내 삶과 사고에 이렇게 깊숙이 침투할 줄은 예상하지 못했다. 하지만 조금만 생각하면 당연한 결과임을 알 수 있다. 소포클레스의 단편 희곡이 쓰인 지 2500년이 지난 지금도 여전히 읽히고 상연되는 이유가 바로 여기에 있다. 위대한 예술은 회계 장부로 결코 할 수 없는 방식으로 영혼에 스며든다. 이 모든 것이 시간 낭비였는지 자문한 적이 있다. 결코 그렇지 않았다. 배우려는 열의가 높은 만큼 요구하는 것도 많았던 유능한 사람들의 교육과 성장을 도왔던 일은 기쁨이고 특권이었다. 한번은 수업에 10분 늦은 적이 있는데 학생들은 그로 인한 수업료 환불 비용을 계산하고 있었다. 무언가를 배우는 가장 확실한 방법은 직접 가르쳐보는 것이라는 내 신념도 확인했다. 나는 학생들보다 내가 더 많이 배웠다고 확신한다. 그리고 서로 관심 있는 주제를 놓고 똑똑한 사람들과 함께 일할 때면 항상 느끼는 것이지만 많은 부분이 흥미진진했다.

경영대학원을 떠날 즈음 나는 어느 때보다 강하게 확신했다. 분석 능력은 교실에서 책을 통해 배울 수 있지만, 실질적인 관리 능력과 실무는 그렇지 않다. 경영 관리는 주로 현장에서 습득되는 상식이 중요한데 실무 경험을 통해 가장 효과적인 방법을 찾아야 한다. 관리에 필요한 개인의 자질은 멘토의 세심한 가르침과 실전에서의 시행착오를 통해 가장 잘 개발할 수 있다. 이러한 시행착오, 특히 실패한 경험을 돌아보는 일은 언제나 도움이 된다. 경험을 곱씹어 보는 일은 어린 시절부터 계속되는 가장 중요한 학습 방법이다. 때로는 숙련된 전문가의 도움을 받아 격리된 환경에서 낯선 사람들과 함께하면 효율성을 높일 수 있다. 관리자 프로그램을 이수하고 시험에 통과하면 경영자로서 자격이 생긴다는 주장은 아주 위험한 발상이다. 이 관리자 교육 과정은 단지 그럴 기회를 제공할 뿐이다.

8장 ◦ 아버지의 죽음

Myself And Other More Important Matters

마흔아홉 살에 BBC로부터 편지를 받았다. 시리즈로 방송되는 BBC 프로그램 〈경험의 빛(The Light of Experience)〉에 출연해달라는 내용이었다. 인생이 바뀔 만큼 강렬한 경험을 한 사람을 초빙해서 별도의 진행자 없이 카메라 앞에서 직접 이야기하게 하고, 중간중간에 사진을 곁들여 시각적인 효과를 주는 프로그램이었다. 어찌 보면 비용을 절약하는 제작 방식이기도 했다. 자신이 변호하던 살인범과 결혼한 여성 변호사도 있었고, 마약 밀수 혐의로 오랫동안 타이의 감옥에 수감되었던 여성도 있었던 것으로 기억한다. 나는 BBC에 이들의 파란만장하고 심지어 매혹적이기까지 한 삶에 비하면 내 삶은 무미건조한 흑백 영화 같다고 말했다. 나에게 삶을 바꿀 만큼 극적인 경험은 누구에게나 있는 아주 평범한 일이었다. 바로 아버지의 죽음이었다. "그래서 선생님이 제격이라는 겁니다. 모든 사람이 공감할 수 있는 보편적인 소재니까요." BBC의 답변이었다.

멋모르고 나는 덥석 수락했다. TV용 프롬프터(TV 출연자에게 대본을 확대해서 보여주는 장치-옮긴이)에 적힌 내용을 카메라를 바라보며 읽는 일을 과소평가했던 탓이다. 그런 상태에서 자연스러운 모습을 연출한다는 것이 나로서는 불가능에 가까운 일이었다. 아무래도 뉴스 진행자는 작위적인 모습을 감추는 비상한 재주가 있는 모양이다. 방송에 나온 내 모습은 꼭 박제된 펭귄 같았다. 눈을 있는 대로 부릅뜨고 앞을 노려보며 의자에 부자연스레 앉아 있는 모습이라니! 어쨌든 방송에서 말한 내용을 이야기하고자 한다. 예전에도 이야기한 적이 있지만 당시 경험은 내 삶에서 중요한 전환점이 되는 것이기에 다시 생각해볼 필요가 있다.

파리에서 열린 국제회의를 마치고 돌아가던 길에 아버지가 뇌졸중으로 더블린 병원에 입원했는데 상태가 좋지 않다는 소식을 들었다. 충격이었다. 사람들은 부모란 항상 곁에 있는 존재라고 생각하는 경향이 있다. 나도 예외는 아니었다. 게다가 아버지가 사제직에서 은퇴한 지 겨우 2년밖에 안 된 시점이었으니 너무 갑작스럽기도 했다. 그동안 나는 경영학자로서 나름 화려한 이력을 쌓고 있었다. 제트기를 타고 곳곳을 돌아다니고 책도 내면서 있는 힘을 다해 성공의 사다리를 오르느라 그야말로 눈코 뜰 새 없이 바쁜 나날을 보냈다. 아버지는 일흔넷이었고 최근에 경미한 심장병을 앓았다. 급히 아일랜드로 돌아와 가족과 함께 아버지의 병상을 지켰다. 아버지는 내가 도착한 다음 날 끝내 의식을 차리지 못하고 돌아가셨다.

슬펐다. 나는 아버지를 좋아했다. 아버지는 조용하고 온화하고 인정 많은 분이었다. 나는 교회에서 예배를 집전하는 아버지의 모습을 좋아했지만, 솔직히 집에서는 아버지가 무슨 생각을 하는지 도통 알 수가 없었다. 아버지는 은둔자 기질이 다분한 사람이었다. 솔직히 말하자면 나는 아버지에게 약간의 실망감을 가지고 있었다. 성직자로 일한 대부분의 기간을 자리를 옮기지 않고 같은 시골 교구에 머무는 것으로 만족하다니! 승진 기회와 대도시 교구로 옮기라는 권유조차 거절하면서 말이다. 대도시 교구로 갔다면 이기적일지 몰라도 내 생활이 좀 더 즐겁지 않았을까. 아버지는 도대체 야망이라곤 없는 사람 같았다.

아일랜드에서는 사망한 이틀 뒤에 장례를 치르는 것이 전통이므로 서둘러 아버지를 교구 교회로 모셔갈 준비를 했다. 교회는 더블린 시내에서 30킬로미터 떨어져 있었는데 아버지가 많지 않은 개신교도를 보살피며 40년 동안 성직자로서 임무를 다했던 곳이다. 다음 날 신문에 부고를 내긴 했지만 나는 장례식이 조촐한 가족 행사가 되리라고, 차분했던 사람의 조용한 마지막이 되리라고 생각했다.

우리 가족은 더블린에서 간선도로를 따라 이동하는 영구차를 따라갔다. 모두 말을 아꼈던 것으로 기억한다. 익숙한 길을 따라가는 슬픈 여정이었다. 그때 예상치 못한 일이 일어났다. 우리가 마을로 접어드는 갈림길 근처까지 왔을 무렵 갓길에서 경찰차가 나타나 다가오는 차량을 정지시키고 길옆에서 운구차를 호위하기 시작했다. 무슨 일이지? 우리는 경찰 에스코트를 신청한 적이 없었다. 이어 시골 마을 깊숙이 자리잡은 교회에 도착해서 보니 수백 미터에 걸쳐 차가 도로에 길게 늘어서 있었다. 다행히 누군가 우리를 위해 자리를 마련해두었다. 교회는 그야말로 인산인해였다. 사람들이 교회 밖까지 길게 늘어서 있었고 교회 안도 놀랍기는 마찬가지였다. 성가대원들은 언제나처럼 검은색 양말과 흰 옷을 입고 들어왔는데 모두 옷이 너무 작다는 것이 확연히 드러났다. 이들은 평소의 소년 성가대원들이 아니었다. 처음엔 어리둥절했지만 서서히 상황이 이해되었다. 그들은 아버지를 위해 한 번 더 성가대석에 앉고자 아일랜드 각지에서 몰려든 예전 성가대원들이었다.

아버지의 오랜 상사인 대주교도 와 있었다. 대주교는 국교회 예복으로 성장을 하고 성가대 뒤에서 서성이고 있었다. 이 또한 이상한 일이었다. 병원에 입원 중이라고 들었기 때문이다. 대주교는 아버지의 마지막 여정에 함께하고자 퇴원을 하고 먼 길을 온 것이었다. 그가 말했다. 아버지는 실로 많은 사람을 도왔고 그들의 존경을 받았던 특별한 사람이었다고. 아버지의 삶과 성직 활동은 모두에게 귀감이 되었다고.

하관한 뒤 흙을 덮지 않은 무덤 앞에 서 있는데 정말로 많은 사람이 우리에게 다가왔다.

“당신 아버지에게서 세례를 받았습니다. 이 교회에서 저희 결혼식의 주례를 서주셨고요. 몇 년 전에는 딸아이도 여기서 세례를 받았습니다. 우리 가족한테는 너무나 소중한 분이었어요.” 어떤 이가 말했다.

“결정적인 순간에 너무나 현명한 조언을 해주셨지요. 세상 모든 것을 꿰뚫고 있는 분 같았어요.” 다른 누군가가 말했다.

“많이 그리울 겁니다. 이런 분은 흔치 않으니까요.” 여러 사람이 이렇게 말했다.

나는 문득 이해하지 못했던 이 남자를 생각하며 거기 서 있었다. 얼마나 많은 사람이 내 장례식에 올까 자문했다. 부고는 딱 하루 나갔을 뿐인데 그렇게 많은 사람이 열 일 제치고 여기까지 오려면 분명 소문이 많이 돌았을 것이다. 내 삶과 일이 누구에게 이렇게 큰 의미를 가질 수 있을까? 내 분주한 삶과 소위 말하는 성취들은 아버지가 깊이 영향을 미친 이 모든 삶에 비하면 어느 정도의 가치가 있을까? 생각할수록 아버지는 보통 사람이 아니었다. 문제는 아버지가 아니라 나에게 있었다.

나는 비뚤어진 시선으로 아버지를 판단하고 있었다.

슬픔과 함께 온갖 생각이 밀려들었고 나는 바쁘다는 핑계로 자신을 잃어 가고 있었다. 타인에게 중요해지려면 먼저 진정한 자아를 찾아야 했다. 나는 스스로의 가치와 열망을 실현하는 대신 타인의 것을 받아들이는 것이 유혹적이지만 잘못된 길이라는 것을 깨닫기 시작했다.

나중에 안 사실이지만 사람들은 고통과 트라우마, 혹은 거절과 좌절을 경험한 뒤에 삶의 근본적인 변화를 생각한다고 한다. 얼마 전 한 아일랜드 청년이 나에게 말했다.

"직업이나 경력은 의미가 없습니다. 우리에게 중요한 것은 삶이지요. 우리의 삶은 평생 몇 번의 변화를 겪습니다."

맞는 말이다. 하지만 삶을 바꾸려면 용기가 필요하다. 별 볼일 없는 삶이 될 것이 뻔해도 그냥 계속 가는 편이 훨씬 쉽다. 삶을 바꾸려면 새로운 사다리의 밑바닥에서 시작해야 하는 경우도 많다. 지금 우리가 오르는 사다리가 잘못된 벽에 기대어 있다는 것을 발견했다면 그 결정은 이미 내려진 것이다. 가급적 빨리 다른 사다리를 찾아야 한다. 하지만 머릿속에서 결정을 내리는 것과 현실에서 실행에 옮기는 것은 별개의 문제다.

아버지의 죽음 후 몇 년 동안 나는 훌륭한 삶을 살아온 다양한 사람과 만났다. 그들 대다수가 고통이나 충격으로 인해 결국 다른 길을 걸은 이야기를 들려주었다. 거절과 구직 실패, 승진 탈락의 경험도 있었다. 갑작스럽게 해고를 당한 사람도 있었다. 그에게는 충격이었고 의도야 어찌 되었든 개인적으로는 감정적으로 받아들일 수밖에 없는 경험이었다. 시간이 지나 돌아보면 정리 해고가 막다른 길에서 벗어나게 해준 구세주 역할을 한 경우도 많다. 나처럼 가까운 사람의 죽음이나 죽음을 가까이 접한 경험을 이야기한 사람도 많았다.

결혼 생활의 파탄도 뭔가의 끝이라는 점에서는 일종의 죽음과도 같다. 성공한 은행가는 30대 초반까지 모든 것을 다 갖춘 상태였다.

“테니스 코트, 수영장, 호수까지 딸린 교외 저택, 네 아이, 고급차를 몰고 다니는 멋진 아내까지 부족한 게 없는 삶이었습니다. 그러던 어느 주말 집에 돌아와 보니 아내가 다른 남자와 바람을 피우고 있었어요. 지금 생각하면 나는 집을 너무 자주 비웠습니다. 집에 있을 때도 아내가 소중한 줄 모르고 아이들과 시간을 보내는 데 공을 들였지요. 나는 좋은 아빠였지만 형편없는 남편이었습니다.”

부부는 이혼했고 1년 뒤 남자는 자선 단체에서 일하고자 직장을 그만두었다.

“결혼 생활이 끝나면서 내 인생이 어디로 향하는지 새롭게 보게 되었고 별로 마음에 들지 않더군요.” 그가 말했다.

삶의 두 번째 곡선을 시작하는 데는 종종 이런 유인이 필요하다. 나는 기업이 어떻게 성장하고 결국 쇠락의 길을 걷는지 설명하기 위해 시그모이드(sigmoid), 즉 S자 형태의 곡선 이론을 개발했다. 기업의 성쇠를 설명하는 이 곡선은 우리 삶에도 똑같이 적용된다. 첫 번째 시그모이드 곡선은 국가, 조직, 상품에 이르기까지 거의 모든 것이 생산보다 투입이 많은 방식으로 시작한다는 것을 알 수 있다. 기업으로 보면 이 시기의 투입은 신사업에 필요한 투자이고, 사람으로 보면 교육이 될 것이다. 모든 것이 잘 진행되면 저점을 지난 곡선은 위로 향하기 시작한다. 회사로 치면 생산이 증가하고 회사가 성장하며 성공이 손짓한다. 하지만 초기 승승장구하던 것이 일정 시점이 되면 필연적으로 더 좋고 싼 제품을 공급하는 경쟁사에게 따라잡히면서 흔들린다. 이쯤 되면 곡선은 정점을 지나 내려간다. 그제야 대다수 기업은 필사적으로 대안을 생각하기 시작한다. 그때는 이미 너무 늦는 경우가 많다. 이것이 첫 번째 시그모이드 곡선이다.

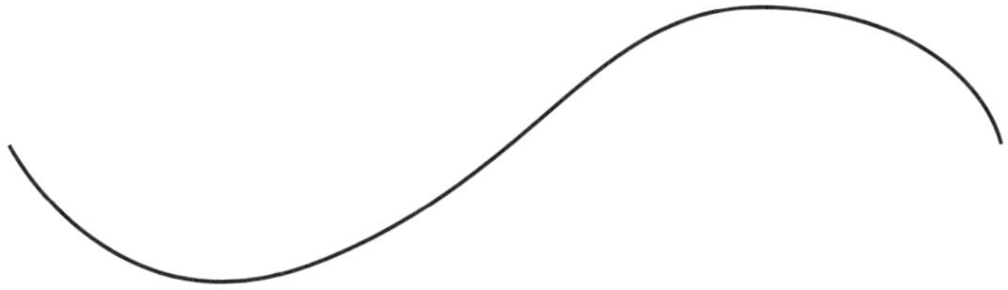

하락이 시작되기에 앞서 충분히 고민해서 첫 번째 곡선이 정점에 도달하기 전에 두 번째 곡선이 시작된다면 훨씬 효과적일 것이다. 그림에서 보이는 A 지점이다.

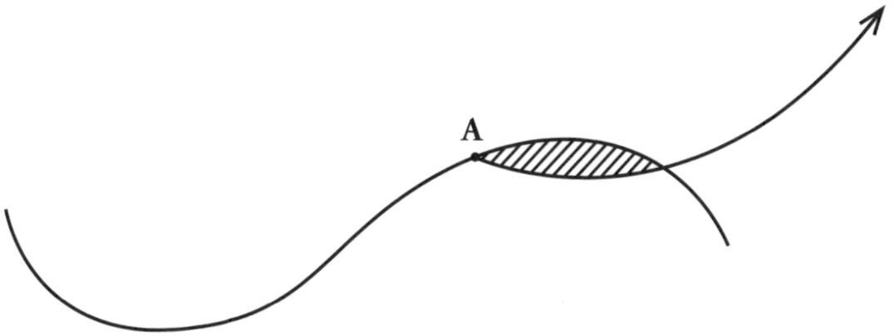

돌아보면 당연한 일이지만 당시에는 명확히 보이지 않는다. 첫 번째 곡선의 그 시점에서는 모든 것이 잘 설정된 것처럼 보인다. 소를 잃기 전에는 외양간을 고치지 않는 법이다. 그러다 상황이 좋지 않다는 것을 깨달을 때쯤이면 그들은 가지고 있던 예비비를 다 소진하고서 겁을 먹고 스트레스를 받아 우울해한다. 이렇게 되면 뭔가 획기적인 변화만이 그들을 구해줄 수 있는데 흔히 구조 조정이라는 형태로 나타난다. 구조 조정은 직원을 반으로 줄이거나 사업체를 경쟁사에 매각하는 등의 극단적인 선택을 번지르르하게 표현한 말이다.

개인에게는 쉽지 않은 일이다. 새로운 삶을 모색하거나 새로운 직업이나 관심사를 시작할 적절한 시기는 일이 아직 잘 돌아가고 있을 때다. 하지만 일이 잘 돌아갈 때는 다른 길을 모색하기가 쉽지 않다. 조직이나 정당이 그런 결정을 내리는 것만큼이나 개인에게도 어려운 일이다. 보통은 내가 앞서 이야기한 충격을 경험한 뒤에야 안일함에서 벗어날 수 있다. 시그모이드 곡선을 설명할 때마다 받는 질문이 있다. "A 지점에 도달했는지 어떻게 알 수 있어요?" 지난 뒤에 뒤돌아봤을 때를 제외하고는 결코 알 수 없다. 지난 뒤에 아는 것은 도움이 안 된다. 하지만 몇 가지 단서는 있다. 바로 편안함이다. 삶이나 일이 너무 편안하고 마음대로 된다 싶으면 만족감에 사로잡혀 방심하기 쉽다. 그러므로 개인의 삶에서나 업무에서나 성공에 안주하는 것은 항상 위험하다.

파티가 한창일 때 판을 깨고 일어서기는 쉽지 않기 때문에 고통스럽지만 어떤 확실한 자극이나 충격이 필요하다. 한창 잘되는 시점에서는 지금보다 더 좋은 곡선이 있을 것이라고 생각하기조차 힘들다. 하지만 한쪽 문이 닫히면 다른 문이 열리는 법이다. 그 문은 종종 우리가 미처 발견하지 못했거나 첫 번째 곡선에 너무 바빠서 무시했던 경우가 많다. 영국의 정치가 크리스 패튼(Chris Patten)은 1992년 총선에서 의원직을 잃었다. 당시 그는 보수당 의장이었고 보수당이 이기면 재무장관이 될 가능성이 높았다. 실제로 그는 의원직을 잃었지만 보수당이 총선에서 승리했다. 그의 인생에서 가장 암울한 시기였을 것이다. 평생 정계에 몸담았던 그의 인생이 이제 고위 공직의 문턱에서 적어도 한동안은 끝이 났으니까 말이다. 하지만 1년 뒤 그는 조차 기간이 끝나가는 홍콩 총독으로 임명되어 중국에 홍콩을 반환하는 막중한 임무를 맡았다. 훗날 그는 홍콩 총독직이 자신이 맡았던 모든 일을 통틀어 최고였다고 고백했다. 그가 적극적으로 구한 것은 아니지만 두 번째 곡선이 그렇게 그에게 주어졌다. 그가 실각하여 재야에 내팽개쳐지지 않았다면 결코 보지 못하고 지나쳤을지도 모르는 곡선이다.

모두가 그렇게 운이 좋을 수는 없지만 해고를 당하고 고통받다가 다른 일을 하는 사람들은 진즉에 준비했더라면 좋았을 것이라고 말하곤 한다. 실제로 그런 사람이 많다. 최근 조사 결과에 따르면 영국의 신규 교사 3분의 1이 과거 다른 영역, 특히 기업에서 성공적인 경력을 쌓은 사람들인 것으로 밝혀졌다. 그들은 더 지적이고 사회에 유용한 도전을 하고 싶어서 과거 직장을 떠났다고 말했다. 평생 한 업종에만 종사한다는 오래된 사고는 이제 신화로 여겨지면서 두세 가지 직업을 바꾸며 다른 인생을 산다는 발상이 점점 보편화될 것이다. 새로운 일이 유사 업종이 아니라 다른 능력을 요구하고 보수의 형태도 다른 별개의 업종인 경우도 많을 것이다. 일종의 재생의 기회를 갖는 것이다. 육체적인 죽음만 없었다 뿐 완전히 새로운 삶 말이다.

나는 아버지의 장례식장에서 내 삶을 바꾸기로 결심했다. 비록 1년이라는 시간이 걸렸지만 아버지를 떠나보낸 그날이 계기가 되었다. 처음 생각한 것은 아버지를 따라 정식 서품을 받은 성직자가 되어 아버지가 그랬던 것처럼 공동체를 돌보는 든든한 기둥이 되고 싶었다. 그래서 내가 아는 주교 두 분을 저녁 식사에 초대했다. 두 분께 성직자의 길을 걷기 위해 신학 대학에 지원할 생각인데 도와달라고 했다.

놀랍게도 두 분은 내 부탁을 거절했다. 그들은 내가 훌륭한 주교가 될 수는 있겠지만 그러기가 쉽지 않을 것이라고 했다. 내가 성직자가 되는 첫 단계인 도심의 부사제 단계에서 절망할 것이며 끝까지 살아남을 가능성은 적다고 말했다. 솔직히 듣기 좋은 말은 아니었지만 마지못해 그 말이 맞다고 인정했다. 나는 사회 피라미드의 맨 아래에 있는 사람들의 고통과 어려움을 어루만질 능력이나 기질이 부족했다. 그들은 내 능력에 걸맞고 교회에서 일하고 싶은 바람을 충족시킬 수 있는 일이 있다고 말했다. 윈저 성의 세인트 조지 하우스 학장 자리가 현재 비어 있는데 일주일 뒤면 지원서 접수가 마감된다고 했다.

그 자리는 나도 알고 있었다. 세인트 조지 하우스는 윈저 성 내부의 성 조지 성당의 옛 저택 중 일부에 위치한 작은 회의 및 연구 센터로 크게 두 가지 사명을 가지고 있었다. 교회에서 고위직을 맡을 성직자를 교육시키는 일과 사회의 윤리적, 도덕적 문제를 상담하는 일이었다. 나도 이 모임에 한두 번 참가한 적이 있어서 어떤 문제를 다루는지는 알았다. 학장은 이 자그마한 조직의 수장을 가리키는 독특한 직함이었다. 초기 두 명의 학장은 해군 제독이었다. 주교들은 학구적인 배경을 가진 사람이 오면 기독교의 가르침과 사회 현실을 연결하고자 하는 이곳에 새바람을 불러올 것이라고 생각했다. 그러고는 나에게 지원을 권유했다. 나는 지원했고 일을 해보라는 제안을 받았다. 나를 선택하다니 솔직히 의외였다. 물에 발을 담갔다고 해서 반드시 수영을 해야 하는 것은 아니지 않은가.

이제 결정의 순간이 왔다. 이론적인 가능성이 아니라 실제였다. 5년 임기는 보장되지만 이후 어찌 될지 알 수 없는 노릇이었다. 이런 불확실한 미래를 위해 안락한 종신 교수직을 버리고 떠나야 하는가? 진정 그러기를 바라는가? 게다가 돈도 문제였다. 처음에는 교수 월급에 상응하는 액수를 제안하는 줄 알았다. 당시 교수 월급은 한 달에 3,500파운드 정도였다. 나중에 타이핑이 엉망인 계약서를 자세히 살펴보니 그들이 제시한 금액이 월급이 아니라 연봉이라는 것을 알았다. 물론 다소 넓은 주택이 제공되고 난방과 전기가 무료였다. 하지만 교수 월급의 10퍼센트도 안 되는 월급으로 아내와 나뿐만 아니라 어린 두 아이를 먹이고 교육시켜야 했다.

그야말로 바닥에서 다시 시작해야 하는 상황이었다. 하지만 아내는 올바른 일이라고 확신했다. 사실 아내는 지난 2년 동안 내가 가족 대신 경영대학원 학생들에게 온통 나의 시간과 에너지를 쏟는 것을 의아해 했다.

"당신은 그저 버릇없는 부잣집 아이들을 더 부자가 되게 도와주는 일을 할 뿐이에요. 더 가치 있는 일을 할 수 있다고요."

나는 국가의 미래 지도자를 교육하는 일이라고 항변하면서도 한편으로는 아내의 말이 맞다고 생각했다. 아내는 올가미처럼 우리를 옥죈 현실에서 벗어나려면 어떤 변화라도 필요하다고 보았다. 20년 전 내가 살던 아일랜드 사제관을 떠나면서 나는 두 가지를 맹세했다. 다시는 교회에 가지 않겠다는 것과 가난해지지 않겠다는 것이었다. 하지만 이제 나는 매일 세인트 조지 예배당에 가야 하고, 아버지의 월급으로 살아야 하는 생활 방식에 서명하려고 했다. 과거는 때로 불편하게 우리를 따라다닌다.

훗날 이는 최선의 결정이었음이 밝혀졌다. 이 선택이 나를 더 넓은 세상으로 이끌었다. 우리는 경제적 어려움도 슬기롭게 극복했다. 아내는 런던의 아파트를 세놓았는데 그 수입으로 식료품을 살 수 있었다. 그것으로 충분했다. 나는 4년 뒤 그곳을 떠났다. 다시 허공에 발을 내딛고 사실상 네 번째 인생을 시작했다. 하지만 그것은 한참 뒤의 얘기다.

9장 ◦ 내 집은 윈저성

Myself And Other More Important Matters

나는 1977년 9월 세인트 조지 하우스 학장이 되어 가족과 함께 윈저 성에 도착했다. 왠지 딱딱하고 구닥다리 같은 느낌이 들어 학장이라는 직함은 좋아하지 않았지만, 사회적이고 윤리적인 문제를 다루는 일종의 연구소를 운영한다는 직무가 주는 인상은 마음에 들었다. 윈저 성에 산다는 생각에 호기심이 동했던 것도 사실이다.

윈저 성은 영국에서 가장 특이한 '마을'이다. 총 70가구가 살았는데 그중 한 가구가 바로 왕실이었다. 세인트 조지 예배당의 주임사제, 성가대원은 물론 여왕의 개인 비서와 사서 등이 새로운 이웃이 되었다. 빼놓을 수 없는 중요한 사람으로 성의 배관공도 있었다. 70가구의 면면을 보면 하나같이 흥미진진한데다 별나다 싶은 조합이지만 성 내부는 더없이 고귀한 윗분부터 맨 아래 가수와 장인의(나는 이들 바로 위쯤 될 것이다) 거처까지 나름대로 질서정연하게 배치되어 있었다. 크리스마스 시즌이면 우리는 설탕과 향료를 넣고 데운 포도주를 마시고 캐럴을 부르며 성 안을 돌아다녔다. 예배당 성가대가 이끄는 캐럴 행렬은 코기 종에 둘러싸인 여왕 앞에서 노래를 부르는 것으로 끝이 났다. 나는 윈저 성에서 튀는 사람이었다. 공식 행사 때면 다들 종군 메달을 자랑스레 달고 있었는데 그에 비하면 나는 너무 젊었고, 그곳 분위기에 비해 너무 학구적인 인상을 주었다. 초기에 작성한 문서에 '경제학'이라는 단어를 썼다가 아무도 이해하지 못하는 특수 용어는 쓰지 마라는 충고까지 들어야 했다. 의미를 설명해달라는 사람도 있었는데 막상 명쾌하게 설명하기가 쉽지 않았다. '이래서 쓰지 마라는 거로군. 명심하겠습니다.'

별채 25로 불리는 우리 가족의 새집은 윈저 성의 옛 성벽 안쪽, 13세기 헨리 3세가 지은 왕궁 옆에 떡하니 버티고 서 있는 저택이었다. 나는 존 왕이 마그나카르타를 승인하려고 템스 강변의 러니미드로 출발할 때 이곳 뜰에서 말에 올랐을지도 모른다고 생각했다. 16세기에 예배당 성가대 연습실로 쓰였던 침실 벽에는 지금도 당시 그렸던 악보가 남아 있다. 사전 예약에 따라 일반에게 공개되는 장소였다. 당연히 우리 가족이 지금까지 살았던 어느 집보다 웅장하고 특별했다. 유일한 문제는 집은 넓은데 가구나 인테리어가 너무 빈약했다는 점이다. 카펫과 커튼 견적만 내 연봉을 상회하니 제대로 해놓고 살 수가 없었다.

하지만 알고 보니 가구 문제는 사소한 것에 지나지 않았다. 게을렀던 탓에 나는 학장직을 수락하기 전에 마땅히 알아봐야 할 사항을 충분히 확인하지 못했다. 세인트 조지 하우스의 현황이 어떤지, 내가 구체적으로 어떤 일을 하게 될지 막연한 생각밖에 없었다. 세인트 조지 하우스는 세인트 조지 칼리지 산하 기구로 세인트 조지 예배당 뒤뜰에 위치했다. 10년 전 엘리자베스 2세 여왕의 남편인 필립 공과 윈저 성 주임사제인 로빈 우즈(Robin Woods)가 당시 비어 있던 과거 수사들의 숙소를 활용하자는 취지로 설립한 것이었다. 종교 지도자를 비롯한 사회의 영향력 있는 인사들이 만나 당면한 윤리적, 사회적 문제를 토론하는 장이 되도록 하자는 것이 그들의 생각이었다. 건물 개보수를 비롯한 관련 비용은 기업에서 후원받았다. 세인트 조지 예배당 주임사제와 수사들로 구성된 조직체가 기업으로 치면 이사회 같은 역할을 하지만 일상적인 운영은 평신도인 학장과 연구실장에게 맡겼다.

학장이니 내가 수장이 될 거라는 생각은 오판이었다. 조직에서 흔히 있는 일이라 놀랄 일은 아니다. 우리 위에는 항상 개인이나 집단이 있게 마련이다. 내 경우는 우선 세인트 조지 예배당을 총괄하는 주임사제가 그런 존재였다. 주임사제도 세인트 조지 하우스의 전권을 가진 것은 아니었다. 주임사제는 그와 더불어 궁극적인 책임을 지는 예배당 수사들로 구성된 헌장위원회의 의장일 뿐이었다. 내가 그렇게 복잡하게 얽히고설킨 중세 스타일 조직의 일원이 되리라고는 전혀 생각하지 못했다. 또한 필립 공과 영국 최고 훈장인 가터 훈장을 받은 훈작사 세 명, 최소 한 명의 전직 총리를 포함해 여러 명사가 참여하는 하우스 평의회라는 것도 있었다. 나는 체스 게임 같은 현실 속에 있었다. 나는 실제로 주교, 기사, 폰(pawn, 체스의 말 종류로 장기로 치면 졸에 해당-옮긴이)들이 여왕을 호위하는 성채에 둘러싸여 있다는 느낌을 받았다. 물론 나는 층층의 위계질서에서 맨 아래 폰에 해당할 터였다. 세인트 조지 하우스가 직원이라고 해봐야 수십 명에 불과한 작은 조직이라는 점을 감안하면 상층부가 기형적으로 큰 구조였다. 알고 보면 그런 조직이 적지 않다. 다스릴 인디언은 적은데 추장만 많은 그런 조직 말이다.

최종 결정권은 모두 화려한 윗분들이 갖고 있었지만 결정 사항을 이행해야 하는 것은 나와 동료들이었다. 출근 첫 주에 나는 두 가지 충격을 받았다. 첫날 하우스의 살림을 책임지는 경리 담당자가 일꾼들에게 지급할 돈이 부족하다고 말했다. 한 수사가 자금 지원이 적절히 이루어지고 있는 것으로 안다며 예상 밖의 일이라고 하기에 그나마 안심이 되었다. 나는 성 바로 밖에 위치한 은행으로 가서 신분을 밝히고 당장의 상황을 해결할 수 있게 대출을 해달라고 요구했다.

"큰 문제는 없을 것 같습니다. 담보는 뭘로 하시겠습니까?" 은행 지배인이 물었다.

나는 창밖에 육중하게 버티고 선 윈저 성을 가리키며 당당하게 말했다. "저거면 되겠소?"

지배인이 미소를 지으며 대답했다. "죄송하지만 증서를 가져오지 않는 한 효력이 없습니다."

지배인이 임시변통으로 도움을 주어 급한 불을 끄긴 했지만 은행을 나오는 내 발걸음은 무거울 수밖에 없었다. 파산 상태의 조직을 넘겨받았다는 생각을 떨칠 수 없었다. 다음 날 비서가 큼지막한 다음해 달력을 내 앞에 놓더니 말했다.

"연간 계획을 짜야 합니다."

"달력에 날짜 말고는 없군요. 계획된 것은 하나도 없습니까?"

"아직 없습니다. 우리는 학장님이 오기만을 기다리고 있었답니다." 그녀가 대답하고는 미소를 지어 보였다. 윈저 성 사람들은 왜 나에게 나쁜 소식을 전할 때마다 빙그레 웃는 것일까.

한 해 동안 진행할 토론과 행사를 정하고 채우는 것이 내 일이었다. 물론 일부 반복되는 정기 행사도 있었지만 달력의 많은 공간이 비어 있었다. 조직의 전략이 무엇인지, 달리 말하면 무엇을 위해 존재하는지 시급히 파악해야 한다는 의미였다.

하지만 시급한 것은 재정 문제였다. 당장의 생존이 위태로웠다. 회의장은 허름했고 수입은 불충분했다. 여기서 열리는 토론회 참가자들의 얼마 안 되는 입회금이 수입의 전부였기 때문이다. 하지만 우리는 다른 데서는 볼 수 없는 독특한 자산을 가지고 있었다. 그것은 셰익스피어가 엘리자베스 1세 앞에서 〈윈저의 즐거운 아낙네들(The Merry Wives of Windsor)〉을 연출했다는 회의실을 포함해 윈저 성에 있는 소규모 회의 시설이었다. 연구실장 존 롱(John Long)과 나는 기업과 연관이 많았다. 우리는 기업들이 소규모 워크숍 장소로 이곳을 선호할 것이고 상당한 대관료를 받을 수 있으리라 보았다. 우리의 생각이 맞았다. 첫해가 끝나갈 무렵에는 대관료 수입이 짭짤하다는 사실이 명확해졌다.

그런데 우리가 그런 일을 하자고 거기 있는 것일까? 당연히 아니었지만 손익을 개선하는 작업은 매혹적인 일이다. 도대체 누가 자선 단체에 수익은 필요 없다고 했나? 자선 단체에서는 수익을 '운영 잉여금'이라고 부르며 별도로 관리할 뿐이다. 하지만 이런 잉여금을 극대화하는 것이 우리의 존재 이유가 아니라는 것을 나도 충분히 알고 있었다. 수익 활동은 조직 유지에 필요한 비용만 충당하도록 조심해야 했는데 실제 업무를 수행하기에 충분하되 부족하지 않아야 했다.

그렇다면 어느 정도면 충분하다 할 수 있을까? 아리스토텔레스의 오랜 질문이 다시 제기되는 순간이다. 우리는 성직자 동료들처럼 최소한의 급여를 받았는데 생활하기에는 턱없이 부족했다. 법이 허용하는 최저 임금만을 받았던 비서들과 행사 도우미들도 마찬가지였다. 만약 대관료를 올리면 우리는 물론 직원들에게 적절한 급여를 지급할 수 있을 뿐 아니라 낡은 시설을 좀 더 고급지게 단장할 수 있다. 하지만 그러면 우리는 고객이 아닌 자신의 이익을 위해 시설을 운영한다는 비난을 면치 못할 것이다. 우리가 일반 기업이었다면 얼마나 간단했을까 싶었다. 돈을 벌고 쓰는 내막에 구애받지 않는다면 돈을 버는 것 자체는 그리 어려울 것이 없다. 시간이 흐르면서 내가 자본주의의 딜레마에 빠졌다는 사실을 서서히 깨달았다. 돈과 이윤은 기업의 생존과 성장에 필수적이지만 그것이 유일하거나 주된 목적이라면 이기적인 것으로 간주되어 기업의 사회적 책임을 소홀히 하는 결과를 낳는다. 기업의 사회적 책임이 무엇인가는 향후 토론회 참가자들과 함께 논의할 주제다.

나는 구걸을 좋아하지도 그런 방법에 찬성하지도 않는다. 나는 자선 단체도 가능한 방법으로 돈을 벌어야 한다고 생각한다. 그래야만 자립이 가능하고 미래를 스스로 통제할 수 있다. 물론 초기에는 자선 단체도 외부의 지원이 필요할 때가 있다. 투자자에게 금전적 수익이 아닌 심리적 보상을 제공하더라도 여느 기업처럼 돈을 빌리거나 투자를 끌어들일 수 있어야 한다. 많은 경우 사회적으로 유용한 목적에 사용한다는 전제 아래 수입의 일부나 전부를 정부에 의존하겠지만 정부 지원이 없을 때는 우리가 윈저 성에서 그랬던 것처럼 자선 활동을 위해 영리 사업을 벌여야 한다. 일부 운영에서 영리 목적의 사업을 하려면 자선 단체에게도 어느 정도의 경영 마인드는 필요하다.

세인트 조지 하우스에서의 경험은 그로부터 10년 뒤 왕립예술협회(RSA), 정확하게 말하면 예술과 제조업 진흥을 위한 왕립예술장려협회 회장으로서 비슷한 문제에 직면했을 때 큰 도움이 되었다. 18세기에 설립된 RSA는 런던 도심 스트랜드의 웅장한 애덤 빌딩에 자리 잡은 유서 깊은 비영리 단체다. 새로운 아이디어의 토론과 공표를 통해 사회 발전을 촉진하고, 시험 사업을 시작하고, 선구자들을 기념하는 것이 이 단체의 설립 목적이었다. 이 모든 활동에는 돈이 든다. 회비를 내는 회원이 22,000명이나 있지만 그 자체로는 충분하지 않다. 부족액은 직업 교육을 받은 세계 각지의 학생들이 치르는 RSA 인증 시험 수험비로 충당했다. 이 수입 덕분에 협회는 설립 초기부터 경제적으로 자립할 수 있었다.

믿는 구석이 있어 너무 안이했던 것일까? 곧 그런 편안함도 끝이었다. 내가 협회를 맡기 1년 전 정부의 제도 개혁에 따라 RSA 인증 시험은 협회에서 분리되어 독자의 시험 관리 기관이 되었다. 나는 처음으로 운영 적자에 직면한 협회를 맡았다. 윈저 성에서의 악몽이 되풀이되는가 싶었다. 협회 건물 지하에는 지나치게 낮은 비용으로 와인업자에게 임대해준 근사한 와인 저장고가 여럿 있었다. 이사회는 이 지하 공간을 식당과 회의실로 개조하여 전체 시설을 회의 장소로 임대하는 문제를 논의했다.

그러려면 5백만 파운드가 드는데 우리에게는 돈이 없었다. 기부를 받거나 빌려야 했다. 나는 소모적인 운영 경비를 구걸하기보다 조직이 자체 수익으로 자립하도록 투자를 구걸하는 편이 기부자들에게 더 받아들여질 수 있고, 또 건물을 담보로 부족한 금액을 대출받을 수 있다고 주장했다. 나는 테이블 맨 앞자리에 앉아서 회의 참가자들의 다양한 반응을 흥미롭게 지켜보았다. 대관이 협회의 위엄에 걸맞지 않다고 생각하는 사람도 있었다. 그들은 무분별한 낯선 자들이 협회 시설을 이용하는 것을 마뜩잖게 생각했다. 또 대관이 비영리 단체로서 협회 목적에 맞지 않다는 주장을 펴는 사람도 있었다. 모두 일리는 있었지만 당장 적자가 나는 상황에서 타개책이 절실했다. 더욱 놀라운 것은 그 자리에 참석한 사람들의 태도였다. 그들은 수입으로 자금을 조달할 수 있는 상황이 아니면 해서는 안 된다고 생각했고, 돈을 모으기도 어렵고 건물을 담보로 대출을 받는 것은 무모한 일이라고 충고했다. 그들이 어떻게 투자나 차입금 없이 사업을 운영하는지 궁금한 노릇이었다.

그래서 나는 교묘한 술수를 하나 썼다. 최종 결정을 하는 평의회 토론에서 찬반양론이 논의된 후 나는 테이블을 돌며 차례로 찬반을 물었다. 이때 찬성표를 던질 것으로 예상되는 사람들이 먼저 투표하도록 자리를 배치했다. 당연히 완강한 반대자들이 투표할 즈음에는 찬성표가 압도적으로 많은 것처럼 보였다. 자신들의 열세를 확인한 그들은 조직의 화합을 위해 기권을 택했다. 결과적으로 나는 제안이 만장일치로 통과되었음을 선언할 수 있었다. 진정 옳다고 믿는 일을 도모하기 위해 이렇게까지 상황을 관리하는 것이 과연 정당한 리더십일까? 아직 잘 모르겠다.

그리하여 몇 가지 우려를 뒤로하고 사안은 의결되었다. 지하실 개조는 건물 전체를 한층 세련되게 만들어주었을 뿐 아니라 협회의 든든한 재정적 토대가 되어 주었다. 지금도 협회는 미래의 실험적인 사업에 자금을 마련하기 위해 투자를 요청하고 있지만 이제는 자체 수익 사업 덕분에 자립적인 조직으로 운영된다. 나는 그것이 옳은 일이라고 확신한다. 하지만 왕립예술협회는 내가 윈저 성에서 겪었던 딜레마, 즉 영리 목적이 조직의 진정한 방향성을 해치지 않도록 해야 하는 문제에 항상 직면할 것이다.

윈저 성과 왕립예술협회의 이런 딜레마는 이후 내가 지속적으로 고민하게 되는 또 다른 문제를 제기했다. 비영리 자선 단체는 법에 의해 명확하게 명시된 '사회적 목적'을 가져야 한다. 하지만 영리 조직은 법적으로 소유주와 기타 투자자에 대한 의무만 갖는다. 이것이 정당한가, 아니면 영리 조직도 명확한 사회적 목적을 가져야 하는가? 두 차례 세계대전 이후 열강의 감독 아래 진행된 독일 재건 과정에서는 영리 조직의 사회적 책무가 필수 사항으로 요구되었다.

이는 우리가 윈저 성 토론에서 다룬 큰 사회적, 윤리적 질문 중 하나였다. 우리가 '협의회'라고 부르는 이 모임은 사회 각 분야의 영향력 있는 인사 20~30명으로 구성되었다. 우리가 보기에 토론할 필요가 있겠다 싶은 사회적, 윤리적 문제를 선정하는 것이 주최자인 우리의 과제였다. 그런 다음 우리는 토론에 가장 잘 기여할 수 있고 자신의 책임 영역을 새롭게 바라보도록 독려할 수 있는 사람을 찾아야 했다. 따라서 사회 전반에 걸쳐 영향력 있는 사상가와 기관의 수장들을 적절히 섞어서 협의회를 꾸려야 했다. 토론은 비공개로 진행되었다. 우리는 사회 지도층이 자신이 존경하는 대상의 이야기를 경청하고, 자신의 견해와 원칙을 분명히 밝힐 때 가장 잘 배울 수 있다고 믿었다. 그들은 장황한 잔소리나 설교를 좋아하지 않는다. 내가 런던 경영대학원에서 수강했던 교육 형태와는 완전히 달랐다. 이 교육 과정을 통해 참가자들의 사상이나 생각이 얼마나 바뀌었는지 알 수 없었지만 나는 참가자들에게 상당한 자극이 되지 않았을까 생각했다. 참가자들이 멋진 차를 타고 윈저 성을 나서는 모습을 보면서 우리가 고민해서 준비한 이 모든 것이 그들에게는 재밌는 주말 그 이상이었는지 궁금했다. 모든 교육이 그렇듯이 최종 성과를 알기는 어렵다.

기억에 남는 예외가 있긴 했다. 윈저 성을 떠난 1년 뒤 나는 관리자 협회에서 점심 초대를 받았다. 나를 초대한 사람은 잘 알려진 가족 기업의 대표였다.

"내가 왜 보자고 했는지 궁금할 겁니다. 오늘은 중요한 날입니다. 2년 전에 나는 윈저 성에서 열린 주말 행사에 참석했습니다. 우리는 당시 기업 소유자가 누리는 엄청난 특권과 책임을 이야기했습니다. 나는 그 모든 특권을 혼자 독차지하는 것이 과연 옳은 일인지 고민했습니다. 직원들과 특권과 책임을 공유하면 우리 모두에게 이익이 되지 않을까 생각했습니다. 법률 문제를 해결하는 데 2년이 걸렸지만 오늘 나는 마침내 회사의 절반 이상을 직원들에게 넘겼습니다."

나는 토양이 맞으면 씨앗이 정말로 발아한다고 생각한다. 비록 결과를 알지 못하더라도 부디 다른 씨앗도 그렇게 발아하기를 바란다. 모든 교사가 분명 같은 마음일 것이다.

나는 개인적으로 '직업의 미래'를 논하는 장기적인 협의회를 조직하는 책임을 맡았다. 이런 주제가 유행하기 훨씬 전인 1978년이었지만 윈저 성의 소규모 팀에서 우리는 먼 미래에 닥칠 문제에 관심을 집중하려 애썼다. 토론 초기에 내가 가사를 전담하는 남편, 즉 주부(主婦)가 아닌 '주부(主夫)'라는 용어가 언젠가는 보편화될 것이라고 말했을 때의 반응이 잊히지 않는다. 모두가 어처구니없는 발상이라고 생각했다. 하지만 시대가 바뀌어 일부 전문직 종사자 사이에서는 이제 집에 머무는 남자라는 것이 자부심의 상징이 되다시피 했다.

그해 영국의 삶은 각박했다. 기업은 노동자를 해고했고 실업률이 높아졌다. 노동조합은 힘을 키우고 있었다. 내 눈에는 완전히 통합된 기업의 시대가 저물고 있다는 것이 분명해 보였다. 더 이상 기업은 직원들에게 평생 직장을 제공하지도, 필요한 모든 서비스를 사내에서 해결하려고도 하지 않을 것이다. 아직 '아웃소싱'이라는 용어가 유행하기 전이었지만 이미 사람들은 사업에서 핵심적이지 않은 부분을 외주 계약자에게 맡기기 시작했다. 조직이 판단 착오로 적절치 않은 분야를 하청줄 수도 있고 하청업자에게 휘둘릴 수 있다는 위험성은 예견했지만 나는 이 새로운 트렌드가 개인에게 어떤 영향을 미칠지에 흥미를 느꼈다. 새로운 업무 패턴, 새로운 유형의 경력, 새로운 삶을 준비하는 방식이 대두하고 있음이 분명했다.

내가 '포트폴리오 인생'이라는 비유를 생각해낸 것도 바로 그때였다.

점점 많은 사람이 독립 노동자로 내몰리거나 자의로 그 길을 택하게 될 것이고, 결과적으로 이들이 사회 구성원의 다수를 이루리라는 생각에서 나온 개념이었다. 사람들은 이것이 대세가 되지 않을 것이라고 했지만 현실이 되었다. 정부에서 발표하는 공식 직업 통계는 현실과 맞지 않는데 이는 기존의 통계 범주에 이런 프리랜서들이 빠져 있기 때문이다. 일부는 프리랜서이지만 자신들을 사업체로 등록하는데 이 경우 그들은 전일제 노동자로 집계된다. 현재 영국에는 직원 없이 사주만 있는 1인 기업이 3백만 개나 된다. 여기에 직원 수가 5인 미만인 소규모 사업장에서 일하는 2백만 명을 더해 보라. 회사에서 시간제 근무를 하면서 다른 일을 하는 사람도 있다. 하지만 이들은 정규직 시간제 직원으로 등록된다. 은퇴했다고 말하는 사람들 중에도 다양한 포트폴리오 활동을 하는 경우가 많다. 그중 일부는 보수를 받고 있지만 모두 신고가 되어 통계에 잡히는 건 아니다. 게다가 영국에는 노동 연령이지만 경제 활동을 하지 않는 1천만 명의 인구가 있는데 대부분 여성이다. 주부나 어머니라면 누구나 알겠지만 그렇다고 이들이 일을 하지 않는 것은 아니다. 일부는 부업으로 약간의 돈이 생기는 일까지 하고 있지만 여전히 포트폴리오 생활자로 분류되지 않는다.

이것이 바로 내가 '벼룩 경제(flea economy)'라고 부르는 것이다. 소규모 기업과 프리랜서들이 가치를 창출하는 경제다. 이들은 예전 산업 사회에 기반을 둔 현재의 직업 정의에 딱 들어맞지 않는다. 우리는 이제 산업 사회가 아닌 지식 정보화 사회에 산다. 지식 정보화 사회에서는 소규모 기업과 프리랜서들이 효과적이고 유용하게 일할 수 있다. 내가 벼룩이라고 부르는 사람들, 그중 다수가 포트폴리오 생활자인 이들을 모두 합치면 영국에 등록된 노동 인구의 절반을 넘는다. 직업의 세계는 공식 통계에서 보이는 것보다 훨씬 세분화되어 있다. 우리는 이제 막 시작하는 사람들에게 그들 부모가 경험한 세계, 즉 그들이 차례로 준비해온 세계가 더 이상 존재하지 않거나 존재한다 해도 평생 지속되지 않을 것이라는 점을 경고해야 한다.

"여자는 늘 포트폴리오 생활자였어요. 이 모든 것이 새로울 게 없다고요. 남자들이 이제야 삶의 방식에 눈을 떴을 뿐이에요." 아내가 말했다.

그렇지만 우리 모두에게 그렇게 쉬운 일은 아니다. 완전히 홀로서기를 할 만큼 준비된 포트폴리오 생활은 주택 융자금도 얼추 갚은 다음이고, 퇴직금이나 연금을 받을 수 있는 중년의 전문가나 관리자에게 적합하다. 그런 사람이어야 약간의 위험 부담을 안고 독립적인 삶을 시작할 수 있다. 사실 '포트폴리오 인생'이라는 아이디어는 IBM 임원들을 대상으로 한 퇴직 준비 과정에 하루를 보내면서 처음 떠올렸다. 그들은 향후 자신을 뭐라고 부를지 걱정하고 있었다. '전 IBM 직원'이라고 하기에는 어감이 별로였다. 그래서 나는 반농담 조로 그들이 앞으로 한 가지가 아니라 다양한 활동의 포트폴리오를 구성할 테니 '포트폴리오 피플(Portfolio People)'이라고 부르면 어떻겠냐고 제안했다. 이 용어가 그들의 관심을 끌은 것 같아 이후로 계속 사용했다.

나중에 윈저 성에서 열린 여러 차례의 토론회를 통해 우리는 포트폴리오라는 개념을 사람들이 수행하는 모든 다양한 유형의 일을 포함하는 것으로 확장했다. 여기에는 '임금 근로'와 '수수료 근로'라는 두 가지 형태의 유급 근로가 포함되었다. 프리랜서는 대체로 급여나 임금 대신 수수료를 받지만 양자의 차이는 엄연히 구분된다. 수수료는 한 일에 대해서 지급하는 돈이고, 급여나 임금은 시간당으로 지급하는 돈이다. 수수료는 일한 사람이 계산하여 청구하고 임금은 고용주가 계산하여 결정한다. 이처럼 대가를 받는 일이 있는가 하면 대가와 무관한 일도 많다. 그동안 제대로 일 취급을 받지는 못했지만 자원봉사 활동도 그중 하나다. 공부도 일종의 일이다. 점점 많은 성숙한 학생들이 공부가 사실은 진지한 일임을 깨닫고 있어 다행이다. 마지막으로 계산도 안 되고 보수도 지급되지 않는 집안일이 있다. 가정을 보살피고 친인척을 돌보는 모든 일이 여기에 속한다.

구체적인 조합은 시간이 흐르면서 상황이나 우선순위에 따라 달라지겠지만, 합리적인 포트폴리오에는 이 네 가지 유형의 일이 모두 포함될 것이다. 한번은 젊은 여성을 만났는데 무슨 일을 하냐고 묻자 그녀는 방송 시나리오를 쓴다고 대답했다.

"멋지네요. 제가 본 프로그램도 있을까요?" 내가 감탄하며 물었다.

"아아, 실제로 제작된 적은 없어요."

"이런 안타깝네요. 그럼 생활은 어떻게 하세요?"

"일요일에 계란을 포장해요. 지루하고 사회적이진 않지만 청구서를 해결하는 데는 충분하답니다."

그 이후로 우리 집에서는 '계란 포장'이 '지루하지만 수지맞는 일'을 가리키는 대명사가 되었다. 더 고결한 활동을 위해서 다소 허접한 일을 해야 하는 때도 있는 법이다. 이는 포트폴리오를 구성하는 방법 중 하나일 뿐이다.

내 생각에 '일과 삶의 균형'이라는 말은 잘못된 표현이다. 일과 삶이 별개라는 의미가 내포되어 있기 때문이다. 포트폴리오 사고방식에 따르면 삶의 대부분은 일이다. 일부는 따분하고, 일부는 수익성이 있으며, 일부는 그 자체로 가치 있는 일이다. 중요한 것은 '일과 삶의 균형'이 아니라 '일의 균형'이다. 정규직 종사자도 포트폴리오의 균형을 생각해야 한다. 한 가지 유형의 일에서 그런 균형을 잡기란 쉽지 않지만 고용주가 필요성을 이해한다면 불가능하지 않다. 물론 휴식과 재충전이 필요하지만 많은 사람이 변화가 휴식만큼 긍정적인 효과를 준다고 생각한다. 원래의 일에서 다른 일로 변화를 시도하는 것 자체가 새로운 활력이 되기 때문이다. 시골에서 글을 쓸 때 나는 실제 글쓰기(대가를 받는 일)와 독서 및 연구(공부하는 일) 시간, 쇼핑과 저녁 식사 준비 등 적당한 집안일을 섞어 하루를 계획한다. 모두 일이지만 다른 유형의 일이 섞여 있기 때문에 적어도 내 삶의 지금 단계에서는 즐겁다. 또한 식사 후 낮잠을 자고, 가벼운 테니스와 산책을 하는 등 휴식과 재충전의 시간을 갖기 위해 노력한다. 사실 포트폴리오의 균형은 사람마다 시기마다 다를 수 있지만 우리는 모두 포트폴리오 생활자다.

나는 생각할수록 독립적인 포트폴리오 인생의 가능성에 매료되었다. 주말을 뺀 나머지 5일을 전일제로 일하며 죄수처럼 직장에 갇혀 지내는 나에게 포트폴리오 생활은 일종의 자유와 같은 의미였다. 특히 중년이 되면 삶을 자신에게 맞게 꾸려 나갈 수 있는 자유를 누려야 한다고 생각했기 때문이다. 실제로 나는 나이가 들수록 조직에서 벗어나야 하며, 점점 줄어드는 일자리를 다음 세대에게 더 많이 물려주어야 한다고 주장했고 지금도 그렇게 믿고 있다. 달리 말하면 중년이 되면 대다수 사람이 판에 박힌 일과를 견딜 만한 열정과 활력을 잃기 시작한다. 우리는 순진하게도 줄어드는 활력을 지혜가 보완해주기를 바란다. 하지만 지혜는 활력만큼 많이 필요하지 않다.

"존, 자네의 경험과 지혜를 소중하게 생각한다네. 그러니 자네가 우리를 위해 일해주었으면 하네. 단 화요일만."

친구의 상사가 했다는 말을 그대로 옮긴 것이다. 50세가 되면 적어도 나머지 6일 동안 무엇을 할지 스스로 챙겨야 한다.

말은 쉽지만 실행은 어려운 것이 인생이다. 더구나 갇혀 있더라도 조직 안에서 안전이 보장된다고 느끼는 동안에는 변화를 모색하기가 쉽지 않다. 솔직히 나는 포트폴리오 생활의 부정적인 면을 충분히 예상하지 못했다. 포트폴리오 생활을 주장하는 책을 쓴 뒤 다음의 편지를 많이 받았다.

"선생님의 조언을 받아들여 포트폴리오 생활을 하려고 조직을 떠났지만 제 포트폴리오는 여전히 비어 있습니다. 어떻게 해야 할까요?"

나는 마땅히 해줄 대답이 없었다. 당시 나는 쉰이 가까워지고 있었고, 내가 주장한 미래의 이론이 신빙성을 가지려면 나를 위한 처방책이 나와야 한다는 불편한 진실만이 놓여 있었다.

10장 ◦ 성 미카엘과 성 조지

Myself And Other More Important Matters

"무엇을 입고 어디에 앉아야 합니까?"

내가 세인트 조지 대예배당의 관리인에게 물었다. 세인트 조지 예배당은 세인트 조지 하우스가 있는 뜰 한쪽을 전부 차지하고 있는데 그곳의 많은 일까지 좌지우지하는 곳이었다. 주임사제가 호출을 받아서 자리를 비우는 바람에 일요일 아침 설교를 할 수 없는 상황이었다. 주임사제는 나에게 대신해달라고 부탁했다. 관리인은 못마땅한 눈치였다.

"편한 대로 입으세요. 아무 곳이나 앉으면 됩니다. 전례가 없어서요. 예배당이 생긴 이래 평신도가 설교한 적은 한 번도 없었으니까요." 마뜩잖다는 관리인의 대답이었다.

관리인 말이 사실인지는 모르겠지만 수백 년 전통을 깬다고 생각하니 겁도 났다. 그러니 더욱 잘해야 했다. 그런데 애석하게도 설교가 시작되고 얼마 안 되어 음향이 꺼졌다. 그래도 최선을 다해서 계속했지만 나의 불손한 생각으로는 신자들의 귀가 상하지 않도록 '사람의 손'이 개입하지 않았나 생각하지 않을 수 없었다.

그날 늦게 관리인은 나에게 와서 음향 시스템의 불행한 오작동에 사과했다.

"속상한 일입니다. 사람들이 당신의 설교가 좋았다고 하니까요." 그가 덧붙였다.

그런 말을 들으니 감정이 좀 누그러졌다. 그러나 내가 하나님의 말씀을 부적절하게 해석하는 것에 아버지가 동의하지 않았을 수도 있겠다는 생각이 들었다. 몇 년 전 기업가들을 위한 코벤트리 성당의 평일 예배에서 설교를 한 적이 있었다. 그때 아버지는 못마땅해하며 내가 자격이 없다고 말했다. 아버지가 지금 내 모습을 보고 기뻐했으면 싶었다. 내가 여기 오게 된 데는 무엇보다 아버지의 죽음이 큰 역할을 한 셈이니 말이다. 문득 그날 오후 세인트 조지 예배당의 그늘 아래서 내 생각은 아일랜드 시골 들판에 있는 또 다른 아름다운 교회로 돌아갔다.

9월 29일은 언제나 우리 가족에게 특별한 날이었던 것으로 기억한다. 아버지의 교회가 봉헌된 성 미카엘의 축일이었기 때문이다. 엄밀히 말하면 성 미카엘과 모든 천사에게 헌정된 교회였는데 어린 소년의 눈에는 촌구석 작은 교회를 그렇게 많은 이들에게 보살펴달라고 하다니 조금 욕심 같아 보였다. 부모님은 이 수호 축제를 큰 일로 만들었다. 특별한 날이면 아버지는 항상 오후 예배를 빛낼 저명한 사제를 물색했고, 어머니는 그날 오후 행사를 위해 더블린에서 온 100여 명의 손님을 위해 가든파티를 준비했다. 그때만 해도 사람들이 시간 여유가 있었고, 교회와 교회 활동이 여전히 아일랜드 남부 개신교 공동체 생활의 중심이었다.

아버지의 교회는 여느 시골 교회와 달랐고 지금도 그렇다. 무엇보다 마을 안에 있지 않고 마을에서 3킬로미터쯤 떨어진 작은 언덕에 자리잡고 있다. 19세기 말에 교회 건물을 지었던 남자의 집에서 보이는 위치였다고 한다. 건축가인 토머스 쿡 트렌치(Thomas Cooke Trench)는 이탈리아에 머물 때 가르다 호수 근처에서 본 예배당을 본떠 순수 로마네스크 양식의 작은 교회를 짓기로 결심했다. 대리석 벽은 장식 없이 깨끗했는데 글을 새기거나 액자를 거는 일도 허용되지 않았다. 이곳은 하나님의 집이지 죽은 자들의 집이 아니었다. 나는 교회 안에 혼자 있는 것을 무척 좋아했다. 어린 시절 끔찍했던 기숙학교로 돌아가기 전 마지막으로 하는 일은 교회를 둘러보고 작별 인사를 하는 것이었다. 정신을 고양시키고 마음의 안식을 주는 종교 건물은 그리 많지 않다. 하지만 아버지의 교회는 그랬다.

아일랜드 시골에서는 보기 드문 일이었고 어쩌면 아버지가 그 교구를 떠나지 않은 주된 이유였을 것이다. 방화로 건물의 대부분이 타서 다시 지어야 했던 일은 아버지의 성직 생활에서 크나큰 시련이었다. 어처구니없게도 도둑이 교회에 들어왔다가 아무것도 훔칠 것이 없자 홧김에 저지른 방화였다. 교회가 재건되자 나는 아버지가 다시는 이곳을 떠나지 않을 것 같다는 생각이 들었다. 아버지는 40년 동안 매일 드나들던 예배실 문밖에 묻혔다.

교회는 집에서 200미터쯤 떨어져 있었는데 어린 시절 우리 삶의 중심이었다. 일요일은 특별한 날이었기 때문에 우리는 그날의 의식을 위해 성장을 했다. 대충 입는 경우는 결코 없었다. 크리스마스와 부활절은 그야말로 한 해의 정점이었다. 열여덟 살이 될 때까지 나는 교회와 관련된 어떤 것에도 의문을 갖지 않았다. 이면의 의미까지는 깊게 파고들지 않았지만 교회는 너무나 당연한 생활이었다. 나는 지금도 성스러운 장소에 깊은 감사를 느낀다. 건축에 영감을 불어넣은 종교 자체와는 별개로 나는 정갈하게 정리된 빈 예배당을 좋아한다.

유년 시절에서 40여 년이 지난 지금 나는 다시 윈저 성의 세인트 조지 예배당이라는 아름다운 성지 옆에 산다. 하지만 아름다운 것은 같지만 두 교회가 사뭇 다르다. 무엇보다 이곳은 인류의 긍지와 영광을 상징하는 각종 표상으로 화려하게 장식되어 있다. 왕들을 기리는 예배당과 그들의 무덤이 함께 있다는 것도 다르다. 성가대 위에는 옛날 젊은 전사들을 대신해 지금은 연로한 전직 총리, 공작, 황족들이 가터 훈장을 단 큼지막한 현수막이 걸려 있다. 인간의 영광이 가득한 곳이다. 얼핏 보아서는 신이 끼어들 공간이 없다.

하지만 열쇠를 갖고 있는 나는 밤이면 이곳이 전혀 다른 공간이 된다는 사실을 알았다. 수직성을 강조한 영국 고딕 건축 양식으로 지어진 본당 회중석의 높고 가느다란 기둥들은 정말로 천국에 닿을 것만 같다. 적막 속에 홀로 서서 나의 하찮음을 새삼 느끼면서도 왠지 모르게 만족스럽다. 이 건물이 지어진 지 600년이 지난 지금 스스로를 중요한 인물이라 생각한 많은 이가 이곳에서 기도를 올렸다. 하지만 지금 남아 있는 것은 그들의 뼈를 덮고 있는 돌덩이뿐이다. 정말 먼지는 먼지로 돌아간다. 그렇다고 의기소침할 필요는 없다. 죽음은 유용한 마감 시간으로, 그곳에 묻힌 그들이 그랬던 것처럼 삶은 우리보다 오래 남을 뭔가를 창조할 짧은 기회임을 상기시켜 준다. 처음 공사에 투입된 장인들은 생전에 끝을 보지 못할 것을 알았지만 자신들이 죽은 뒤에도 건물이 오래도록 건재하도록 최선을 다했다. 밤늦게 예배당을 보여주면서 나는 기업 임원들에게 이 점을 상기시킨다. 그들은 얼마나 먼 미래를 내다봤을까요? 그들은 그것이 좋은 미래라고 어떻게 확신했을까요? 그들의 그런 행동이 현실에서 어떤 의미를 가졌을까요?

나는 사람이 많을 때나 적을 때나 세인트 조지 예배당과 그곳의 음악을 좋아했다. 젊은 합창단원으로 구성된 남성 성가대는 영국에서도 최고 수준이었다. 일주일에 6일은 저녁 기도 시간에, 일요일에는 예배에 맞춰서 세 번을 불렀다. 나에게 예배는 성스러운 합창단 이상으로 명상의 공간이었다. 성가대가 노래를 부르고 수사들이 성서를 낭송하고 기도를 하는 동안 나는 내 머릿속 비밀 공간으로 들어갔다. 평소 나는 주위에서 일어나는 일에 신경을 쓰지 않는 편인데, 어떤 면에서는 그것이 도움이 되었다. 매일 아침 작은 부속 예배당에서 열리는 짧은 성찬 예배도 즐거웠다. 누구에게나 개방되어 있었지만 보통은 주임사제와 세 명의 수사, 나뿐이었다. 20분 동안 나는 중세의 향기가 물씬 풍기는 의식에 몰입했다. 그런 분위기라면 동료에게 빵과 포도주를 전달하는 일도 상징적으로 보일 터였다. 아침의 성찬 예배는 사소한 일상에 매몰되기 전에 하루를 시작하는 좋은 방법이었다.

당시 내가 무척 종교적인 사람으로 비쳤던 모양이다. 윈저 성으로 이사한 직후에 찾아온 장모님이 깜짝 놀라며 물었다.

"어찌된 일인가? 오늘만 벌써 세 번이나 교회에 다녀왔잖나. 그것도 목요일인데!"

사실 나는 과거에도 그렇고 지금도 '문화적 기독교인'이다. 나는 오랜 역사를 자랑하는 장엄한 영국의 교회와 성당에, 그 안에서 연주되고 불리는 많은 음악에, 그곳의 의식과 17세기 언어에 심취했다. 하지만 이런 구조물 뒤에 있는 조직에는 그다지 호감을 가지지 않았다. 여느 조직과 마찬가지로 교회도 진정한 존재 이유를 추구하기보다는 자신의 생존에 더욱 급급해하는 것처럼 보인다. 그것은 반드시 조직에서 일하는 사람들의 잘못이 아니다. 그들 중 대부분은 신과 동료에게 봉사하기 위해 일생을 바치는 더없이 헌신적인 사람들이다. 조직은 필요하지만 너무 많은 조직이 사람을 억압하는 감옥이 되어 가고 있다. 더구나 교도관들은 자신이 돌보는 사람들의 복지보다 자신의 행복에 더 많은 관심을 쏟는다.

나는 교회를 방문한 사제들이 부주교인 아버지와 식탁에 둘러앉아 주교나 주임사제 후보들의 장단점을 논하는 대화를 들은 적이 있다. 사제들은 후보들이 서류 작업 부담이 너무 크다며 중앙 사무국에 항의하고, '소명을 받은 것 같다'는 식으로 미묘하게 로비하며 자신의 재능이 더 잘 발휘될 수 있는 곳, 주거 환경과 학교가 더 좋은 곳에 가기 위해 이리 뛰고 저리 뛰고 하는 것을 냉소적으로 지적했다. 그런 모습은 내가 경험한 셸을 포함한 여느 기업 조직과 별반 다르지 않았다. 규칙, 규정, 서열은 조직의 골격이자 동맥이었고, 인맥 관계와 그들이 만들어내는 정치는 피와 같았다.

과연 신앙을 위해 이런 복잡다단한 조직적인 정치가 필요한 걸까? 이 모든 것의 창시자인 예수는 그렇게 생각하지 않았다. 하지만 조직은 한번 만들어지면 좀체 알아서 해체하는 법이 없다. 더구나 교회라는 조직은 내부 개혁, 분리, 재편성 등의 파란만장한 역사를 거치면서도 끝끝내 살아남은 끈질긴 조직이 아닌가. 결코 사라질 의사 따윈 없었다.

종교 조직에 냉소적인 태도를 가질 수 있으니 그건 그렇다 치자. 더욱 걱정스러웠던 점은 교리의 많은 부분에 공감할 수 없다는 생각이 점점 커지는 것이었다. 높은 곳에 어떤 남자, 아니면 어떤 여자가 있어 그가 세상을 만들었다는 사실, 그의 아들이 위에서 항상 나를 지켜보면서 (기도문에도 나오는 것처럼) 내가 하는 모든 일에서 나를 인도한다는 사실이 믿기지 않았다.(내가 여기 쓰인 'prevent-방해하다, 막다'가 고대 영어에서는 'go before-앞서 가다, 인도하다'라는 의미였음을 안 것은 오랜 세월이 흐른 뒤였다) 사람들은 육체의 부활, 천국과 지옥이 정말로 존재한다고 믿는 걸까? 개인적으로 나는 영원한 생명보다 죽음을 좋아하고, 육신을 구성하는 복합 분자들이 결국 분해되어 다른 무언가로 변할 것이라는 생각에서 위안을 얻는다. 어쩌면 나무일 수도 개구리일 수도 있다. 이것이야말로 나의 진정한 불멸이라고 생각한다. 그래서 나는 시신을 화장하지 않고 매장하고 싶다. 그래야 분자의 변환이 쉬울 테니까 말이다.

나는 기독교 신화를 진지하게 받아들여야 하지만 그리스인이 그들의 신화를 곧이곧대로 받아들이지 않은 것처럼 글자 그대로 받아들이지는 말아야 한다고 생각한다. 성서가 처음부터 이렇게 큼지막한 한 권의 책이 아니었고, 결국 기록된 부분조차도 많은 사람이 읽지 않았다는 사실을 알아야 한다. 인쇄술이 발명되기 전까지는 대다수 사람이 성서를 본 적도 없었다. 설사 책을 보았어도 라틴어로 쓰인 경우가 많아서 이해할 수 없었다. 대신 사람들은 교회와 예배당에서 이야기를 듣고 벽에 걸린 그림을 보았다. 대중 앞에서 말해야 했던 사람이라면 누구나 알 것이다.

주의를 끌기 위해서는 이야기를 들려주고 가능하면 이미지를 보여주는 것이 좋다. 사람들은 개념보다 이미지를 잘 기억하기 때문이다. 예수도 그 사실을 알았다. 예수는 청중의 삶과 관련된 이야기를 전했고 사람들은 자연히 이미지를 떠올렸다. 훗날 이 이미지들이 교회 벽에 그려졌다.

중요한 메시지와 진실을 전달하기 위해 이야기가 반드시 사실일 필요는 없다. 나도 효과적으로 메시지를 전달하기 위해 이야기를 꾸며내거나 각색한다. 앞서 언급한 인생의 '두 번째 곡선' 개념을 설명하기 위해 나는 더블린 뒷산에서 길을 잃은 경험을 이야기한다. 길옆에 있던 아일랜드 남자가 나에게 방향을 알려주었다.

"지금 가던 방향으로 계속 직진해서 계곡을 따라 내려가세요. 1.5킬로미터쯤 가서 다리를 건너면 맞은편에 '데이비스 바'라는 선술집이 보일 겁니다. 찾기 쉬워요. 이해했나요?"

"알겠습니다." 내가 대답했다.

"그럼 데이비스 바에 도착하기 1킬로미터쯤 전에 우회전을 해서 언덕 위로 올라가세요." 나는 청중에게 너무 많은 사람이 데이비스 바까지 가 버리는데 그때는 길을 되돌리기에 너무 늦는다고 말하곤 한다. 인생의 두 번째 곡선을 시작하려면 종착지까지 가지 말고 중간 지점에서 길을 바꿔야 한다는 것이 내가 설명하려는 요지다.

이야기를 듣고 많은 사람이 나에게 데이비스 바가 어디 있느냐고 물었다. 그런 곳은 없다. 내 이야기는 사실에 근거한 것이지만 사람들이 이야기의 요점도 함께 기억해주기를 바라며 윤색한 것이다. 신성 모독할

뜻은 아니지만 나는 성서의 많은 이야기가 데이비스 바처럼 중요한 진리를 전달하고자 과장하여 꾸민 이야기라고 생각한다. 그래야 기억에 오래 남을 테니까. 그러므로 글자 그대로 받아들이면 안 된다.

이야기는 나의 용어로 말하면 '낮은 수준으로 정의된' 개념을 제공한다. 이야기는 정확히 무엇을 해야 하는지 알려주지 않는다. 그저 특정 개념에 희미한 실마리를 제공할 뿐이다. 더욱이 글이 아니라 구전된 이야기라면 근본주의자들이 하듯이 앞뒤로 인용 표시를 해서 내용을 확실히 해둘 수도 없잖은가. 기억은 모두를 속인다. 같은 대화에 참여했어도 들은 내용의 기억은 각기 다를 수 있다. 그래서 나는 수십 년이 지나도록 기록되지 않은 이야기를 그대로 받아들인다는 것은 어리석다는 결론을 내렸다. 나는 영국 시인 새뮤얼 버틀러(Samuel Butler)가 19세기 빅토리아 시대의 사회와 종교를 풍자한 소설 〈에레혼(Erewhon)〉을 처음 접하고 깊은 감명을 받았다. 소설에서 시인은 상상의 땅을 찾은 방문객으로 묘사한다. 그리고 후속작인 〈에레혼 재방문(Erewhon Revisited)〉에서는 그가 몇 년 후 다시 방문했을 때의 이야기를 담고 있다. 자신의 첫 방문에 관해 에레혼에 떠도는 각종 이야기를 속속들이 아는 과정이 얼마나 흥미로운지 모른다. 그가 열기구를 타고 섬을 탈출한 일화는 시간이 지남에 따라 끊임없이 부풀려져 '예수 승천'의 수준으로 확대되었다.

그렇다고 성서 이야기의 중요성이 반감되지는 않는다. 여전히 중요한 진실을 가리킨다. 성서 자체는 우리가 그 해석에 노력을 기울이면 많은 것을 배울 수 있는 위대한 인간 지혜의 산물이다. 내가 특히 좋아하는 종교화는 피에로 델라 프란체스카(Piero della Francesca)의 〈부활(Resurrection)〉이다. 원래 15세기 말 토스카나 지방 북동쪽에 위치한 산세폴크로(San Sepolcro) 시의회 의사당 벽화로 그려진 것이다. 이 벽화는 현재 박물관으로 쓰이고 있는 방을 가득 채우고 있는데 그야말로 방 전체를 압도한다. 당시 의원들에게 막대한 영향을 미쳤을 것이다. 예수는 석관에서 걸어 나오는 모습으로 묘사되어 있다. 석관 주위에는 잠든 로마 병사들의 모습이 보인다. 이 그림은 토스카나 지방의 경관을 배경으로 하는데 사람들에게 친숙한 풍경이다. 작가는 이런 배경을 통해 예수의 부활이 머나먼 이국이 아니라 바로 그들이 사는 땅에서 일어난 일임을 암시하고 있다.

그림 속의 예수는 강력한 카리스마를 가지고 있다. 딱히 인자한 구석도 미소도 없다. 그의 눈동자는 보는 사람이 어디에 서 있든 항상 따라간다. 능동적으로 바라보는 사람을 향해 시선을 맞추는 것만 같다. 무슨 의미일까? 나는 셀 수 없을 만큼 자주 그 그림을 보았다. 방에 혼자 서서 본 적도 많았다. 그는 이렇게 말하는 것 같았다. "내가 이 모든 것을 이겨내고 일어나 다시 산다면 너도 그렇게 할 수 있다." 우리는 살면서 수없이 많은 작은 죽음을 경험한다. 하지만 그 어떤 것도 우리가 다시 시작하는 것을 막거나 새로운 시작을 통해 과거의 잘못을 보상하는 것을 방해해서는 안 된다. '용기를 내서 지금 새로운 삶을 시작하라'고 이 그림이 나에게 말하는 것 같다. 물론 이것은 나만의 해석이지만 상상 속의 천국에서 새로운 삶을 시작한다는 허황된 개념보다 훨씬 큰 의미로 다가온다. 적어도 이승에서는 뭔가를 해볼 수 있으니까.

나는 한때 잘 알려진 성경 이야기에 내 해석을 담은 책을 내고 싶다는 생각을 한 적이 있다. 그러던 중 윈저 성 시대가 끝나갈 무렵 BBC 라디오 〈투데이(Today)〉 프로그램의 '오늘의 사색' 프로듀서였던 로버트 폭스크로프트(Robert Foxcroft)에게서 연락이 왔다. 그는 나에게 '오늘의 사색'을 한번 해보지 않겠냐고 제안했다. 그날 있었던 일에 2분 45초 동안 종교적 성찰을 하는 내용이었다. '오늘의 사색'은 방송에서 어떤 식으로든 일정 분량 종교적인 내용을 다뤄야 한다는 방침에 따라 BBC에서 마련한 코너였다. 외부 사람들은 흔히 '신의 시간대'라고 불렀다. 나 같은 강사는 진행자들에게 인기가 없었다. 황금 시간대에 우리는 누구도 허용되지 않는 소중한 시간을 할당받아 우리가 선택한 주제로 거의 3분 동안 간섭받지 않고 대화를 나누었다. 물론 전날 밤에 BBC 종교 담당 팀과 대본을 검토해야 했다. 하지만 무슨 일이 일어날지 모른 채 앉아서 듣고 질문만 하는 진행자들에게는 어떤 세부 사항도 전달하지 않았다.

진행자들이 그 특별한 3분을 할 만한 가치가 있다고 생각하는지는 그들이 강사를 소개하는 목소리 톤만으로도 알 수 있었다. 나는 '오늘의 사색'을 단속적으로 20년 동안 진행했고 4~5백만 영국 중산층의 아침 식사 시간의 배경 음악이 되어 온 진행자들의 존경도 받았다. 처음 나를 소개한 진행자는 유명한 브라이언 레드헤드(Brian Redhead)였다. 내 꼭지가 끝나고 그가 크게 웃었을 때의 기쁨은 지금도 잊히지 않는다. 실제로 그가 내 이야기를 듣고 있었던 것이다! 이런 사소한 것들이 인생을 즐겁게 만든다.

내가 '오늘의 사색'을 시작했을 때 아내는 두 가지를 이야기했다.

"설교하지 말아요. 그리고 문장의 주어로 하나님을 쓰지 말아요. 사람들은 그런 표현을 싫어해요. 더구나 당신이 어떻게 하나님 생각을 알아요?"

현명한 충고였다. 대신 나는 '암묵적 신학(implicit theology)'이라는 말을 사용했다. 나는 기독교가 성육신 교리, 즉 우리 안의 하나님에 기반을 두고 있다고 주장했다. 그렇게 생각하면 '신은 무엇인가'라는 질문의 답이 여러 가지가 될 수 있다. 나는 신을 선한 본능, 양심, 이타적 유전자로 간주했다. 신경과학자 안토니오 다마지오(Antonio Damasio)는 영성을 자연주의적 방법으로 정의하려 했는데, 이는 내가 생각하는 신과 일치하는 개념이다. 디마지오는 이렇게 말한다.

"나는 영성이라는 개념을 강렬한 조화의 경험으로 이해한다. 유기체가 가장 완벽하게 제 기능을 다하는 느낌이다. 이런 경험은 타인에게 다정하고 관대하게 행동하고 싶은 열망과 함께 명확히 드러난다."

시인이자 성직자인 존 던(John Dunne)은 조화의 개념을 보다 시적으로 표현했다.

"어둠도 눈부심도 없고 오로지 하나의 동등한 빛만이 있는, 시끄럽지도 적막하지도 않고 하나의 동등한 음악만이 있는, 두려움도 희망도 없고 하나의 동등한 소유만이 있는, 끝도 시작도 없고 하나의 동등한 영원함만이 있는 그런 집에 사는 것."

던에게 있어 이 간절한 소망으로 이끄는 것은 바로 신에 대한 믿음이었다. 나는 그의 이상에 동의하지만 그 꿈을 이루기 위해 그가 말하는 신의 도움이 필요하지는 않다고 생각한다. 종교에서는 상향식 위임 현상이 나타날 수 있다. 그렇지만 세상에 선함의 근원이 있다고 믿지 않으면 옳고 그름이 있을 수 없고 순수한 이기심을 바로잡을 수 없다.

나는 일종의 기독교 인본주의자라고 할 수 있는데 다행히도 내 믿음을 정의하라는 요구를 받은 적이 없다. 일부 사람이 신이라고 부르는 그 모든 선함의 본질이 정말로 우리 안에 있다면 그 메시지를 전달하기 위해 굳이 종교적인 언어를 사용할 필요가 없다는 것이 나의 주장이다. 일상생활의 언어면 충분하고 기독교의 메시지는 성서의 비유에 있는 것처럼 우리 삶의 이야기에서 찾을 수 있다. 톨스토이의 '신은 생명이다'라는 말처럼 우리는 살아가는 과정 속에서 신을 발견한다. 따라서 나는 세상에서 일어나는 일상의 사건들 속에서 그 의미를 찾아내는 것이 나의 역할이라고 생각했다.

'오늘의 사색'은 까다로운 작업이었다. 뉴스에서 다룬 내용이나 그날 아침 프로그램에서 다뤄질 만한 내용을 떠올려야 했다. 개인적인 일화를 곁들이고 약간의 유머와 중요한 교훈을 소개할 수 있다면 도움이 되었다. 이 모든 것을 450단어 안에 담아야 했다. 이상적으로는 사람들이 아침 출근 시간에 생각할 거리를 줄 수 있어야 했다.

소재와 주제 선정만 어려운 것이 아니었다. 로버트 폭스크로프트가 지적했듯이 4~5백만 명이 주파수를 맞추고 있지만 그렇다고 그들이 이

방송을 듣고 있다는 의미는 아니었다. 많은 사람에게 '오늘의 사색'은 잠자리에서 일어나라고, 집을 나서라고, 달걀을 올려놓으라는 알람 시계와도 같았다. 그래서 처음 10초 정도 주의를 끌 뭔가를 던져야 했다. 그렇지 않으면 자명종이나 아침 시간의 배경 음악 정도로 묻혀 버릴 터였다. 더구나 생방송이었기 때문에 사전 녹화가 허용되지 않았고 뉴스 속보가 나올 수도 있었다. 따라서 더듬거리거나 어눌한 말투, 실수가 있어서는 안 된다. 한 번에 제대로 해야 했다.

힘든 도전이었다. 원고를 한 번에 끝내리라는 보장이 없었기 때문에 여유 시간까지 계산해 전날 하루 종일 450단어를 준비하곤 했다. 분당 27파운드를 받았는데 시간당으로 치면 박한 편은 아니었다. 하지만 채 3분도 되지 않았기에 큰돈이 되지는 못했다. 가르치는 사람이 가장 많이 배운다는 논리에 따라 나는 '오늘의 사색'을 진행하는 20년 동안 내 신념에 대해 많은 것을 배웠다. 세상과 우리 삶에서 일어나는 특이한 일을 이해하려 애쓰는 것은 현실에서 철학을 하는 방법이다.

새벽 5시 30분에 방송국에서 전화가 왔다. 나는 잠이 가시지 않은 목소리로 말했다. "30분이나 남았는데요."

"맞습니다. 밤사이 샌프란시스코에 지진이 일어났어요." 전화 저쪽에서 대답했다.

완전히 불통이었다. 상황이 얼마나 심각한지 아무도 몰랐다. 준비한 원고를 버리고 2시간 안에 도덕적인 메시지를 준비해야 했다. '선량한 신이 어떻게 이런 일을 허락할 수 있는가?' 이 주제가 신의 불가사의한 방식의 단서가 될까? 내 스타일이 아니라고 생각했다. 이런 종류의 사건은 이해하려고 하면 안 된다. 하지만 우리가 어떻게 대응해야 하는지는 생각해볼 수 있다. 공교롭게도 나는 한 달 뒤에 방문하기로 되어 있던 그곳의 두 친구에게 초점을 맞췄다. 나는 방송에서 그들이 어떻게 지내고 있는지, 아직 살아 있는지, 우리가 다시 와인 산지에 갈 수 있을지 궁금해했다. 그러고는 일반적으로 고통받는 사람을 가장 잘 도울 수 있는 방법이 무엇일지 고민했다. '우리가 마음 쓰고 있다는 것을 보여주는 거지'라는 대답이 떠올랐다. 사생활을 침해할까 주저하는 것은 도움이 안 된다.

"전화가 연결되면 바로 미국에 있는 친구들에게 연락하세요. 그들에게 힘이 되고 여러분에게도 위안이 될 겁니다. 집을 나서기 전에 지금 바로 해보세요."

이는 흔히 종교적이라 생각하는 그런 것이 아니라 단지 상식이다. 하지만 그날 아침 뉴스 진행자들이 끔찍한 참사를 중계하며 잔해에 매몰된 사람을 통계 수치로만 언급하는 그런 상황에서 누군가는 그 말을 해야 했다.

잘 진행되면 '오늘의 사색'은 정치 인터뷰와 우울한 뉴스들 속에서 짧은 사색의 시간을 제공했다. 누구에게나 필요하고 종교가 하나의 틀을 제공할 수 있는 성찰을 위한 휴식이다. 한번은 〈투데이〉 팀에게 생각을 말하는 대신 2분간 '사색을 위한 침묵의 시간'을 갖자고 제안한 적이 있다. 그들은 내가 라디오를 이해하지 못한다고 생각했다. 라디오에서 침묵은 금기였다. 그래도 나는 그 아이디어가 마음에 들었다. 매일 아침

전 국민이 함께 성찰하는 시간을 갖는 것이다.

기도, 예배, 명상 뭐라고 부르든 이 행위는 분주한 일상에서 잠시 벗어나 모든 것의 이유를 곰곰이 생각해볼 수 있는 방법이다. 아버지는 매일 아침 그런 시간을 가졌다. 혼자 교회로 가서 아침 기도를 하셨다. 매일 아침 20분이나 한 시간씩 정기적으로 명상을 하는 친구들도 있다. 아내와 나는 아침 식사 전 40분 동안 집 맞은편 들판을 산책한다. 하루의 계획을 이야기하기도 하지만 대부분의 시간은 편안한 침묵 속에 그냥 걸을 때가 많다. 근처에 아름다운 교회나 예배당이 있으면 들어가 보기도 하지만 자연은 그 자체로 예배당이며, 시시각각으로 변하고 항상 그 자리에 있고 자유롭다.

예술은 나를 눈앞의 현실에서 벗어나 다른 세상으로 데려가 사물을 다르게 바라보도록 자극한다. 아이들과 함께 갤러리를 방문하면 우리는 각자에게 특별히 말을 건네는 작품을 두 개씩 골라 기념품점에서 해당 작품의 엽서를 산다. 그러고는 식사 시간에 엽서를 보면서 어떤 생각을 불러일으키는지 이야기한다. 훌륭한 연극도 마찬가지로 우리를 낯선 상황에 놓이게 하여 우리의 삶에 영향을 미치는 딜레마와 난관을 고민하게 만든다. 때때로 위대한 연극은 무서울 수 있지만 피하면 안 된다는 것을 일깨워주는 문제를 우리 앞에 보란 듯이 제기한다. 갤러리와 극장은 나의 세속적인 예배당이다. 두 가지 모두 방식은 다르지만 나로 하여금 로마의 시인이자 철학자인 루크레티우스(Lucretius)가 '레룸 나투라(rerum natura)'라고 부른 것, 즉 사물의 본성을 깊이 생각하게 하기 때문이다.(루크레티우스는 〈만물의 본성에 관하여(De rerum natura)〉라는 서사시로 이루어진 책을 썼다-옮긴이)

나의 신앙은 스스로 문제를 풀어가는 방식, 즉 삶의 목적과 도리, 미래에 대한 나의 판단에 의존한다. 사실 이는 쉽지 않다. 이런 태도는 자칫 잘못하면 교황 베네딕트 16세가 우리 시대의 만연한 위험이라고 꼽은 '세속적 상대주의', 즉 자기 입맛에 맞는 것만 골라 혼합하는 선택적 기독교로 이어질 수 있다. 말하자면 각자가 자신의 기준대로 기독교 신앙 중에 마음에 드는 것과 옳고 그름을 선택하는 것이다. 이는 새로운 문제가 아니다. 성서 판관기(구약성경의 7번째 권. '사사기'라고도 함-옮긴이)에는 이런 구절이 나온다. "그때에 이스라엘에 왕이 없어서 사람마다 자기 눈에 옳은 대로 행하였다."

교황 베네딕트 16세는 신앙에 기반한 윤리적 지침이 필요하다고 보았다. 나도 신앙을 받아들이면 옳고 그름을 구별하기가 한결 쉬워진다고 생각한다. 지식인들이 죽음을 앞두고 로마 가톨릭으로 개종하는 사례도 많이 보았다. 그간의 모든 지적 딜레마가 일거에 해결되기 때문이다. 종교에서 말하는 전제를 받아들이면 위안을 얻는다. 하지만 내 고국 아일랜드에서 나는 종교를 맹신하고 무조건 복종한 나머지 유발되는 도덕적 독재의 위험을 목격했다. 당시 사람들은 더 이상 스스로 생각하지 않았다. 법규는 엄격했고 지역 사제가 옳고 그른 모든 행동을 판단했다. 그것은 기쁨이 아닌 두려움의 종교였고, 잘못을 저지른 사람에게는 결과가 명확하게 제시되었다. 내가 보기에 고해 성사는 성직자가 주민을 통제하는 수단이었다. 기업에도 잘못을 저지르면 무조건 고해 성사를 해야 한다는 의무 조항이 있다고 가정해 보라. 매주 모든 사람이 자신의 잘못과 악의적인 생각을 상사에게 털어놓아야 하고, 잘못을 저지를 때마다 참회해야 한다면 관리에 얼마나 편리하겠는가. 그런 조직은 자신이 무엇을 해야 할지 상사에게 맡기는 편이 훨씬 편하기 때문에 필연적으로 개인의 창의력과 활력을 고갈시킨다. 물론 당시 많은 사제가 신앙심이 깊었고 선의를 갖고 있었다. 하지만 동시에 그들은 의문을 인정하지 않고 비판을 받아들이지 않는 권위주의 조직의 일원이었다. 그 조직은 잘못과 부패의 가능성조차 받아들이지 못했다. 그 결과 내가 살았던 아일랜드는 죄책감에 시달리는 억압된 나라였다. 그들의 신이 원하던 그런 나라는 분명코 아니었다.

지금 아일랜드는 다르다. 아일랜드인은 지나치다 싶을 만큼 열정적으로 세속적 상대주의를 받아들였다. 다른 나라도 아일랜드의 뒤를 따랐다. 교황 요한 바오로 2세는 카리스마가 넘치는 참으로 고결한 사람이었다. 하지만 그의 사회적 가르침이 크게 보탬이 되지는 못했고 내 생각에 항상 세상의 필요에 부합하지는 않았다. 서구인은 교황과 그의 가르침을 구별해서 생각했다. 역설적이게도 인간적으로 더 없이 추앙받았던 요한 바오로 2세가 교황으로 재직하는 동안 교회의 권위는 오히려 약화되었다. 사람들은 교리와 무관하게 사람 자체를 사랑할 수 있다는 사실을 깨달았던 것이다. 이는 우리가 계명 없이 신을 가질 수 있고, 불편한 도덕적 의무 없이 영성을 가질 수 있다는 뜻이었다. 규칙을 무시하고 나면 마음대로 할 수 있는 면허를 얻는다.

이런 방임주의는 가톨릭 교회만이 아니라 개신교와 이슬람교 등 모든 종교가 직면한 문제다. 율법이 무시되거나 신이 부정되는 상황에서 사람들은 자신의 신념과 행동 규범을 어떻게 정립할지 배워야 했다. 그동안 포기했던 '스스로 생각하기'를 해야 하는 상황이니 모두에게 쉬운 일은 아니다. 점점 세속화되는 세상에서 교회의 새로운 역할은 철학을 가르치는 기관이 되는 것이라고 나는 생각한다. 사람들에게 행동이 아닌 생각하는 법을 가르치는 것이다. 하지만 교회는 역량도 부족하고 사회로부터 그만큼의 신뢰도 얻지 못하는 듯하다. 그래서 우리의 문명이 위험한 도덕적 공백을 안게 되었다.

그렇다고 우리는 종교 부재의 시대에 정부가 그 틈새를 파고들어 도덕적 권위자 역할을 맡는 것을 바라지 않는다. 이미 그런 징후가 여기저기서 나타난다. 자고 일어나면 법이 공포되는 세상이다. 육아, 이웃 존중, 환경 보호, 건강, 건전한 생활 방식 등 규칙을 정하는 법이 매일 등장한다. 머지않아 우리에게 적합한 직장과 집, 교육까지 법으로 규정되는 세상이 될지 모른다. 이는 종교가 금지되고 아무도 감히 사람들이 스스로 생각할 위험을 감수하지 않던 시절 공산주의가 걸었던 길이다. 상대주의는 실제로 매우 현실적인 위험이다. 법을 강화하거나 비세속적인 절대적 믿음을 강요할 것이 아니라 사람들이 스스로 생각하는 능력을 키워주는 교육으로 대처해야 한다.

이것은 철학의 임무라고 할 수 있다. 내가 내 소명으로 보기 시작한 그런 종류의 철학일 수 있다. 아버지의 장례식 이후 종교가 나에게 아버지한테서 부러워했던 확신과 삶의 목적 의식을 줄지 모른다고 생각했다. 윈저 성은 일종의 견습 기간이었다. 그곳에서 4년을 일하는 동안 100여 명의 신학자의 강연을 들었다. 나는 당시 영국 교회의 주교 대부분을 만났는데, 그들은 성직 생활의 대부분을 보낸 교구를 넘어 더 넓은 세상을 개괄하고자 세인트 조지 하우스를 찾았다. 일 년에 두 번 20명의 유망한 교구 사제를 선발해 재교육시키는 것도 우리의 임무였다. 나는 예배당을 찾는 성실한 사람들도 많이 만났다. 자신의 일에 헌신하고 우리가 예배당에서 고백하는 신조의 전부는 아니더라도 대부분을 믿는 경건한 사람들이었다. 이는 소위 말하는 몰입 교육이었고 나는 실로 많은 것을 배웠다. 하지만 동시에 그들이 믿는 것을 나는 믿지 못한다는 사실 또한 깨달았다.

나는 기독교 가르침이 중요하다고 확신했다. 기독교가 전하는 메시지는 시대와 장소, 오늘날 우리가 하는 일에 맞게 해석되고 번역되어야 했다. 그것이 내가 해야 할 일이라고 느꼈다. 전통 신앙을 믿지 않는 현대 이방인들도 쉽게 접근할 수 있고 흥미를 느낄 수 있어야 한다는 사실을 유념하면서 말이다. 4년간의 윈저 성 생활이 막바지에 이르렀을 무렵 주임사제가 사제 서품을 받을 의향이 있는지 물었다. 당시 나는 망설임 없이 말했다.

"제안은 감사합니다만 받지 않겠습니다. 저와는 맞지 않습니다."

11장 ◦ 포트폴리오 인생

Myself And Other More Important Matters

1981년 7월 윈저 성에서 열린 나의 송별 파티에 그가 나에게 다가왔다.

"한마디만 충고하겠네. 매일 아침 일어나면 반드시 할 일이 있어야 하네. 안 그러면 은퇴가 당신을 죽일 수 있어." 진심으로 하는 소리였다.

그는 우리 센터 최고의 고객이었다. 너무 많은 친구가 이른 나이에 죽는 것을 지켜봤기 때문에 나는 그가 무슨 말을 하는지 잘 알았다. 하지만 나는 깜짝 놀랐다. 그는 내가 은퇴한다고 생각한 모양이었다. 나는 마흔아홉이었고 은퇴는 꿈에도 생각하지 않았다. 25년이 흐른 지금도 나는 여전히 은퇴를 생각하지 않는다.

하지만 나는 전술적인 실수를 저질렀다. 나는 예정된 후임자가 일찍 연수할 수 있도록 계약 기간인 5년이 아닌 4년 뒤에 세인트 조지 하우스의 학장직을 그만두겠다는 의견을 내비쳤고, 그 제안이 즉시 받아들여져 다소 당황스럽고 화가 났던 것이다. 고백하건대 나는 일종의 가장된 겸손에 중독되어 있었다. 상대가 당연히 나를 추어주리라 바라며 스스로를 낮추었다. 사직 의사를 밝히면 주임사제가 이렇게 말해주기를 바랐다. "제안은 고맙지만 당신은 너무 소중한 사람이어서 먼저 보내줄 수 없습니다." 그러기는커녕 주임사제는 나를 떼내게 되어 마냥 기쁜 것처럼 보였다. 여기서 나는 두 가지 소중한 삶의 교훈을 얻었다. 진심이 아닌 것을 제안하지 말고, 칭찬이나 재확인을 얻기 위해 에둘러 유도하지 마라. 얻을 것이 없다.

갑자기 나는 매인 데 없는 자유 계약 선수로서의 삶을 진지하게 고민해야 하는 처지가 되었다. 윈저 성 토론회에서 그것이 미래의 대세가 되리라고 내가 예측했던 것이고, 이미 50세 이상의 사람들에게 그런 길을 권하기도 했다. "자리를 내주세요. 조직은 젊고 활기찬 친구들에게 맡기세요. 우리는 우리가 생각하는 것만큼 조직에 꼭 필요한 존재가 아닙니다. 대다수가 조직에 너무 오래 매달려 있어요. 햇수가 쌓여 터득한 지혜가 부족한 활력을 보상해주기를 희망하면서 말입니다." 사람들에게 이렇게 말했던 것을 기억한다. 이제 그 말이 부메랑처럼 나에게 돌아왔다.

당시는 좋은 시기가 아니었다. 항상 그렇다는 생각이 들지만 나는 사회 철학이 내 새로운 소명이 될 것이라고 결정했지만 성 어거스틴처럼 아직은 아니었다. 우리 대부분은 선택이 아닌 어쩔 수 없이 포트폴리오 생활자로 내몰린다. 나에게는 학교에 다니는 십 대 자녀가 둘이나 있었다. 런던 경영대학원에서 시간제 강의를 맡긴 했지만 벌이는 얼마 되지 않았다. 그것 말고는 가족을 부양할 뚜렷한 방법이 없었다. 아내는 내가 무심코 저지른 일과 3개월 뒤에 우리가 현재 임대 중인 런던의 집으로 돌아갈 것이라고 말했을 때 적잖이 놀랐다. 하지만 현명한 아내는 어떻게든 긍정적인 면을 보려 했다.

"이제 글쓰기에 집중할 수 있겠네요." 그녀가 말했다.

하지만 나의 저작권 대리인은 엘리자베스와 같은 믿음이 없었다. 점심 식사 자리에 함께한 그는 본업을 포기하지 마라고 말했다.

"이미 그렇게 했답니다." 내가 대답했다.

“아이고, 맙소사!”

“두어 가지 생각한 아이디어가 있어요.”

“지금은 새 책을 내기에 적합한 시기가 아닙니다. 선생님이 쓴 교재는 지금도 잘 나가고 있습니다. 그걸 보완해서 개정판을 내는 게 어떨까요?”

“그것보다 다양한 독자를 대상으로 글을 쓰고 싶습니다. 우리 사회에서 일어나는 일을 알리고 싶어요.”

대리인은 썩 달가워하지 않았다. 내 미래의 삶을 책임져야 할지도 모른다는 생각이 그에게는 내키지 않은 모양이었다. 우리 사회의 미래를 생각하는 것이 그에게 매력적이지 않았다. 그는 나에게 다른 직업을 가지라고 간청하다시피 했다.

“그럴 순 없어요.” 내가 단호하게 말했다. “나는 포트폴리오를 만들 겁니다.”

“그건 또 무슨 말인가요?”

“프리랜서로 독립해서 글쓰기를 중심으로 다양한 활동을 하는 겁니다.”

“그것으로 생계를 유지할 수 있을 거라고 기대하지 마세요.” 거의 단정 조의 말투였다. “제가 관리하는 100여 명의 저자 중에 책으로 연간 1만 파운드 이상을 버는 사람은 두세 명에 불과합니다.”

대리인은 침울한 표정으로 자리를 떠났다. 쉽게 물드는 것이 분위기다. 자유로움의 기대가 더 이상 매력적이지 않았다. 포트폴리오 생활자가 되는 것은 이론보다 훨씬 어렵다는 것을 실감했다. 더군다나 첫 시도일 때는 더욱 그렇다. 평생 나는 전화나 서류함에 창의적으로 대처하고 나름대로 주도권을 갖고 살아왔지만, 내 인생은 기본적으로 외부에서 주어지는 지시와 나에게 기대하는 바에 따라 움직였다. 그런데 갑자기 외부에서 아무것도 들어오지 않았다. 서류함에는 신문 이외 아무것도 없었다. 참석해야 할 회의도, 답해줘야 할 전화도, 지켜야 할 약속도, 목표도, 평가도 없었다. 다이어리는 텅 비어 있었다. 너무 좋을 거라고 생각했지만 막상 당해보니 기쁘지 않았다. 오히려 당황스러웠다. 나는 안전하게 보호받던 감옥에서 바깥세상으로 나가는 것이 얼마나 어려운 일인지 과소평가하지 않기로 했다. 불편하고 답답했지만 안전이 보장되었기에 나름 안락하고 비좁은 동굴에서 나와 얼마나 깊은 곳인지, 밑바닥이 어떻게 생겼는지도 알 수 없는 허공에 발을 디딘 기분이었다.

명확한 정체성을 상실했다는 사실이 더욱 불안했다. 이 새로운 찰스 핸디는 누구인가? 포트폴리오 생활자라는 말은 내가 선택한 삶의 방식은 말해주지만 내가 누구인지, 무엇을 하는지 아무런 정보를 담고 있지 않았다. 내가 어디에 속하는지, 어떤 능력을 갖고 있는지 사람들에게 말해줄 꼬리표가 없다는 사실을 절감했다.

"자신을 어떻게 설명할 생각이야? 마냥 전직 학장이라고 부를 수도 없잖아." 한 친구의 날카로운 질문이었다.

이 문제는 내가 윈저 성을 떠난 한 달 뒤 '오늘의 사색'을 맡았을 때 곧바로 찾아왔다. 〈투데이〉 뉴스 진행자들은 그날 '사색' 코너를 진행할 사람을 소속 조직이나 직업과 함께 소개하곤 했다.

처음에는 세인트 조지 하우스 전직 학장이라고 했지만 친구의 예측대로 오래 가지 못했다. 이어서 객원 교수로 계속 강의를 하고 있었기 때문에 런던 경영대학원 교수로 소개되었다. 황금 시간대 진행자와 잘 맞는 직함은 아니었지만 마음에 들었다. 나중에는 왕립예술협회 회장으로 소개되었다. 이는 좀 더 다양한 배경과 경험을 가진 사람이라는 의미를 함축했다. 마침내 모든 조직과의 연결고리가 사라지자 나를 그냥 찰스 핸디라고 소개했다. 찰스 핸디라고 소개될 즈음에는 회의 참가자 리스트에 조직이나 직업이 표기되지 않고 그저 이름만 나와 있는 것이 오히려 흐뭇했다. 독립의 상징이라고 생각했기 때문이다. 하지만 처음에는 묘하게도 발가벗은 기분이었다. 그래서 교수라는 직함에 집착했다. 찰스 핸디 교수라는 말은 나에게 일종의 직업적인 보호막을 씌워주었다.

"왜요?" 엘리자베스가 물었다. "당신은 이제 교수로 일하지 않잖아요. 어쨌든 공식적으로 교수가 아니에요. 나는 언제나 내 이름만으로 충분하다고 생각했는데, 남자들은 왜 이름 말고 존재를 설명할 다른 것을 찾는 거죠?" 좋은 질문이었다. 나는 자신이 없어서 그렇다고 생각했다.

이번이 나의 새로운 면모를 탐험할 좋은 기회라고 그녀가 상기시켰다. 셸, 경영대학원, 윈저 성. 나는 일련의 안락한 감옥 안에서 살아왔다. 각각의 경험은 나에게 소중한 것을 깨닫게 했지만 동시에 나를 정해진 역할 안에 가둬놓았다. 윈저 성에 있을 때 가까운 동료를 빼고는 모두가 나를 으레 '학장'이라고 불렀다. 묘하게 들리는 빅토리아 풍의 직함을 가진 사람이 나인가? 왠지 낯설어서 이따금 자문해보기도 했다. 기이한 연극 속의 배우가 된 기분일 때도 있었다. 생각해보면 직장 생활을 하는 내내 말조심하며 지냈던 것 같다. 내 말이 조직의 심기를 건드리지 않을까, 누가 내 말을 듣지 않을까 싶어 불안하게 어깨 너머를 살피는 그런 생활이었다. 언론의 자유는 헌법에도 명시된 당연한 권리지만 남에게서 급여를 받는 처지에 이런 권리를 너무 믿었다가는 큰코다치는 수가 있다. 이제 어디에도 매여 있지 않은 무소속의 찰스 핸디로서 내 처신에 따라 해를 입을 수 있는 대상도, 내가 눈치를 봐야 할 대상도 오직 나뿐이었다. 내가 진심으로 믿는 바를 말하고 글로 쓰고, 원하는 사람이 되고, 좋아하는 곳에 가고, 내게 소중한 사람들을 위해서만 일하는 이 모든 것이 가능하다. 이제 나는 자신을 경영 전문가가 아닌 사회 철학자로 생각했다. 나에게 붙일 꼬리표를 찾는 사람은 종종 컨설턴트로, 나중에는 내가 싫어하는 경영 구루로 불렀다. 하지만 나는 사회 철학자다.

그래도 나의 대리인이 옳았다. 글쓰기만으로 가족을 부양할 수 있는 작가는 드물었다. 내용이 논픽션이고 영화 제작이나 라디오 연재거리로도 매력이 없는 그런 작품일 때는 책으로 생계를 유지할 길이 요원했다. 영국에서 연간 10만 권이 넘는 신간이 나온다는 사실을 알고 화들짝 놀랐고 적잖이 동요했다. 서점에는 신간을 모두 몇 달씩 보관할 공간은 커녕 전시할 매대조차 부족했다. 보통 책은 길어도 6개월 뒤면 서점 책장에서 사라진다. 눈에서 사라지면 마음에서 멀어지는 것이 세상사. 지금까지 거대한 창고에 내 과거 책들을 보관하고 있는 아마존에 감사할 일이다. 어느 해인가 방문한 프랑크푸르트 도서 전시회는 더욱 기를 죽였다. 책이 수십 킬로미터에 걸쳐 전시되어 있었다. 몇 권 안 되는 내 책은 너무나 초라해 보였다. 대리인이나 출판사에서 저자에게 도서 전시회 근처에도 가지 말라고 충고해주는 것이 마땅하다. 언젠가 출판사에게 기존 책을 사장시키지 않고 계속 파는 최선의 방법은 없냐고 물은 적이 있다.

"저자에게 새 책을 쓰게 하는 겁니다." 그의 대답이었다.

작가로서 경력을 쌓는 작업에 돌입하면 긴장을 풀 새가 없겠다는 생각이 들었다.

동시에 어느 정도 돈도 벌어야 했다. 25년 동안 나는 세금이 공제된 형태로 꼬박꼬박 은행에 입금되는 월급을 받으며 살았다. 그런 것이 없다는 사실이 너무 낯설었다. 뭐라도 수입을 만들어내야 했다. 그것도 빨리. 그리고 사전 징수를 하지 않았지만 언젠가는 달라고 할 테니 세금을 따로 떼어놓아야 한다는 사실도 명심해야 했다. 당장 책은 크게 도움이 되지 않았다. 쓰는 데도 시간이 걸렸고 출판사에 넘긴 다음 편집과 제작을 거쳐 서점에 배포되기까지도 오랜 시일이 걸렸다. 교재용으로 집필한 첫 책 〈조직의 이해(Understanding Organization)〉는 꽤 잘 팔렸지만 이제는 헌책이 되어 갔다. 이어서 발간한 〈관리의 신들(Gods of Management)〉은 현직 관리자를 대상으로 한 것이었는데 평론가들의 반응이 좋지 않았다. "찰스 핸디가 이끄는 조직에서 일하는 악운이 없기를 바란다. 그가 말하는 그런 세상을 볼 일도 없기를." 누군가 이렇게 평했다. 이 책으로 돈벌기는 어렵다는 건 분명했다.

그래서 당분간 임시 강사로 뛰기로 했다. 기업의 직원 교육 세미나나 강연에 나가는 일이었다. 내가 쓴 두 권의 책도 가지고 다녔다. 책은 일종의 판촉 보조물이었다. 나라는 사람과 나의 아이디어를 홍보할 가장 점잖은 방법이었다. 무소속의 프리랜서는 누구나 스스로 홍보 활동을 해야 한다. 하지만 우리 대다수가 그렇듯이 나도 자신과 내가 만든 제품을 선전하고 판매해야 하는 현실을 싫어했다. 점잖지 못한 행동 같았다. 시장의 기본 법칙인 수요와 공급 논리에 따르면 수요에 대응하기만 하면 된다. 하지만 수요라는 것도 처음에는 인위적으로 창출해주어야 한다는 불편한 진실을 깨달았다. 요즘 나는 포트폴리오 생활자로 살려는 이들에게 일감이 안정적으로 들어올 때까지 7년이 걸릴 수도 있다고 경고한다.

내가 자란 문화 탓이었다. 우리는 겸손해야 한다고 강요받았다. 그러려면 모두가 성공이나 재능의 허울을 벗어던지고 더 우아한 사회가 만들어져야 한다. "별거 아니야." 내면에서 속삭이는 소리가 들린다. "하다 보면 사정이 나아질 거야." 하지만 내가 소리치지 않으면 사람들이 어떻게 알겠어? 스스로 자신을 떠벌리지 마라는 대답이 돌아왔다. 필요하다면 다른 사람이 대신하게 하라고, 대리인을 고용하라고들 했다. 배우, 모델, 운동선수, 대중음악 가수, 오페라 가수, 심지어 작가까지 모두 대리인을 고용한다. 배관공, 전기 기술자, 관리자를 포함한 모든 임시직 근로

자를 위한 대리인도 있다. 직업 소개소인 맨파워(Manpower)는 어떤 조직보다 더 많은 인력을 보유하고 있다. 내가 예상하는, 실제로 이미 도래한 벼룩 경제에서 이 대리인은 조직이 하던 일, 즉 개인의 재능과 기술을 고객과 연결해주는 중개인 역할을 한다. 그래서 나도 나가서 저작권 대리인을 찾았다. 하지만 그는 나를 홍보하는 것을 좋아하지 않았다. 심지어 나보다 소극적이었다. 나는 포트폴리오 생활을 시작하고 3년 뒤에 '오늘의 사색' 원고를 모두 모아서 작은 책으로 만들면 좋겠다고 그에게 제안했다.

"에이, 누가 그런 걸 좋아하겠어요?" 그는 무시하듯이 말했다.

그로부터 몇 년 뒤 더 이상 대리인이 아닌 친구였던 그가 주말에 찾아왔다. 나는 출간된 책을 보란 듯이 그의 머리맡에 놓아두며 쾌감을 느꼈다. 의도를 모르지 않았을 테지만 그는 흔쾌히 웃어주는 아량을 보였다.

내 대리인은 포장하고 광고하기를 싫어했지만, 내 곁에는 그럴 만한 사람이 따로 있었다. 포트폴리오 생활을 시작한 지 3년 아내는 나를 보고 절망했다. 나는 여기저기로 부산히 뛰어다녔다. 기업가가 모이는 만찬회와 기업 연수회에서 강연하고 짬짬이 글도 썼지만 애초 계획한 두툼한 책을 쓸 여유는 없었다. 집에 있을 시간이 거의 없어 심신은 지쳤고 무엇보다 쥐꼬리만큼 벌었다. 문제는 과거에 내가 만찬회나 연수회에서 무료로 많은 강연을 했다는 것이었다. 당시에는 업무의 연장이었기에 가능했다. 프리랜서가 되면 이런 일에도 보수를 청구할 수 있다는 사실조차 인식하지 못했다. 결국 엘리자베스는 이 일을 직접 해결해야겠다고 결심했다. 먼저 그녀는 내가 마지막으로 강연했던 세 군데에 전화를 걸었다.

"죄송합니다만 교수님이 수수료 청구서 보내는 걸 잊어버렸더군요. 경비에 수수료 얼마를 청구했으면 합니다. 괜찮을까요?"

항상 괜찮다는 대답이 돌아왔다. 그녀는 이내 수수료를 올리기 시작했다. 마침내 나는 나를 선전하는 것을 싫어하지 않으며, 내가 사람들에게 들려줄 가치 있는 뭔가를 갖고 있다고 진심으로 믿는 그런 대리인을 찾았다.

하지만 포트폴리오 생활을 시작한 초기 7년간은 모든 것이 만만치 않았다. 가장 절박했던 것은 집과 수입이 생기는 일이었다. 그 다음으로는 물리적, 시간적 공간 관리, 특히 십 대 아이들의 교육이 문제였다. 하지만 이런 것은 '내가 앞으로 어떤 일에 집중할 것인가'라는 근본적인 질문만큼 중요하지 않다는 사실을 깨달았다. 자유는 좋지만 '무엇을 위한 자유인가'라는 물음에 대답이 쉽지 않았다. 서서히 사업적인 성공보다 자신만의 주체적인 삶을 영위할 자유가 더욱 소중하다는 생각을 했다. 그러자면 삶의 목적과 우선순위에 진지한 고민이 필요했다. 물리적인 공간을 어떻게 잘 정리하고 시간을 배분하는 가장 좋은 방법을 찾아야 했다. 나는 삶의 목표가 무엇인지, 가장 중요한 것이 무언지, 언제 어디서 무엇을 할 것인지를 고민하면서 정말로 '철학'이란 것을 해야 한다는 사실을 깨달았다. 새삼 셸에 있을 때 내가 얼마나 운이 좋았던가 싶었다. 거기서는 이런 모든 것을 상사들이 대신 결정해주었다. 내가 그들의 우선순위를 따를 수 없다는 것을 깨닫는 날이 올 때까지 말이다. 자신의 목표가 아닌 다른 목적으로 사용되고, 존경하지 않는 사람이 시키는 일을 하는 것만큼 불편한 일이 또 있을까.

하지만 꼭 존경하지 않아도 주위에 있다는 것만으로도 의미가 있었다. 그전까지는 동료가 없는 삶이 이렇게 외로울 줄 몰랐다. 함께 의논할 사람이 없으면 프로젝트가 그렇게 신나지 않다. 함께 축하할 사람이 없으면 성공도 공허하게 느껴지고, 위로해줄 사람이 없으면 실패는 두 배로 힘들게 느껴진다. 요즘 신입 포트폴리오 생활자는 프로젝트에 본인의 전문 분야 이외의 다른 역량이 필요할 때 다른 프리랜서와 탄력적인 파트너십을 맺고 그들과 협력하기도 한다. 내가 하는 글쓰기와 강연은 너무 독특해서 다른 사람이 필요하거나 연합하기가 좋지 않다. 어떤 사람은 함께 커피를 마시며 세무사나 회계사의 일처리에 푸념을 늘어놓을 수 있는 공유 공간을 선택하기도 한다. 나는 집이 아닌 다른 곳에서 일할 경제적 여유가 없었다. 사실 처음에는 많은 것을 감당할 수 없었다. 그것이 그리 중요했을까? 오전 내내 컴퓨터 앞에 앉아 있었다는 말보다 더 낭만적으로 들리는, 적합한 단어를 찾고 문장을 다듬는 일을 하고 있었기 때문에 내가 생각했던 것만큼 중요하지 않았지만 현실은 그랬다. 자신의 일을 진심으로 좋아하면 다른 것은 크게 중요하지 않다는 소중한 진리를 깨우쳤다.

하지만 그 모든 거창한 철학적 사색에도 불구하고 독립 초기에 가장 중요했던 것은 돈이었다. 사실 초기만이 아니라 이후에도 돈은 항상 문제가 되었다. 특히 돈이 어디서 언제 들어올지 예측하기 어려울 때는 더욱 그랬다. 주체적인 삶을 산다고 해서 삶의 가장 필수적인 부분인 재정 문제를 통제할 수 있는 것은 아니었다. 직장에 고용되어 있는 동안 나는 사실상 나의 모든 시간을 조직에 팔아넘겼다는 것을 깨달았다. 후한 보수를 받았지만 나는 기꺼이 노예가 된 셈이었다. 내 모든 시간을 미리 팔았으니 내가 그만한 가치가 있다고 설득할 수만 있다면 같은 시간에 더 많은 돈을 받는 것은 언제나 환영할 만한 일이었다. 항상 많은 것이 더 나은 것이었다. 모든 협상은 얼마나 더 받을 자격이 있는지에 집중되었다. 이제 포트폴리오 생활자가 되다 보니 보통 더 많은 돈은 많은 시간을 소비한다는 것을 의미했다. 독립한 상태에서는 비용 대비 편익 계산이 달라질 수밖에 없었다. 돈이 많다고 무조건 좋은 것도 아니었다. 너무 많은 시간을 들여야 하거나, 싫은 일을 해야 하거나, 장소가 적절치 않거나, 부도덕할 가능성이 있다면 더 많은 것이 좋지 않을 수도 있다.

돈이 성공의 유일한 척도는 결코 아니다. 새로울 것 없는 이야기다. 희한한 것은 그럼에도 많은 사람이 돈이 성공의 유일한 척도인 것처럼 행동한다. 사실 우리에게 돈은 원하는 목적에 도달하는 수단이다. 가족에게 더 나은 삶을 제공하고 온갖 좋은 것의 대가를 지불하는 방법이다. 하지만 돈을 소유하고 싶다는 이유로 싫은 일을 하는 덫에 빠지면 악마에게 영혼을 팔았던 '파우스트의 거래'로 변하고 만다. 반면에 대가가 아무리 적어도 소명에 따라 사제, 간호사, 예술가 등이 되는 사람도 있다. 대의명분을 위해서라면 대가를 받지 않고 일할 수도 있다. 의료 선교사였던 고모는 인도 비하르의 빈민을 위해 자신의 삶을 바쳤다. 선교사 주택 단지 내 회반죽벽의 작은 오두막에서 20년을 보내며 죽는 순간까지 열정적으로 환자를 돌봤다. 어쩌면 돈은 일을 해야 할 다른 아무런 명분이 없을 때 주어지는 보상이라 불러야 마땅하다. 셸에서 일하면서 대부분의 관심을 여가에 쏟던 시절 휴가 때 집에서 고모를 만난 적이 있었다. 고모는 내가 나만의 쾌락을 위해 시간을 바치면서 거기에 몰두할 수 있는지 납득하지 못했다.

포트폴리오 생활을 시작하면서 나는 다시 내 뿌리로 돌아가 반성했다. 아일랜드 사제관에서 지내던 유년 시절 우리 가족은 무척 편안한 생활을 했지만 돈에 여유가 있은 적이 없다. 아버지는 우리의 돈 씀씀이를 꼼꼼하게 살폈다. 생일이나 크리스마스 선물로 받은 돈마저도 아버지가 손수 관리하는 가족 은행에 위탁하라고 부추겼다. 가족 은행장으로서 아버지는 가족의 입출금 내역을 꼼꼼히 기록한 장부까지 가지고 있었다. 가족 은행에서 초과 인출이 일어난 적은 한 번도 없었다. 어머니는 일주일치 생활비를 미리 받았는데 주말에 상세히 기록한 지출 내역을 제출해야 했다.

어머니에게는 무척 성가신 일이었는데 내역을 다 기억할 수도 없었다. 언젠가 어머니 어깨 너머로 보니 SPG라는 약자 아래 상당한 금액이 쓰여 있었다. 돈에 쪼들리는 상황인데 잘나가는 선교 조직인 복음전도회(Society for the Propagation of the Gospel)에 왜 그리 많은 돈을 기부하느냐고 궁금해서 묻지 않을 수 없었다.

"쉿! 말하면 안 된다. 여기 있는 SPG는 '식품 관련 어떤 것(Something Probably Grub)'의 약자란다." 어머니의 대답이었다.

나중에 들으니 여동생 마가렛의 아이디어였다고 한다. 아버지가 의미를 짐작했는지는 모르겠다. 어쨌든 아버지는 별 말씀이 없었다.

현금 부족에 시달리는 생활을 한 결과 나는 결코 가난하게 살지 않겠다는 각오를 다졌다. 하지만 야무진 각오 치고는 당시 나의 야망은 그리 높지 않았다. 1950년대에 나는 벤틀리 컨티넨탈 승용차와 연간 2000파운드면 충분하다고 생각했다. 2000파운드는 당시 셸 같은 대기업 초봉의 다섯 배였다. 요즘 석유 회사가 대학 졸업자에게 주는 초봉이 3만 파운드쯤 되니 현재 내 야망에 상응하는 금액으로 따져보면 15만 파운드쯤 될 것이다. 그리 소박한 목표는 아니었다. 이것이 내가 셸에 합류하기로 마음먹은 이유 중 하나였지만 결국은 그들이 주는 보수가 그만한 가치가 없다는 사실을 알았다.

초창기의 돈 욕심을 생각하면 내가 해가 갈수록 급여를 줄이는 방향으로 움직였다는 사실은 의외다. 석유 회사에서 학계로, 이어서 사실상 공식적인 빈곤선보다도 낮은 급료를 받는 교회로, 마침내는 프리랜서라는 불안정한 위치까지 왔다. 그러고 보면 나는 생각만큼 철저하게 사제관의 그늘에서 벗어난 것이 아니었다. 아버지는 월급이 아니라 일종의 생활비를 받았다. 양자는 차이가 크다. 생활비는 애초 취지가 생계를 유지하고 맡은 바 소명을 계속할 수 있을 정도면 충분하다고 본다. 사람의 가치를 측정하려는 의도가 없다. 오로지 받는 돈 때문에 뭔가를 한다는 생각은 아버지에게 낯선 개념이었다. 아버지는 '사람은 보수와 무관하게 자신의 의무라고 믿는 일을 해야 한다'고 생각했다. 보수가 많으면 좋겠지만 만약 충분하지 않으면 거기에 맞춰서 살아야 한다는 것이다. 아버지는 돈을 더 벌기 위해 움직인다는 생각을 해본 적이 없었다. 그러니 여윳돈은 항상 부족했고 빌리는 것에 기겁을 했다. 아버지 생각에 예금 잔고 이상을 인출할 수 있는 당좌대월 계약은 간음만큼이나 나쁜 것이었다. 학창 시절 내가 거래 은행을 설득해서 당좌대월 계약을 맺었을 때 아버지는 많이 속상해했다.

놀랍게도 생각보다 내가 아버지를 많이 닮았음을 알았다. 하지만 여전히 사제관이라는 세계를 거부했던 나는 아버지와 다른 모습도 있다. 어렸을 적에 돈을 쓰지 못한 보상 심리 때문이었을까. 나는 당시 하지 못했던 고급 레스토랑에서의 식사, 영화, 택시, 꽃, 와인 등 말하자면 없어도 무방한 것에 돈 쓰는 걸 좋아한다. 이런 내 모습을 깨닫자 참으로 현명했던 스코틀랜드인 애덤 스미스가 떠올랐다. 애덤 스미스는 모든 사람의 생활이 한결 편해진다는 점에서 경제 성장이 분명 좋은 것이지만, 장기간 너무 많이 성장이 이루어지면 온갖 불필요한 물건이 넘쳐나는 부작용이 야기될 것이라고 보았다. 요즘의 쇼핑몰을 보면 그가 옳았다고 생각한다. 그러면서도 이런저런 자문을 해본다. 일부는 꼭 필요하지 않아도 삶을 풍요롭게 해주리라 생각되는 것을 사기 위해 돈을 버는 것 아닐까. 게다가 어떤 것이 필요하고 그렇지 않은지를 구별해줄 사람이 또 누구란 말인가. 불필요한 물건이 일자리가 필요한 제삼 세계를 포함해서 많은 사람에게 직업을 주지 않는가. 식품 같은 생필품이 아닌 제품에 부가가치세가 부과되니까 불필요한 제품이 많이 팔릴수록 정부는 복지 사업에 쓰일 세수를 많이 거둬들일 수 있다. 경제학자의 입장에서는 탐욕, 시샘, 대식은 죄악이 아니라 번영의 토대다.

애덤 스미스와 마찬가지로 현명했던 경제학자 케인즈는 이렇게 말했다.

"우리가 수단보다 목적을 중요시하고, 효용보다 가치를 선호하는 때는 모두가 부유해진 다음이다. 하지만 그런 시대는 아직 오지 않았다. 탐욕, 폭리, 투기가 앞으로도 오랫동안 우리의 신으로 추앙받을 것이다. 그것들이 경제적 궁핍이라는 터널에서 밝은 세상으로 우리를 이끌 테니까."

그렇다면 케인즈가 생각한 부유함이란 어느 정도를 말하는 것일까? 신문의 경제 면을 보면 몇몇 국내 굴지의 대기업 경영진은 급여로 400만~500만 파운드를 받았다는 사실을 쉽게 확인할 수 있다. 일부는 해고당하면서도 그만큼을 챙겼다. 그나마 이건 영국의 경우다. 미국에서는 그 정도 거물급이면 열 배는 더 될 것이다. 그들이 이 돈을 가지고 무엇을 할까? 왜 이렇게 많은 돈이 필요할까? 그들이 함께 일하는 대다수보다 수십, 수백 배에 달하는 보수를 받는 것이 과연 공평한 처사인가? 마찬가지로 가치 있는 일을 하는 의사, 교사, 경찰 같은 사람과 비교하면 어떤가?

그런 기업 경영진이 자기가 번 돈을 다 쓸 생각은 아닐 것이다. 그릴 시간도 없다. 굳이 집이며 요트, 오래된 그림 따위를 사서 부를 알리고 싶은 마음도 없을 것이다. 부를 자랑하고 싶다면 신문에 광고를 내거나 〈선데이 타임스(Sunday Times)〉지의 부자 리스트를 친구들에게 돌리는 편이 훨씬 쉬울 테니까 말이다. 빌 게이츠와 함께 부자의 대명사로 거론되는 워렌 버핏은 수수하게 생활하고 돈도 거의 쓰지 않는다. 그의 부는 자신의 사업적 능력을 나타내는 척도일 뿐이다. "돈은 일에 따라오는 부수적인 겁니다. 저는 돈을 애써 찾아다니지도 않고 그러고 싶은 마음도 없습니다." 그들이 하는 말이다. 성공은 의사라면 치유하는 환자로, 교사라면 훌륭하게 성장한 학생으로, 사업을 한다면 벌어들인 돈으로 측정된다. 그것이 성적을 기록하는 방법이 되는 것이다.

기부도 돈을 쓰는 한 가지 방법인데 실제로 점점 많은 부자가 그렇게 한다. 워렌 버핏처럼 죽을 때까지 기다리는 사람도 있다. 그가 죽으면 대부분의 재산이 자선 단체 재단에 기부된다.(애초 사후 재산 기부를 약속했던 워렌 버핏이지만 2006년 6월 자산 85퍼센트를 5곳의 자선 단체에 기부했다. 저자가 이 책을 집필한 이후의 일이므로 반영되지 않은 듯하다–옮긴이) 빌 게이츠처럼 생전에 후하게 베푸는 이들도 있다. 점점 많은 젊은 억만장자가 지지하는 대의를 위해 돈과 시간을 기부한다. 이들 박애주의자는 이제 돈을 버는 일보다 의미 있는 일을 하고 싶어한다. 이미 필요 이상으로 가졌으므로 잉여 재산을 유용하게 쓰고 싶은 것이다. 이들은 돈이 많다는 것이 결코 부끄러운 일이 아니라는, 으레 우리가 생각하는 부자의 인상을 바꾸는 데도 일조한다. 그들은 자본주의 덕분에 얻은 잉여의 일부를 사회에 환원하면서 문화를 만들어 가고 있다. 영국과 미국에서는 이미 '부자 리스트'와 '기부자 리스트'가 균형을 이루고 있다.

하지만 평범한 우리는 대부분 그런 선택의 여지가 없다. 일을 하고 조금이라도 돈을 많이 벌면 그걸로 좋고 감사한 것이 일반인의 삶이다. '문제는 경제야, 이 바보야.'(1992년 미국 대선에서 민주당 빌 클린턴이 내걸었던 선거 구호-옮긴이)라는 말은 이제 모든 정치인이 읊조리는 주문이 되었다. 거기에는 돈이 많을수록 더욱 행복해질 것이라는 믿음이 깔려 있다. 하지만 꼭 그렇지도 않은 모양이다. 행복에 관한 조사를 보면 지역에 상관없이 뚜렷한 일관성이 나타난다. 평균소득이 1인당 연간 1만 달러 이하인 곳에서는 돈이 많을수록 행복하다는 결과가 나왔다. 하지만 평균소득이 1만 달러 이상인 곳에서는 돈이 많다고 해서 평균적인 행복지수가 높아지지 않았다. 지금 전체 인구를 통틀어 평균 이야기를 하고 있으므로 계층별로 나누면 다른 결과가 나올 수도 있겠지만, 특정 수준 이상에서는 돈이 많다고 더 행복해지는 것이 아니라는 사실만은 분명하다. 일리 있는 결과다. 일단 필수적인 것을 해결할 충분한 돈이 있으면 불필요한 것을 더 많이 사는 데 필요한 여분의 돈을 벌려고 애쓸 필요를 느끼지 못하는 경우가 많다. 포트폴리오 생활자라면 특히나 그렇다.

그런데도 경제학자들은 사람들이 돈이 많을수록 행복하다고 믿는 것이 중요하다고 주장한다. 많은 사람이 돈을 쓰지 않으면 경제는 성장하지 않고, 공익 사업에 쓰일 돈이 부족하고, 개발도상국을 포함한 가난한 지역 노동자를 위한 일자리와 돈도 없을 것이라는 논리다. 이렇게 생각하면 필요하거나 원하는 것보다 많이 소비하는 것이 우리의 사회적 의무라고 볼 수도 있다. 묘한 세상이다.

개인적인 차원에서는 아리스토텔레스의 '그만하면 충분하다'는 가르침을 따른다면 삶이 훨씬 간소하고 편안해질 것이다. 우리에게 '충분함'의 정도를 금액으로 규정하지 못하거나 규정하기 전까지 우리는 결코 자유로울 수 없다. 자유롭게 자신의 진정한 삶의 목표를 정할 수 없는 것이다. 대신에 우리는 자발적으로 고용주의 노예가 되어 타인의 우선순위에 복종하며 살게 된다.

'충분함'의 기준을 정한다는 것은 돈의 다른 용도를 머릿속에서 지워야 한다는 의미다. 돈은 이제 성공의 상징으로도, 스스로의 가치를 규명하는 수단으로도, 진정 원하는 삶을 포기한 데 대한 변명이나 보상으로도 기능하지 못한다. 그러려면 진정으로 소중하게 생각하는 것이 무엇인지, 스스로를 어떤 사람으로 정의하고 싶은지, 다른 사람이 자신을 어떻게 봐주기를 바라는지 진솔하게 생각해봐야 한다. 나는 이미 그런 시도를 해봤고 나름의 결론도 얻었다. 정직한 반성이 새로운 시작이라고 생각하지 않는 일부에게는 당혹스럽고 혼란스러운 것일 수 있지만, 경험자로서 이런 과정에서 반드시 필요한 정직이 사람을 기분 좋게 한다는 사실만은 확실하게 말할 수 있다.

해마다 9월이면 3만 5천여 명이 일주일 동안 진행되는 버닝맨 페스티벌(Burning Man Festival, 축제 기간에 나무로 만든 커다란 사람 모양의 조각상을 불태우기 때문에 이런 이름이 붙었다-옮긴이)을 보기 위해 네바다 사막에 모여든다. 버닝맨 페스티벌의 창안자이자 준비위원장인 래리 하비(Larry Harvey)가 네바다 사막에 만들어낸 이 행사에서 참가자들은 상업성이 배제된 선물 경제(gift economy)를 경험한다. 일주일 동안 사람들은 자신의 서비스와 물건을 무료로 내놓는다. 치즈가 들어간 마카로니를 오후 4시에 공짜로 먹을 수 있다. 아무런 대가 없이 마사지를 받고, 정신 치료를 받고, 그냥 바에 앉아 맥주를 마실 수 있다. 래리 하비는 '우리의 축제는 현대 사회의 물질 과잉에 저항하는 일종의 반발이며, 진정 소중한 것이 무엇인가를 다시 정의하려는 작은 시도'라고 취지를 밝힌다.

전면적인 선물 경제는 일주일 이상 지속하기 어렵겠지만 '그만하면 충분하다'는 정신에 기초한 선물 경제는 지속성을 가질 수도 있다. 그러면 세상이 보다 다채로워지고 정직해질 것이다. 하지만 이런 나의 주장은 한편으로 수요 곡선을 우려하는 경제학자와 갈등을 빚는다. 수요가 공급을 창출하므로 공급은 곧 일자리와 세금으로 해석될 수 있다. 나의 절충안은 '노년기'에 접어든 사람에게만 '그만하면 충분하다'는 삶의 원칙을 독려하자는 것이다. 달리 말하면 그들은 경력에 연연하고 가족을 부양해야 하는 단계를 이미 넘어선 사람들이다. 나이가 들수록 '충분함'이 어느 정도인지를 결정하기가 한결 쉬워진다. 불확실한 미래를 걱정하며 일을 해야 하는 절박함은 덜하고, 한편으로 이승에서의 의무라고 생각되는 일을 할 만큼의 시간은 아직 있는 상태니까 말이다. 그런 단계에 이른 사람들의 소비와 소득 감소는 제삼 세계를 피폐하게 할 만큼 사회에 미치는 영향이 크지 않다. 이들이 보여주는 본보기는 현대 사회의

'돈의 횡포'에 대항하는 소규모 동맹 파업 정도가 될 것이다. 그리하면 돈의 횡포에서 벗어날 길이 없다고 느끼던 사람들에게 작은 희망을 심어주고, 돈으로 인한 악순환의 고리를 끊을 해답을 찾으라고 경제학자를 자극할 수 있다.

마침내 그런 고리에서 벗어나 기쁘긴 하지만 나는 아직도 '그만하면 충분하다'고 편안히 얘기하지 못하는 고질병을 안고 있다. 매년 엘리자베스와 필요한 돈과 예상 소득을 차분히 계산해본다. 비관론자인 나는 항상 예상 소득을 낮게 잡고 필요 이상으로 많은 일감을 맡아 벌충하려고 하는 편이다. 윈저 성을 떠난 지 20년이 지난 지금 우리는 필요를 해결하는 수준보다 편하게 산다. 하지만 나는 여전히 불평한다. 돈이 삶의 지상 목표가 아니어야 우리에게 도움이 된다. 돈이 삶의 지상 목표요 중심이 되는 순간 돈의 횡포가 시작된다. 작가가 되어야겠다고 결심하고 새로운 인생을 시작했을 때 내가 직면한 절박한 질문은 '작가로서 무엇을 쓸 것인가'였다.

나는 스스로를 사회 철학자라 규정한다. 사회 철학자는 새로운 사회의 실질적인 문제에 관심을 가져야 한다는 것이 내 생각이다. 내가 마주한 문제들이 점점 많은 사람에게 갈 것이다. 우리가 삶의 모든 영역에서 점점 더 많은 선택의 기회를 가질 것이라는 사실이 내게는 너무나 명확하게 보였다. 하지만 그렇다고 해서 반드시 삶이 보다 편안해지는 것은 아니다. 슈퍼마켓 진열대에 늘어선 시리얼 상자가 점점 늘어나지만 대다수 사람은 칼로리나 당분을 비교할 시간이 없어서 곧장 익숙한 것을 집어든다. 어떻게 살고 어떤 일을 할지 선택의 폭이 넓어진 인생이라는 슈퍼마켓도 마찬가지다. 질문하고 방향을 모색하면 세상에 나를 맞추는 것이 아니라 세상이 나에게 맞춰 들어가게 할 수 있는데도 그저 안절부절못하고 헤매거나 익숙한 예전 방법과 습관을 따르고 만다. 좋고 나쁨을 가려내는 확실한 기준이 없으면 그 많은 시리얼 중에 하나를 고를 수가 없다. 인생의 다른 영역에서도 마찬가지다. 특정 기준이 없으면 선택 가능성은 스트레스만 더할 뿐이다. 나는 바로 이 지점에서 철학이 도움이 줄 수 있다고 믿고 바랐다. 그것이 나의 새로운 역할이 될 것이라고 나는 스스로에게 말했다. 하지만 당장 눈앞의 선택이 절박해지고 있었기 때문에 먼저 스스로에게 원칙을 적용하면서 시작할 필요가 있었다.

12장 。 부동산과 소유권

Myself And Other More Important Matters

현금과 거처는 삶에서 없어서는 안 되는 필수 요소인 반면 여기서 범위를 넓힌 자금과 부동산은 자본주의를 움직이는 에너지원이다. 내가 몸담았던 경영대학원은 이런 분야에 전념하자는 취지로 세워진 학교였다. 윈저 성을 떠난 이후의 생활을 생각해보니 이런 필수 불가결한 요소가 나의 삶에서 새로이 시급한 문제로 떠올랐다.

어린 시절 나는 집을 너무나 당연할 것으로 생각했다. 집이란 항상 거기에 있는 무엇이었다. 집을 어떻게 얻을 것인가를 묻고 고민할 필요가 없었다. 나고 자란 아일랜드에서 영국계 아일랜드인은 전통적으로 자산이 많았지만 수입이 적었다. 현금이 없어서 집이 새는 데도 수리하지 못하는 사람도 많았다. 웅장하지만 퇴락해가는 조지 왕조 풍의 대저택 식당 풍경이 지금도 생생하게 기억난다. 의자가 모두 썩어서 뒤집은 오렌지 상자 위에 앉아 있어야 했다. 우리는 그나마 그런 대저택조차 갖지 못했다. 사제관은 교회 소유였다. 처갓집도 마찬가지로 자산이 없었는데 오히려 그들은 그것을 자랑스럽게 생각했다.

"집 살 돈을 빌려달라고? 당치 않네. 부동산은 손도 안 대봤네. 부동산 같은 건 믿지 말게. 너무 위험 부담이 커." 우리가 키프로스의 키레니아에 있는 작은 부동산이 사고 싶어 돈을 빌리러 갔을 때 장인이 한 말이다. 옛 터키가 북키프로스를 침략해 모든 상황이 바뀌기 4년 전의 일이었다. 이 경우는 결과적으로 장인이 옳았음이 입증된 셈이다. 하지만 장인이 미래를 내다보고 그런 반응을 보인 건 아니었다. 그는 체질적으로 덩치 큰 자산에 현금을 묶어두는 걸 좋아하지 않았다. 그의 입장에서는 그럴 필요도 없었다. 장인은 영국 육군 출신이었다. 그가 여왕 폐하에게 충성하며 세계 각지로 옮겨 다니는 동안 육군은 그에게 주택을 제공했다. 집이 직장과 더불어 제공되기는 나의 아버지도 마찬가지였다. 아버지는 자신과 할아버지가 예배하던 교회 근처 사제관에서 자랐고, 훗날 자신의 직장 생활과 가정생활도 교회와 사제관에서 이루어졌다.

그리고 내 차례가 되었다. 셸에서 직장 생활을 하는 동안에는 회사가 주택을 제공해주었다. 하지만 셸이라는 보호받는 환경을 버린 뒤에도 나는 집을 '산다'는 발상을 하지 못했다. 임대가 더 저렴한 것 같았고 무엇보다 그래야 선택이 자유롭다고 생각했다. 장인이 나름 투기로 볼 수 있는 키프로스 부동산 구매를 비웃었을 때도 조리 있게 반박하지 못했으니 말이다. 그래서 런던 남부에 넓은 정원까지 딸린 큰 집이 일주일에 13파운드밖에 안 되는 고정 금액에 나와 있다는 소리를 듣고 나는 이보다 좋을 수 없다며 기뻐했다. 우리는 거기서 그 가격으로 12년을 살았다. 가난한 학자였던 나는 낮은 임대료 덕분에 돈을 아낄 수 있어 마냥 감사하는 마음이었다.

엘리자베스는 달랐다. 부모와 함께 세계 각지를 떠돌며 살았던 탓에 오히려 자기 집을 갖고 싶어 했다. 어쩌면 아버지가 틀렸음을 증명하기로 작정한 것 같기도 했다. 그녀는 성공했다. 내 도움과 격려조차 없이 그녀는 담보 대출을 받아 런던 북부에 작은 아파트를 샀다. 가구가 딸린 아파트였는데 구입하고 일주일 뒤 세를 내주자 그간의 비용을 충당하고도 남는 임대료를 챙길 수 있었다. 6년 뒤 매각할 때는 가치가 다섯 배로 뛰어 있었다. 나도 요점을 파악했다. 그런 탓에 그녀가 어느 날 아침 사라져서 거의 헐값에 사람이 살지 않는 쓰러져 가는 교외 오두막을 주말 별장용으로 샀을 때도 이의를 제기하지 않았다.

마침내 엘리자베스는 자기 것이라 할 수 있는 진짜 땅을 가졌다. 하지만 나는 걱정이 앞섰다. 집을 살 만한 곳으로 만들려면 수천 파운드는 있어야 할 터였다. 심지어 나는 2년 동안 그 집을 방문하는 것조차 거부했다. 그래도 몇 년 뒤 워낙 다급해진 집주인이 우리가 세 들어 살던 집을 헐값이나 마찬가지인 1만 파운드에 팔겠다고 했을 때는 사는 것이 이익이라고 생각했다. 아버지가 돌아가신 직후였는데 유산이 얼추 그 정도는 되었기 때문이기도 했다. 마흔다섯에 나는 뜻밖에도 부동산을 두 개나 공동 소유하게 되었다. 그즈음 공교롭게 나는 관사가 제공되는 윈저 성에서의 직무를 수락했다. 이를 계기로 다시 과거 내가 알던 부동산의 세계, 남이 비용과 책임을 부담하는 그런 세계로 돌아갔다.

그러니 윈저 성을 나오고 6년 뒤에 부동산 개발업자가 런던 집을 95만 달러에 사들이겠다고 제안했을 때 내가 느꼈을 경악과 기쁨을 상상해보라. 거기에는 상당한 죄책감과 그간의 믿음에 대한 혼란도 섞여 있었다. 1만 달러가 10년 뒤에 거의 100배로 뻥튀기가 되었다. 이제 내 생각에 나는 진짜 부동산 자본가였다. 어쨌거나 부동산은 매력적이었다. 매매 계약이 채결되기를 기다리며 우리는 런던 노팅힐에 우뚝 선 근사한 집을 사겠다고 제안했다. 그러고도 25만 달러가 남아 신문의 부동산 광고를 보고 연락을 했다. 토스카나 지방에 버려진 농장이 있는데 그곳

개발 조합의 조합원이 될 기회를 준다는 내용이었다. 우리는 결혼 25주년 기념일에 그곳을 방문했고 풍광에 매료되어 즉석에서 서명했다.

우리가 런던으로 돌아온 1987년 10월 첫 주는 영국에 불행이 연달아 찾아온 불길한 때였다. 금요일에 허리케인이 영국 남동부를 덮쳐 나무와 허술한 집들을 쓰러뜨렸다. 그리고 월요일에 허리케인과는 무관하게 주식시장이 붕괴했다. 개발업자가 파산했다. 우리 집을 사겠다던 계약도 무산되었다. 우리는 노팅힐의 주택 매입 계약을 취소했지만 이탈리아 농장 건은 계약대로 진행했다. 이제 나는 진심으로 장인의 생각에 공감하기 시작했다. 살아계셨다면 '내 말 맞지!' 하는 표정으로 목에 힘이라도 주셨을 텐데 안타깝게도 돌아가신 뒤였다. 그리하여 우리 부부는 뜻하지 않게 집을 세 채나 소유하게 되었다. 딱히 잘못은 아니지만 무주택자가 많은 시점에서 분명 보기 좋은 모습은 아니었다.

나는 19세기 무정부주의자였던 피에르 조제프 프루동(Pierre Joseph Proudhon)의 '재산이란 도둑질한 물건이다'라는 선언을 항상 의식했다. 스코틀랜드 지주인 친구가 아프리카에서 온 손님을 차에 태워 집으로 데려갔다. 길모퉁이를 돌면서 그는 눈에 보이는 모든 땅이 자기 집안 소유라고 말했다.

"뭐라고요? 저 산도요?" 손님이 물었다.

"물론입니다."

"어떻게 산을 소유할 수 있습니까?" 그는 놀라서 소리쳤다.

좋은 질문이다. 또한 오랫동안 끊임없이 나를 괴롭혀온 질문이기도 하다. 엘리자베스는 나처럼 소유에 죄의식을 갖지 않았다. 그녀는 '소유는 좋은 것'이라고 믿었다. 뭔가를 소유하면 거기에 관심을 갖고 투자를 하고 더욱 발전시킬 유인을 갖게 되기 때문이다. 런던 집에 세 들어 사는 기간 내내 우리 집이 아니라는 이유로 집에 한 푼도 투자하지 않은 것을 보면 맞는 말이다. 집을 사자마자 우리는 전기 배선과 배관 등을 손보고 페인트칠도 다시 하면서 전반적으로 손질했다. 영국에서 대처 정부가 공영 주택을 임차인에게 판매하기 시작하자 현관, 울타리, 이중 유리 시공이 폭발적으로 증가했다. 새로 주인이 된 사람의 자부심과 새 자산을 최대한으로 활용하려는 욕심을 반영하는 것이었다.

사람들은 소유물을 소중히 여긴다. 하지만 이런 관심은 주로 자신의 이익이나 쾌락을 위한 것으로, 타인에게 미치는 영향은 나 몰라라 하는 편이다. 자신의 소유물이 이웃에게 미칠 영향에 주의를 기울이게 하는 계획법을 만들어야 한다. 일부 지역에서는 자신이 심은 나무를 자르는 데도 지방 당국의 허가가 필요하다. 나무를 개인의 소유가 아니라 더 큰 공동체의 소유로 인식한다는 의미다. 영국 노동당 정부는 전통적으로 농부의 배타적 소유권이 인정되었던 농지 위를 일반인이 거닐 수 있는 권리, 즉 '배회권(right to roam)'을 허용하는 법안을 통과시켜야 한다고 주장했다. 이전까지는 농부의 허가 없이 농지에 들어가면 불법 침입으로 간주되었다. 이 법률안은 토지가 명의상의 소유주뿐 아니라 국가에도 속한다는 사상을 암묵적으로 인정했다. 다시 말해 소유에 따르는 책임은 눈앞의 개인적인 이익에 한정되지 않으며, 사익에 눈이 먼 개인이 망각하거나 무시하기 쉬운 영역까지 포괄해야 한다는 것이다.

사회 철학자라는 안경을 쓴 나는 기업의 소유권 문제도 별반 다를 것이 없다고 생각한다. 소유권은 적극적인 동기를 부여한다. 말하자면 소유자의 야망을 자극하고 활력을 불어넣는다. 하지만 소유권은 본질적으로 이기적인 성격을 갖는다. 따라서 소유자뿐 아니라 관련된 모든 집단의 이익이 존중되어야 한다면 그럴듯한 말과 선한 의지로는 불충분하다. 앞서 법률을 제정해 개인의 부동산 소유권을 제한한 것처럼 관련 법이 필요하다. 기업의 사회적 책임에 대해서 말은 무성하지만 효과적인 강제 수단이 없다. 상황이 안 좋으면 선의는 사라지므로 기업의 자발적인 호의에만 의존해서는 안 된다.

자본주의는 영국을 비롯해 세계 각지에서 공격을 받고 있다. 공격자들은 자본주의가 착취적이고, 이기적이고, 인정머리 없는 체제라고 매도한다. 조사 결과에 따르면 영국인 89퍼센트는 경영진이 자기 잇속만 차린다는 생각을 갖고 있었다. 그런가 하면 다른 연구에서는 노동자 95퍼센트가 최고경영자를 신뢰하지 않는 것으로 나타났다. 고위급 임원에게 지급하는 막대한 금전적 보상은 어쩌면 당연한 것일 수 있지만 이들이 독립적인 보수위원회(remuneration committee)에서 서로의 등을 긁어주면서 자신들의 잇속만 차리고, 자의 또는 타의에 의한 사임 때도 한몫 단단히 챙기는 보수 체계를 만드는 등 자기 둥지를 지키고 있다는 의혹은 여전히 남아 있다.

무엇이 잘못되었는가? 정상에 있는 사람을 탓하고 싶은 유혹이 인다. 케인즈는 이미 자본주의의 위험을 통렬하게 경고했다. "자본주의는 가장 사악한 인간이 모두의 최대 행복을 위해서 가장 사악한 짓을 할 것이라는 놀라운 믿음이다." 과장한 감이 없지 않다. 개인의 탐욕, 회사 업무의 관리 감독 소홀, 다수의 의견에 둔감 또는 무관심 등 일부 기업 관리자에게 비판을 가할 수 있지만 다행히도 고의적인 사기나 부도덕한 범죄를 저지르는 관리자는 거의 없다. 그들은 그저 자본주의의 새로운 규칙에 따라서 열심히 뛰고 있었을 뿐이다. 자본주의를 왜곡한 주범은 바로 이들 새로운 규칙이다.

자본주의의 새로운 총아로 떠오른 스톡옵션도 비난을 면하기 어렵다. 1980년에는 임원 보수의 2퍼센트만이 스톡옵션과 연계되어 있었지만, 지금 미국의 경우 60퍼센트가 넘는 것으로 추정된다. 당연히 임원들은 가능한 빨리 스톡옵션을 실현해서 이익을 남기고 싶어한다. 또한 그들은 후임자에게 기대기보다 임기 동안 단기간에 주가를 올리고 싶어한다. 스톡옵션은 유럽에서도 점점 많은 기업이 상장하면서 새로운 인기를 얻고 있다. 하지만 심하게 저평가된 스톡옵션은 임원들이 회사와 주주로부터 재산을 도둑질하는 또 하나의 방법일 뿐이다. 주식시장이 주도하는 자본주의 경제에서 임원들이 챙기는 어마어마한 대가를 보며 사람들은 종종 눈살을 찌푸린다. 사촌이 땅을 사면 배가 아픈 것처럼 공연한 질투 때문이기도 하지만 알고 보면 부당함의 분노 때문일 경우가 더 많다는 사실을 직시해야 한다.

이것은 못 믿을 개인의 도덕성이나 막대한 비자금을 관리하는 일부 불량 기업의 문제가 아니다. 내가 우려하는 바는 기업 문화 전체가 왜곡되고 있다는 것이다. 이는 과거 한 세대 동안 미국을 사로잡았던 바로 그 문화다. 시장이 왕이고, 어떤 경우에도 주주가 우선이고, 기업 활동이 사회 발전의 핵심 동력이므로 정치적 판단에서도 기업계의 요구가 먼저 반영되어야 한다고 주장하는 문화 말이다. 삶을 손익의 숫자 놀음으로 단순화시킨 참으로 무분별한 원칙이었다. 이런 미국의 문화가 대처 정부 시절 영국에까지 영향을 끼쳤다. 기업을 우선하는 이런 문화는 분명 공격적인 기업가 정신을 부활시켰지만 동시에 시민사회의 쇠퇴와 건강, 교육, 교통 등 영리 활동과 무관한 영역의 관심과 자금 지원을 감소시키는 결과를 낳은 것도 부인할 수 없는 사실이다. 그런 무관심의 여파가 뒤늦게 들어온 영국 정부를 유령처럼 괴롭히고 있다.

자본가가 전부라는 식의 자본가 근본주의가 과거만큼 기승을 부리고 있지는 않다. 이제 당면한 질문은 자본가 근본주의의 결점은 버리고, 그로 인한 활력은 유지할 방법을 찾는 것이다. 당연히 보다 엄격한 규제가 필요하다. 주주만이 아니라 관련된 모든 주체가 기업의 지배 구조를 진지하게 고민하는 방향으로 나아가야 한다. 각자의 책임을 명확하게 규정하고, 벌칙을 조목조목 정하고, 건전한 감시 활동도 강화해야 한다. 하지만 이런 조치는 드러난 상처 위에 붙이는 반창고 정도의 역할을 할 뿐이다. 기업 문화의 중심에 놓여 있는 근본적인 병폐에는 영향을 주지 못한다. 핵심은 '누구를, 무엇을 위한 비즈니스인가' 하는 문제다. 이는 자산이 유용성을 가지기 위해 모든 자산 소유자가 직시해야 하는 문제이기도 하다.

주주 회사는 최우선으로 이론상의 주인인 주주의 기대를 만족시켜야 하는 명백하고 중요한 의무가 있다. 하지만 주주가 진정한 주인인가? 대다수 주주는 투자자나 투기꾼이라고 부르는 것이 정확하지 않을까? 그들은 주인으로서 가져야 하는 긍지나 책임감 따위 전혀 없다. 까놓고 말하면 오직 돈과 이익 때문에 그 자리에 있는 것이다. 필요와 목적을 혼동해서는 안 된다. 필요를 목적으로 만드는 일은 논리적인 오류를 범하는 것이다. 논리학 용어로 말하자면 필요조건을 충분조건으로 혼동하는 일이다. 사람은 살기 위해 먹어야 한다. 그러므로 음식은 삶의 필요조건이다. 하지만 우리가 먹기 위해서 산다면, 다시 말해 음식을 삶의 충분조건인 유일한 목적으로 삼는다면 우리는 인간이 아니라 하등동물과 다를 바 없다. 바꿔 말하면 비즈니스의 목적은 돈을 버는 것이 아니다! 기업이 더욱 큰 일이나 훌륭한 '뭔가'를 하기 위해 돈을 버는 것이다. 기업의 존재 이유, 즉 목적은 바로 '뭔가'에 있다. 주인은 그것이 무엇인지 안다. 하지만 투자자는 신경 쓸 필요가 없다. 투자자는 그저 자기 몫의 이익에만 관심이 있기 때문이다.

이런 주장을 공연한 말장난이나 궤변이라고 생각하는 사람도 많다. 결코 그렇지 않다. 이는 도덕의 문제다. 수단을 목적으로 착각하는 것은 스스로를 속이는 일이다. 성 아우구스티누스도 일찍이 이를 가장 큰 죄악의 하나라고 말한 바 있다. 오랫동안 뿌리내린 자본주의에 대한 비난은 자본주의를 실현하는 수단이라 할 수 있는 기업들이 부도덕하다는 생각에 근거한다. 말하자면 기업이 자신만을 유일한 목적으로 생각하고 다른 것을 고려하지 않는다는 것이다. 이런 평가는 우리가 많은 기업을 크게 오해한 것일 수도 있다. 만약 그렇다면 그런 오해를 유발한 그들이 말과 행동을 탓해야 할 일이다. 그동안 주주가 왕이라느니, 주주의 이익 실현이 최우선이라느니 얼마나 많은 미사여구를 스스로 쏟아냈던가. 이의를 제기하는 기업에 '그런 사실이 없는데 순전히 우리가 꾸며내고 있는 건가요?' 하고 묻는 것도 유익하리라 생각한다. 기업이 다른 누구보다 유용하고, 훌륭하고, 다르게 일을 하고 있었다면 대답이 있을 것이다. 이익을 수단 삼아 그런 일을 했다고 말할 것이다. 2004년 영국석유회사(British Petroleum) 회장인 존 브라운(John Browne)은 회사의 엄청난 이윤을 정당화하면서 상호 이해(mutuality)가 훌륭한 기업의 특징이라고 주장했다. 상호 이해가 보장되는 상황에서는 이익을 내는 기업, 기업의 고객과 직원들, 세금을 걷는 정부, 환경, 주주 등 모든 관계자가 혜택을 누린다는 것이다. 나는 혜택이 공평하게 균형을 이룬다면 그의 생각에 동의한다. 상호 이해는 새로운 개념이 아니라 조직에서 이미 오랜 전통을 갖고 있다. 하지만 이런 전통은 일반 기업보다 회원, 즉 고객이 소유한 조직과 관련되어 있다. 대표적인 예로 오랫동안 중산층에게 주택 융자금을 제공해온 주택금융공제조합을 들 수 있다. 이런 조직은 오직 회원들을 위해 존재한다. 안타깝게도 최근 몇 년 동안 이런 조합 중 상당수가 다른 조직과 마찬가지로 자신의 이익에만 관심을 갖고 탐욕스럽게 행동하는 투자자가 되기로 작정한 듯하다. 비자카드(VISA)나 인터넷(Internet) 같은 거대 조직은 상호 이익을 추구하기 위해 존재하므로 실제로 상호적이다. 브라운이 특정 대기업을 설명하기 위해 이 용어를 사용한 것은 흥미롭고 유용한 의미의 확장이라고 본다. 일시적인 유행으로 끝날지도 모르지만 말이다.

2005년 여름 영국에서 새로운 형태의 법인이 탄생했는데 기업을 바라보는 시각을 바꾸는 사례로 볼 수 있다. 바로 공동체 이익 회사(community interest company, CIC)다. 이것은 사회적 기업(Social Enterprise)이 학교, 양로원, 수영장 등 공공 자산을 소유하거나 사용할 수 있도록 허용하고 해당 자산이 항상 공공의 이익을 위해 사용되도록 보장하는 제도다. 이런 기업은 외부 투자자에게 배당금을 지급할 수 있고, 투자자의 주식 거래를 허용하자는 이야기까지 나오고 있다. 사회적 기업은 겉으로 드러나지 않지만 영국 경제와 사회를 움직이는 원동력 중 하나로, 매년 180억 파운드의 경제적 기여를 하며 70만 명의 직원을 고용하고 있다. 직원 중 20만 명은 자원봉사자다. 대표적인 기업으로는 빅이슈(Big Issue)나 그리니치 레저(Greenwich Leisure)를 들 수 있다. 빅이슈는 신문 가두판매에 노숙자를 고용하고 있으며, 그리니치 레저는 런던 그리니치 구의 실패한 스포츠레저 시설을 인수해 매출과 고객이 나날이 증가하는 유망한 회사로 탈바꿈시켰다. 성장을 거듭해온 그리니치 레저는 현재 런던에서 동종의 어떤 회사보다 많은 지점을 운영한다. 런던 버스 회사 중 하나인 해크니 커뮤니티 운송(Hackney Community Transport)도 사회적 기업이다. 해크니 커뮤니티 운송은 매년 고객 만족도 1위를 차지하고 있는데 주류 경쟁자들을 제치고 운송 계약을 따낸다. 사회적 기업은 이윤이 기업의 생존과 성장에 필수적이라는 사실을 인정하면서도 이윤보다 목적에 중점을 둔다. 이윤은 미래를 위해 현재에 지불하는 세금이라고 생각한다. 전통 기업들도 언젠가 이런 시각으로 상황을 보고 실천했으면 하는 바람이다.

이런 변화를 기다리며 우리가 할 수 있는 최선은 무엇일까? 나는 소유주가 책임감 있게 행동하도록 만드는 것이라고 생각한다. 하지만 미래에는 소유주에게 법적 책임을 강제하는 것으로는 충분하지 않다. 기업은 주택이나 토지와 다른 결정적인 차이가 있다. 바로 사람으로 구성된 조직이라는 점이다. 사람이 사람을 소유해서는 안 된다는 것이 상식이다. 따라서 주주들이 직원을 '소유한다'고 말하는 것은 지나친 표현이고, 회계상 비용으로 분류되더라도 직원이 기업의 가장 소중한 자산이라는 인식은 점점 강해지고 있다. 돈을 댄 주주가 회사의 물적 자산을 소유할 수 있다면 인적 자산도 소유할 수 있어야 한다는 논리는 합당한 것 같다. 이것이 인권을 침해하는 행위가 될 수 있기 때문에 법은 시간이 지남에 따라 이런 소유권 행사에 여러 가지 제한을 두었다. 하지만 조직에서 특정 구성원을 쫓아낼 수 있는 절대적 권한은 여전히 유지되고 있다. 돈을 가진 자들이 여전히 '자산'을 소유하고 있음을 보여주는 부분이다.

미래를 내다보면 기업 소유주가 그들의 자산에 행사하는 재량권은 정부에 의해 한층 넓은 공동체의 이익이라는 테두리 안에서 행사되는 권한으로 점점 제한될 것으로 보인다. 앞서 집이나 토지 소유자들의 전

철을 밟게 되리라는 전망이다. 외부뿐 아니라 내부에서도 소유주의 권한을 제한하려는 압력이 거세질 것이다. 직원에게 주는 스톡옵션과 엄청난 보너스는 주주들의 자금을 징발하는 것이고 기업의 본래 목적을 왜곡시킬 우려도 있지만 한편으로 점점 많은 기업 이윤이 내부에서 일하는 사람에게 돌아가야 한다는 주장을 사실상 인정한 것으로 해석할 수 있다. 더 이상 대주주가 기업을 쥐락펴락하지는 못할 것이다.

고객과 직원을 회사의 최우선 순위로 놓고, 다음으로 기업의 사회적 책임을 강조하는 선견지명이 있는 기업이 나날이 늘고 있다. 존슨 앤 존슨(Johnson & Jonhson)은 널리 알려진 회사 가치 선언에서 항상 이렇게 해왔다. 아직까지는 존슨 앤 존슨의 선례를 따르는 기업이 많지 않지만 이런 기업은 투자자들이 그들의 투자에 정당한 보상을 받아야 함을 인식하고, 다른 우선순위가 충족되면 좋은 수익이 보장될 것이라고 투자자를 확신시킨다. 소유주의 이윤 증대를 위해 기업이 존재한다는 오래된 발상은 서서히 사라지고 있다. 당연히 기업은 사회를 위해 봉사한다는 생각이 점점 퍼지고 있고, 기업의 소유주는 그곳의 일원이긴 하지만 반드시 주체가 될 필요가 없다.

깊이 생각할수록 과연 소유권이라는 단어가 현대 기업에 적합한지 의문이 들었다. 회사는 공동체다. 글자 그대로 동료들의 집단이다. 특히 요즘의 많은 회사는 물리적인 공간이나 설비를 소유하지 않고 완전히 가상의 존재일 수 있기 때문에 소유물이 아니다. 공동체는 마을과 같다. 마을이라는 공간은 드물게 외부인이 소유할 수 있지만, 마을 주민은 결코 타인의 소유가 될 수 없다. 공동체에는 구성원이 있다. 공동체 구성원은 투자자에게 빚진 차용금을 변제하는 것을 포함해 나름의 의무를 진다. 하지만 건물과 물건을 소유할 수 있지만 공동체에 주인은 없다. 대신 공동체와 관련된 모든 이들이 권리와 의무를 나누어 가지며, 이들의 권리와 의무가 계약이라는 형식을 띠는 경우도 있다.

내가 말장난을 하고 있으며 실제로는 아무런 차이가 없다고 주장할 법도 하다. 하지만 나는 동의하지 않는다. 언어는 중요하다. 우리가 토지나 회사 같은 것을 소유하지 않고 사회와 그 구성원, 미래 세대를 대신해 빌려 쓴다면 우리의 생각이 달라지지 않을까. 지금처럼 이기적이고 마냥 단기적으로 생각하지 않고 신중하게 남을 배려할 것이다.

자본주의는 우리에게 필요한 체제다. 마르크스도 자본주의가 모두에게 이익을 주는 사회의 성장 동력이라고 인정했다. 다만 마르크스는 그 동력을 누가 소유하는지를 우려했다. 그는 노동자가 생산 수단을 소유해야 공평한 세상이 온다고 주장했다. 지금 노동자들은 생산 수단의 대부분을 갖고 있다. 생산 수단은 노동자 자신에게, 다시 말해 그들의 기술, 재능, 경험, 지식에 있기 때문이다. 이제 희소 자원은 돈이 아니라 노동자들이 소유한 생산 수단이다. 돈은 유용한 사용처를 기다리며 풍부하게 쌓여 있다. 비록 의도하지는 않았지만 마르크스가 옳았다. 희소 자원을 가지고 이윤을 창출하는 사람, 내부에서 일하는 사람에게 더 많은 권력을 주어야 한다. 그리고 돈을 제공하는 사람, 즉 대출자에게는 지금보다 축소된 권력을 주어야 한다. 첫 단계는 언어를 바꾸는 것이다. 그래야만 체제를 바로잡을 수 있다. 그러면 아마도 기업은 미래의 수탁자(남의 부탁을 받거나 물건 따위를 맡은 사람-옮긴이)로 인식될 것이다. 그런 훌륭한 사례는 이미 우리 곁에 있다.

13장 ◦ 주방과 서재

Myself And Other More Important Matters

우리 가족은 중간에 잠깐 다른 곳에서 살긴 했지만 40년 동안 런던 집에서 살았다. 그동안 우리는 주방 위치를 일곱 번이나 옮겼다. 이사하는 것보다 주방을 옮기는 편이 저렴했기 때문이다. 다행히 방이 넓어서 원하는 대로 개조가 가능했다. 처음 이사 가서는 지하층에 위치한 주방을 그대로 두고 살았다. 하지만 과거 귀족들처럼 부리는 하인이 있으면 모를까 음식을 들고 힘들게 계단을 오르내리는 일은 버거웠다. 하루의 반을 어두컴컴한 지하실에서 보내는 것도 썩 마음에 들지 않았다.

그래서 주방을 위층 계단 아래쪽으로 옮겼다. 그리고 아이들이 태어났다. 온 식구가 오붓하게 모여 지내기 위해 손님용 침실을 가족이 함께하는 주방으로 바꾸고 거기서 모든 일을 처리했다. 8년 뒤 우리는 4년 동안 윈저 성으로 이사를 가게 되어 그동안 외교관 부부에게 집을 세주었다. 그들은 우아한 주방 대신 가족실이 필요했는지 주방을 다시 옮겼다. 이번에는 편하고 효율적인 최신식 주방으로 바꿨다. 윈저 성에서 돌아와서 우리는 차고를 주방으로 개조했다. 부부가 둘 다 집에서 일을 하고 있었으므로 본채에 서재 겸 작업실을 두 개 만들 공간이 필요했기 때문이다. 그래서 본채 옆에 있던 차고를 허물고 현대식 거실 겸 주방을 지었다. 공사가 진행되는 동안 침실 중 하나에 임시 주방을 만들어야 했다. 이렇게 해서 총 일곱 번이 된다.

세세한 내용은 중요하지 않다. 아이들은 예전에 주방이 어디에 있었는지도 기억하지 못한다. 하지만 원칙은 중요하다. 우리는 공간을 우리의 필요에 맞춰 사용하려 했다. 공간에 우리를 맞추는 것이 아니다. 집에 맞춰서 불편을 감수하고 사는 친구를 보면 놀랍고 황당했다. 새집을 사서 수리했다는 친구를 보면 볕이 잘 드는 정면의 방들은 격식을 차린 행사용이나 근사한 가구만 놓여 있는 썰렁한 창고로 남겨둔 채 과거 하인의 처소에서 생활하는 경우가 많았다. 애초 주인은 앞쪽에 살고, 하인은 주방이 딸린 뒤쪽에 살던, 말하자면 옛사람에게 맞는 집이다. 집에서 숙식을 하며 일을 돕던 하인이 사라지고 나니 집주인이 거기서 사는 격이었다. 하인들 숙소는 햇볕도 안 들고 조망할 것도 없는 북향인 경우가 대부분이었다. 그런데 거기에 주방이 있었던 것이다. 주방은 먹고 마시며 담소를 나누는 다목적 공간으로 현대인이 가장 많은 시간을 보내는 곳이다.

사제관에서 자라던 유년 시절 모든 식사는 주방과 분리된 식당에서 했다. 주방은 음식을 만들고 설거지를 하는 장소였다. 그곳은 하녀의 영역이었으므로 나는 주방에 앉아 본 기억조차 없다. 응접실은 일요일에만 사용되었다. 저녁이면 주로 아버지 서재에 있는 난로 주위로 가족이 모여들었는데 아버지의 설교 준비에 방해가 된 적도 많았다. 다시 말해 당시 사제관의 방들은 애초 목적에 맞게 사용되었다. 식당은 식사, 주방은 요리를 위한 곳이었다. 지금은 그 집이 어떻게 변했을지 궁금하다. 지금 주인은 독신 남자고 하녀는 오래전에 없어졌다고 들었다. 방들이야 그대로 있겠지만 대부분은 쓰이지 않은 채 썰렁하게 비어 있고, 주인은 요즘 사람들처럼 주방에 앉아 있지 않을까 생각도 해본다. 그 집의 주방은 정북향이었고 석탄 창고와 뒤뜰을 바라보고 있었다.

우리도 여느 가족처럼 주방에서 먹고 생활한다. 하지만 우리 집 주방은 가장 잘 꾸며지고 햇볕도 잘 드는 곳에 있다. 요리하고 식사는 물론 정찬과 휴식을 위한 공간까지 두루 갖추고 있다. 정확히 말하면 이곳은 단순한 주방이 아니라 거실이고 가족 공동체의 중심 공간이었다. 그만큼의 공간과 자금이 있어서 원하는 대로 할 수 있었으니 다행이었다. 하지만 많은 사람이 공간에 생활을 맞추며 산다. 물론 대안이 없어서 그러는 경우도 많다. 현대식 주택 중에는 개조의 여지가 없는 것도 상당수 있다. 건축업자가 '사람들은 이런 걸 좋아할 거야'라고 생각한 대로 공간이 엄격하게 구획되어 있다. 요즘은 거실과 주방이 결합된 형태가 많은데, 거주자는 좋든 싫든 우리 가족처럼 살 수밖에 없다. 우려되는 점은 많은 사람이 자신이 원하는 대로 공간을 배치할 생각도 않고 건축업자의 안을 무비판적으로 받아들인다는 것이다.

나는 방마다 놓여 있는 난로가 가족을 흩어지게 한 주범이라고 생각한다. 그런 난로가 없던 예전에는 주인, 하인, 아이, 부모 할 것 없이 모두가 굴뚝 아래 위치한 커다란 방으로 모였다. 거기에 불이 있었기 때문이다. 이어 난로가 등장했다. 모든 방을 별개의 불로 난방을 할 수 있게 된 것이다. 그로 인해 처음에는 아이와 부모 세대가, 이어서 주인과 하인이라는 계층이 흩어졌다. 요즘은 중앙난방이라는 것을 한다. 엄밀히 말하면 '탈중앙' 난방이라는 용어가 적절하다. 이로 인해 집 안의 모든 방을 동시에 따뜻하게 하는 것이 가능해졌으니까 말이다. 각 방에 전자레인지와 텔레비전만 놓으면 하루 종일 가족과 대화할 필요가 없다. 당연히 함께 식사할 필요도 없다.

많은 사람이 그 편을 선호한다. 한편으로 헛간이나 다락방이 다시 인기를 얻는 것을 보면 과거 공동체적 공간으로 돌아가기를 원하고, 보다 주체적으로 개인 공간을 설계하고 활용하려는 사람이 있음을 알 수 있다. 우리 가족이 사는 빅토리아 풍의 집이 가진 융통성은 이런저런 공간으로 활용이 가능한 헛간과도 같다. 주방 개조는 생활이 변하고, 작업 패턴이 달라지고, 아이들이 자라 각자의 가정을 꾸려 나가는 동안 집이라는 공간을 우리 생활에 맞게 활용할 방법을 창의적으로 고민하는 계기가 되었다.

전면에 위치한 멋진 방 두 개는 이제 부부의 개인 서재로 바뀌었다. 방문자는 물론 가족도 출입이 금지된 사적인 공간이다. 부부가 집에서 일을 하다 보니 공동 공간인 주방 못지않게 각자의 독립된 공간이 필요했기 때문이다. 그리고 작업 공간이니만큼 좋아야 했다. 좋은 작업 공간을 확보하기 위해 거실과 격식을 차린 만찬 공간으로 쓰이는 식당을 없애야 한다면 그럴 수밖에 없었다. 고전적인 의미의 가족 공간인 거실, 응접실, 식당 등은 현대인이 시간을 보내는 방식과는 안 맞다. 업무의 전부 또는 일부를 집에서 하는 사람이 늘어가는 추세에서는 더욱 그렇다. 요즘은 아주 드문드문 사용하는 식당 한쪽 구석으로 작업 공간을 우겨넣는 것이 불합리하고 비효율적이라는 생각이 든다. 도대체 어디다 서류를 보관하라는 건가? 정찬을 위한 넓은 식탁을 놔두고 굳이 컴퓨터를 한쪽 구석에 처박아야 하는가? 정찬용 식탁이 얼마나 쓰인다고.

기업도 시대착오적인 감옥 같은 건물에서 벗어나기 시작했다. 첫 번째 단계는 건물을 부동산 회사에 팔고 임대차 계약을 맺는 방식으로 아예 기업의 재무상태표에서 빼는 방식이다. 이런 방법으로 비즈니스와 직결되는 부문에 투자할 현금을 확보할 수 있다. 내가 셸에 다니고 있을 때 누군가 셸을 영국에서 가장 큰 부동산 보유 회사라고 평하는 소리를 들은 적이 있다. 셸이 보유한 사무실과 정유소, 수많은 주유소 때문이었다. 많은 기업이 너무 많은 자본을 사업이 아닌 부동산에 묶어두고 있었다. 물론 내부에서 일하는 직원이 회사 운명에 결정적인 존재지만 재무상태표상에서는 여전히 물리적 자산이 중요한 자리를 차지했다.

사무실 유지 비용은 회사의 중요한 고정 자산이다. 그런데 정작 사무실이 이용되는 시간은 하루의 반도 되지 않는다는 사실을 서서히 깨달았다. 화학 공장은 하루 24시간 가동된다. 병원도 마찬가지다. 하지만 일반 사무실은 기껏해야 하루 열두 시간 정도 사용하고 주말에는 아예 쉬는 경우가 많다. 근무 시간 동안에도 사무실이 100퍼센트 쓰이지 않는다. 언젠가 최신 트렌드에 맞춰 지어진 사무실 빌딩을 둘러본 적이 있다. 먼저 멋진 건물을 보고 건축가와 인테리어 디자이너에게 감탄했지만 책상과 의자 반 이상이 비어 있다는 사실이 눈길을 끌었다.

"다들 어디로 갔습니까?" 내가 관리부서의 사람에게 물었다.

"외근 중이지요. 고객이나 거래처와의 면담, 아이디어 찾기, 정부 관계자와 협의 등 모두 일이지요." 상대의 대답이었다. 더구나 요즘은 직원들이 일부 업무를 집에서 하기도 한다.

"낭비되는 공간이 많아 보입니다." 내가 말했다.

"그렇진 않습니다. 직원들은 작더라도 자신만의 공간이 필요합니다. 이를테면 집이라고 부를 수 있는 그런 공간 말입니다."

멋지지만 비경제적이라는 생각이 들었다. 더구나 진짜 집과는 별개인 개인의 '집' 중 일부는 집보다 더 호화로운 가구와 설비를 갖추고 있었다. 일부 직장인이 집 주방보다 사무실을 좋아하는 것도 놀랄 일은 아니었다. 하지만 정말로 이럴 필요가 있을까? 현대식 조직을 구식 공간에 억지로 맞추면서 시대를 역행하는 우를 범하고 있지는 않는가?

나는 내가 아는 교사, 배우, 음악가, 배관공, 택시 기사, 웨이터, 정원사, 외판원, 프로 운동선수, 심지어 사제였던 아버지까지 고객 앞에서 일하는 모든 사람을 떠올렸다. 이들에게는 건물에 개인 공간이 필요 없다. 교사는 휴게실에 머그잔 정도를 갖고 있으면 된다. 배우는 공용으로 사용하는 분장실이 있지만 가족사진까지 걸린 별도의 공간이 없다. 이들도 처리해야 할 서류 작업이 있지만 집에 돌아가서 하거나 차 안에서 한다. 현대 경영진의 업무 중 많은 부분이 사람을 만나는 일이라면 그들도 개인 공간 없이 해낼 수 있지 않을까.

이런 발상 덕분에 일부 사무실에서는 책상을 공동으로 이용하는 정책이 추진되고 있다. 직원은 개인 소지품을 사물함에 넣어두고 사무실에 들어와 빈 책상을 찾아 컴퓨터를 연결하고 사용하는 것이다. 관리직원에게 자신이 어느 자리에 있는지만 알려주면 된다. 이는 기존 사무실의 공간 낭비를 줄이려는 합리적인 대안이었고, 이를 통해 기업은 건물 크기를 대폭 줄일 수 있었다. 하지만 모두가 만족한 것은 아니었다. 개인 공간 상실을 모욕적인 처사로 받아들이는 사람도 많았다. 하지만 어떤 식이 되었든 과거보다 융통성 있는 공간은 불가피한 추세다. 조직이 점점 더 분산되고 가상화되고 있기 때문이다. 대부분의 조직에서는 일을 하기 위해 모든 직원이 같은 공간에 있을 필요가 없지만 여전히 많은 사무실이 그렇게 설계된다. 집과 마찬가지로 우리는 지난 세대의 공간에 스스로를 가두고 있다.

미래의 사무실은 도시의 전형적인 클럽처럼 바뀔 것이다. 클럽은 회원으로 출입이 한정되지만 회원들이 자기 것이라고 부를 만한 공간이 없다. 드물게 보이는 개인 공간은 그곳에 상주해야 하는 클럽의 사무직원 같은 이들로 한정된다. 그런 공간은 보통 안쪽에 자리한다. 클럽의 주요 공간은 식사, 독서, 회의, 게임 등 기능에 따라 나뉜다. 이런 공간은 개인 용도로 사용하겠다고 예약하지 않는 한 모든 회원과 손님에게 개방되어 있다. 클럽은 공간 이용이 제한되는 호텔과 다르다. 회원과 회원의 손님만 입장할 수 있지만 일단 입장하면 모든 시설을 이용할 수 있다. 아무도 클럽에서 개인 공간을 기대하지 않지만 건물과 시설은 특정 기준에 부합해야 한다. 조직이 사무실 공간에서 절약한 비용은 공용 시설을 개선하는 데 사용할 수 있다. 최첨단 통신 장비, 훌륭한 음식, 체육 시설은 필수다. 하지만 고가의 가구와 미술품은 사무실을 가고 싶어하는 공간, 소속감을 느끼게 하는 공간으로 만드는 데 도움이 되지만 별개의 집처럼 느껴지게 하지는 못할 것이다.

다른 방법도 있다. 영국항공은 히드로 공항 근처에 본사가 있다. 이 항공사는 나름의 특성에 맞춰 변형한 '공동 책상 이용제'를 시행한다. 부서별로 공간을 할당해주되 그 안에 개인 공간은 없는 그런 방식이다. 또한 사무실 공간이 마을처럼 느껴지도록 배려했다. 건물 중앙에 작은 개울이 흐르는 길이 있고, 주위로 상점과 편의 시설이 늘어서 있다. 길에는 테이블을 갖춘 카페도 있다. 어떤 건물도 3층을 넘지 않는다. 지하 주차장에 에스컬레이터가 없기 때문에 다른 부서로 가려면 길을 걸어야 한다. 우연한 만남과 대화 기회를 장려하기 위한 아이디어이다. 통풍이 잘 되고 밝은 분위기의 이 공간은 다소 사치스럽게 보이지만 영국항공에 따르면 같은 공간에 전통적인 설계를 했던 때보다 에너지 효율적이고 운용 비용이 적게 든다고 한다.

이곳은 클럽이라기보다 마을이다. 영국항공의 사무실 설계는 전통 방식으로 지어진 과거 본사 건물을 반성하는 데서 시작되었다. 긴 복도 양쪽으로 육중한 문이 달린 개인 방에서 임원들은 아이러니하게도 각자의 방에서 생활하는 다른 임원과의 약속으로 다이어리를 채우고 있었다. 공간을 개방하면 조직이 열릴 것으로 기대했다. 항상 그렇듯 기존 임원의 반응은 부정적이었다. 사적인 공간을 잃는 것을 좋아할 사람은 없다. 하지만 시간이 흐르면 변화된 모습밖에 알지 못하는 이들이 클럽 혹은 마을 같은 사무실을 당연하게 받아들일 것이다. 업무에서는 프라이버시가 필요하지 않다. 혹여 프라이버시가 필요한 경우 그런 목적으로 별도의 공간을 두면 된다. 변호사를 만나면 보통은 책상 앞이 아닌 별도의 면담실로 안내되는 것처럼 말이다.

흔히 파트너스 데스크라고 불리는 양쪽에 서랍장이 있는 큼지막한 책상의 원래 용도를 사람들은 쉽게 잊는다. 파트너스 데스크는 두 동료가 서로 마주보며 앉았다. 일반적으로 여섯이나 여덟 명이 사용하는 사무실에서 가능한 모든 것을 최대한 개방하여 즉각적인 의사소통이 이루어질 수 있도록 설계한 것이다. 요즘으로 치면 대형 증권사 객장쯤 될 것이다. 증권사 객장은 빠르게 변하는 상황을 파악하기 위해 다른 트레이더와 정보를 공유해야 한다. 따라서 개방된 공유 공간을 나눠서 쓴다.

우리는 사생활의 많은 부분에서 공동 공간이라는 개념이 파괴되고 있는 가운데서도 조직의 구성원이 함께 쓰는 공동의 공간인 공유지라는 과거의 개념을 되살리고 있다. 어쩌다가 우리가 조직의 공동 공간을 폐쇄하기 시작했는지 의문을 품고 살펴야 한다. 아마도 오래된 공동체에서 일어난 것과 같은 이유일 것이다. 영토가 권력과 지위를 부여한 결과 그것을 얻을 힘이 있는 자들이 가져가 버린 탓이다. 사무실의 크기, 카펫의 유무, 찻주전자가 아닌 차 쟁반, 구내식당이 아닌 장교 식당 등 공간과 그 상징의 중요성을 강조하는 오래된 이야기는 내가 셸에서 일하던 시절까지만 해도 존재했다. 점심시간에 회의가 끝나면 참석자의 반은 위층으로 반은 지하로 이동했다. 위층 임원용 식당으로 간 사람은 점심을 먹으며 논의를 계속했다. 반면 지하 식당으로 간 직원은 길게 줄을 서서 차례를 기다리면서 토론에서 배제된 현실을 곱씹어야 했다. 당시 느꼈던 씁쓸함이 지금도 생생하다.

그런 시절은 옛날이야기가 되었지만, 그래도 사무실과 가정에서는 여전히 공간이 중요하다. 개인 공간을 잃어 속상해하는 사람들의 심정도 십분 이해한다. 아내와 나는 우리만의 공간을 필요로 한다. 공용 공간인 주방은 함께 만나 문제를 협의하고 대안을 모색하는 자리다. 우리는 어느 정도 고립이 필요한 창의적인 작업을 한다. 따라서 각자의 작업 공간은 필수다. 반면 문제 해결은 오히려 공용 공간이 효과적이다. 여럿이 머리를 맞대고 함께 논의할 때 대안을 끌어내기가 쉽다. 그러므로 결론은 상황에 따라 공간도 달라져야 한다는 것이다. 대부분의 사무실은 결국 개인 공간과 공용 공간이 섞인 형태가 될 것이다. 상급자들이 자신의 업무를 어떻게 규정하는가도 흥미롭다. 주로 창조적인 일을 하는가, 아니면 문제 해결을 위한 일을 하는가? 만약 후자라면 사무실 한가운데 모든 사람이 볼 수 있는 개방된 공간에 앉아 있을 것이다. 전자라면 외부와 단절된 자기만의 방에 틀어박혀 있을 것이다.

일부 기업은 창조적 사고, 독서, 글쓰기 등을 위한 공간을 따로 둔다. 전화도 인터넷도 없고, 쾌적하게 꾸며져 있지만 고립된 방음 장치가 되어 있는 방이다. 물론 신청만 하면 누구나 이용할 수 있다. 단독 업무는 집에서 처리하라고 권하는 기업도 있다. 반면 사무실은 공동의 문제 해결 및 의사소통, 회의 등을 위한 공간으로 활용한다. 업무 특성에 따라서는 공간을 다르게 적용할 수 있고 그렇게 하는 것이 실용적이다. 어떤 사무실이든 우리 집의 서재와 주방 같은 공간의 적절한 혼합이 필요하다. 문제는 언제나 그렇듯 적절한 균형을 유지하는 일이다.

우리 부부는 상황에 따른 공간 활용이라는 아이디어를 한 단계 더 진전시킨 형태로 실행했다. 창의적 작업에 필요한 고립을 맛보기에는 런던이 너무 번잡한 곳이라는 결론을 내렸다. 그래서 35년 전 주말 별장용으로 사두었던 교외의 오두막을 활용하기로 했다. 이스트앵글리아 들판에 자리 잡고 있는데 방해꾼이 없어 마음이 차분했다. 그러자 런던은 각종 활동을 위한 장소가 되었다. 모든 일에 필요한 회의와 계약서 체결 등을 처리하는 공간으로 사용했다. 160킬로미터나 떨어진 공간에서 오는 불편함이 많기 때문에 우리 부부만큼 충분히 단련되지 않은 상태라면 권하지 않는다. 가까이 있을수록 급한 문제, 기회, 초대 등에 응하고 싶은 유혹이 많아 거절하기가 쉽지 않다. 멋진 파티와 쇼는 꼭 우리 부부가 교외에 머무는 동안에만 잡히는 것 같다. 아마 런던에 있었다면 유혹에 굴하고 말았을 것이다. 그런가 하면 훨씬 자제를 잘하는 사람도 있다. 어떤 사람은 창의적인 작업을 일상의 자질구레한 일 틈바구니에 우겨넣고 훌륭하게 해내기도 한다. 아이들이 떠드는 거실이나 일터로 가는 기차 안에서 글을 쓰는 사람도 있다. 하지만 우리 부부는 창의적인 작업을 하려면 교외에 고립되어 지낼 필요가 있다고 느꼈다. 우리에게는 멀리 떨어진 공간이 효과적인 자기 통제 방법이었다.

우리에게 다음 단계는 런던 집을 침실과 생활 공간으로만 활용해서 우리가 주장하는 공간 분할 원칙을 확실하게 실천하는 일이었다. 예전에 만든 런던 집의 두 서재는 이제는 불필요한 여분의 공간이 되었으니까 말이다. 그래서 우리는 딸 내외의 작은 집과 우리 집을 맞교환하면서 매각 절차를 밟고 있다. 딸 내외는 상담실로 서재가 필요하고 우리는 큰 소용이 없어졌기 때문이다.

우리 집에서 일어나는 세대간 공간 이전이 세월의 흐름을 말해주는 신호이기도 하다는 사실을 나는 편안하게 받아들였다. 옆집으로 이사만 가면 되니 다행 아닌가. 딸과 사위가 예전 우리 부부가 쓰던 공간을 활용하는 모습을 보며 서운함과 부러움을 느끼게 될까? 아니면 우리 부부의 생활이 단순해졌다는 사실을 즐기며 기뻐하게 될까? 젊음을 부러워하고 질투해봐야 부질없고 어리석을 뿐이다. 오히려 아이들의 성장을 기쁜 마음으로 지켜보는 편이 훨씬 현명한 처사가 아닐까. 우리가 오랜 세월 공들여 간직해온 가보들을 아이들이 별 의미를 두지 않고 이리저리 치우더라도 너무 서운해하지 말자고 다짐했다.

우리가 사는 동안 그림이 걸려 있던 벽난로 위에는 대형 플라즈마 스크린이 벽에 고정되었다. 아이들의 취향과 우선순위가 우리와 다르다는 것을 일깨워주는 조금은 쓸쓸한 사건이었다. 아이들이 우리가 작업실로 썼던 공간을 활용하는 방법도 그럴 것이다.

공간과 시간이 별개가 아니라 긴밀히 연결되어 있음을 새삼 느끼는 계기이기도 했다. 인생 또한 그러하다. 아내와 나는 공간을 우리가 원하는 삶에 맞추려고 노력했을 뿐 아니라 시간 활용도 그리하려고 애썼다. 농경 시대에 맞춘 고정적인 틀에 따라 살 필요는 전혀 없다. 점점 많은 기업이 24시간 연중무휴 체제로 운영된다. 그러다 보니 노동자는 해시계에 따라 살던 전통 방식과는 다른 생활 방식에 적응해야 했다. 오래전부터 이 체제로 일한 병원, 항공사, 경찰, 택시 기사 등에게는 새삼스러울 것이 없지만, 이제는 교대 근무를 하는 노동자가 점점 늘고 있다. 일요일을 여느 날과 다름없이 분주하게 보내는 사람도 많아졌다. 물론 대부분은 쇼핑을 하며 보내지만 말이다.

몇 해 전 계산에 따르면 52번의 주말 휴무, 대부분이 누리는 연차 휴가 20일, 법정 공휴일 8일을 합치면 매년 휴일이 132일이나 된다는 결과가 나왔다. 1년 365일의 3분의 1이 넘는 날짜를 모두 유급으로 쉬는 것이다. 이 정도면 많다. 그런데도 사람들이 꾀병으로 병가를 내서 휴일을 늘리려 하는 이유는 뭘까? 난감한 질문이 아닐 수 없다. 각자 하는 일이 그만큼 싫고 짜증스럽기 때문이라고 볼 수밖에 없다. 무소속의 프리랜서가 누리는 기쁨에는 132일을 마음대로 분할해 사용할 수 있다는 것도 포함된다. 여건만 되면 매년 3개월치 휴가를 보내도 나머지 기간에 여전히 일요일을 쉴 수 있다. 1년에 두 번 휴가를 보내는 것이 이제 흔한 일이 되었고 일부 조직은 안식년까지 허락한다. 132일이 너무 많다며 132일 중 절반이나 대부분을 일을 해도 나무랄 사람은 없다. 돈이 없어 문제라면 그런 방법을 택할 수도 있다.

우리 부부는 150일을 순전히 창의적인 작업, 구체적으로는 글쓰기와 사진 촬영, 거기에 수반되는 독서와 조사를 겸하는 작업에 할당하기로 했다. 그리고 주로 해외 강연회로 이루어진 기업 경영 관련 업무에 100일을 쓰기로 했다. 그리고 일종의 십일조처럼 30일을 자원봉사 활동에 할애했다. 그래도 일주일에 하루는 무조건 쉬고 이따금 뜻밖의 휴식을 취할 수도 있는 85일이 남아 있다. 전체 휴일의 숫자는 지키지만 어느 요일에 쉬느냐는 우리 마음이다. 우리는 보통 금요일을 휴일로 정해 이런저런 여가 활동을 즐기고, 전화가 없어 조용한 일요일에는 대부분 일을 한다. 이런 날짜 배분을 지키려면 자제력이 필요하다. 가령 강연회 등 일하는 날을 늘리고 싶은 유혹은 항상 있다. 날짜를 늘리면 곧 돈이 늘어나는 셈이니까. 하지만 우리는 글쓰기와 사진 촬영에 투자하지 않으면 일도 곧 없어지리라는 걸 잘 안다. 이는 우리 삶의 연구 개발이므로 반드시 지켜져야 한다.

가장 이상적으로는 132일의 휴일과 233일의 근무일을 고용주와 개인이 협의하여 선택하는 것이다. 이를 테면 연간 1600시간 노동 계약서를 작성하면 이런 선택이 가능하다. 현실에서는 항상 조직의 이해가 우선하겠지만 다른 방법도 있다. 프랑스 사회주의 정부가 도입한 주당 35시간 노동제는 조직이 구체적인 분할 방법을 노동자와 상의하도록 법으로 강제함으로써 보다 창의적이고 유연한 시간 활용이 가능하도록 유도한다. 하지만 애초 의도했던 고용 창출에는 크게 효과가 없었고, 일부 고용주는 달가워하지 않았다. 하지만 일과 생활 사이에 균형을 맞출 선택의 폭을 넓혀 개인의 삶의 질 향상에는 상당한 영향을 미쳤다. 예를 들면 아이들이 등교하지 않는 수요일에 부모가 집에 있거나 수입 증대를 위해 다른 시간제 일자리를 잡는 일 등이 가능해졌다. 행복한 개인이 반드시 생산성 높은 노동자가 되라는 법은 없다. 하지만 이 시기 프랑스의 시간당 노동 생산성은 유럽 최고였다.

노동 시간이 유연할수록 공간과 시간 활용이 탄력적이다. 영국에서는 전체 노동 인구의 3분의 1인 800만 명이 부분적으로 집에서 일한다. 그렇게 하려는 사람은 점점 늘어나고 있다. 우리에게는 일에 맞춰 시간과 공간을 조정하지 않고 일하는 시간과 공간을 자신의 욕구에 맞춰 조정할 수 있는 기회가 있다. 우리의 부모나 조부모 대부분이 누리지 못했던 기회다. 그러므로 조직이든 개인이든 과거 패턴에 얽매여 지낼 것이 아니라 자기한테 맞는 시간과 공간 활용 계획을 세워 실천해야 한다. 이를 통해 스스로 통제하는 보다 주체적인 삶에 한층 다가갈 수 있다.

14장 ◦ 어린이 사육장

Myself And Other More Important Matters

"당신들 영국인은 이상합니다. 개는 집에 두면서 자식은 사육장에 맡겨서 키우다니 말입니다."

언젠가 독일인 친구가 한 말이다. 그가 말하는 사육장이란 기숙제로 운영되는 중고등학교를 가리킨다. 확실히 이상하긴 하다. '공립(public)'이라는 말이 붙긴 하지만 사실은 사립(영국에서 퍼블릭 스쿨은 기숙제 사립 중고등학교를 가리킨다-옮긴이)인 이들 기숙제 학교를 많은 영국인이 최상의 교육 기관이라 믿고 계속 늘어가는 막대한 수업료를 지급할 가치가 있다고 생각하니 말이다. 막대한 수업료는 자식을 위험한 바깥세상으로부터 격리시킬 뿐 아니라, 어쩌면 더욱 중요하게는 부모로부터 격리해주는 대가다.

우리 부부도 마찬가지였다. 딸과 아들 둘 다 십 대의 한때를 이런 기숙제 학교에서 보냈다. 우리는 왜 그렇게 했을까? 우리가 그렇게 컸기 때문이다. 그리고 대다수 친구들처럼 우리도 이들 기관이 제일 좋은 학교라고 생각하기 때문이다. 원칙상으로는 옳지 않다 싶지만 아이들에게 명문 학교를 졸업했다는 특권을 줄 수 있는 방법이었다. 처지가 비슷한 친구의 말을 들으며 아이들 교육 문제로 자기 원칙을 깬 사람이 나뿐이 아니라는 생각에 나름 안심하기도 했다. 지금 생각하면 아이들에게 강요하기 전에 나의 경험을 깊이 돌아보지 않았다는 사실이 새삼 놀랍다.

나는 여덟 살에 기숙 학교로 보내졌고 이후 10년 동안 방학 때만 집에서 부모님을 볼 수 있었다. 학교가 너무 멀어서 학기 중에는 집에 올 수가 없었다. 나는 누구보다 사랑받는 가족의 일원이었지만 항상 '비상

근' 구성원이었던 셈이다. 그 결과 누구보다 부모님을 사랑했지만 내 사랑의 크기만큼 부모님을 잘 알지는 못했다. 내가 필요로 할 때 부모님은 옆에 계시지 않았다. 아니 그럴 수가 없었다. 나 또한 부모님을 본보기로 삼아 배울 만큼 가까이 있지 못했다.

게다가 나는 학교 교육을 싫어했다. 늘 아이들한테 괴롭힘을 당하고 맞기도 했다. 사생활이 존중되지 않는 것도 싫었다. 낮이나 밤이나 혼자 방 안에 있어 본 적이 없었다. 좁은 공간에 항상 방을 같이 쓰는 다른 남자아이가 있었다. 더구나 룸메이트를 내가 선택할 수 있는 것도 아니었다. 감시도 철저했다. 학교에서는 한창때 아이들이 혹여 못된 짓이라도 할까봐 화장실 문도 아예 떼어놓았다. 공부는 제법 잘했다. 단기 기억력이 좋은 탓에 시험지에 답안을 쓸 때까지는 배운 것을 머릿속에 잘 담아두는 편이었다. 하지만 운동에는 영 소질이 없었다. 퍼스트 11(First XI)이라는 학교 크리켓 팀의 점수 기록자가 된 것이 그나마 운동 쪽에서 거둔 가장 괄목할 만한 실적이었다. 공부는 잘하고 운동은 젬병인 상황은 최악이었다. 아이들과 어울리고 인기를 얻으려면 오히려 반대여야 했다. 나는 무리에 끼지 못했다. 학교에서도 집에서도 아웃사이더였던 나는 무척 외로웠다. 오랜 세월이 흐른 뒤에 어머니에게 그 사실을 말하자 경악하셨다.

"하지만 한 번도 그런 말을 한 적이 없잖니?"

"그렇죠. 그래야 될 것 같아서요."

부모님은 나에게 학교란 인생을 준비하는 곳이라고 말씀하셨다. 하지만 이런 게 인생이라면 앞으로 영 재미없을 것 같았다.

게다가 내친 김에 살펴보자면 학교는 인생을 그렇게 많이 준비시켜 주지도 않았다. 다들 마찬가지겠지만 나도 지금까지 기억하는 것 중에 학교에서 배운 것은 거의 없다. 정확하게 말하자면 시험 위주의 공부였기 때문에 학교에서 배운 것 중에 많은 부분이 지금은 거의 남아 있지 않다고 하는 편이 옳다. 중요한 것은 모두 훗날 인생 학교를 다니며 다시 배워야 했다. 학교, 특히 그런 기숙 학교의 교과 내용은 크게 두 가지로 나뉜다. 하나는 수업 시간에 가르치는 공식 내용으로 겉으로 뚜렷하게 드러난다. 하지만 학교에는 겉으로 드러나지 않는 이른바 암묵적인 교과 과정도 있다. 당연히 명확하게 설명되거나 글로 기록되는 일은 좀체 없지만, 아이들은 나름 암묵적 메시지를 접하고 배운다. 학교는 아이가 공식 조직에 노출되는 최초의 현장이며 처음으로 친인척 이외에 다른 어른을 만나는 곳이기도 하다. 권력이란 무엇이며 권력을 잡은 사람이 누구인가를 배우는 공간도 바로 학교다. 또한 인간관계의 즐거움과 더불어 관계로 인한 위험인 누구를 믿고 누구를 멀리 할 것인지, 어떻게 성공할 것인지, 무엇이 성공으로 간주되는지도 모두 학교에서 배우는 암묵적인 가르침이다. 무엇보다 나는 학교의 암묵적인 가르침을 통해 교사나 전문가 등의 어른이라면 최선을 알고 세상을 이해하고 있다고 믿었다. 따라서 그들의 지식을 배우고 기억하는 것이 내가 할 일이라고 생각했다.

문제는 이런 암묵적 메시지가 그릇된 생각을 심어주는 경우도 많다는 것이다. 학교에서는 아이들 사이의 협력을 부정행위라 불렀다. 모든 것을 머릿속에 기억해두려 하지 않고 책이나 인터넷을 뒤져 찾으려 하는 것도 옳지 않은 행위였다. 나중에 나는 기업에서 살아남으려면 이런 가르침을 빨리 잊어야 한다는 것을 배웠다. 기업에서는 협동과 자료를 통한 사실 검증이 필수 과정이었다. 나이와 지혜가 반드시 비례하는 것은 아니라는 사실도 나중에 터득했다. 교사를 포함하여 어른도 항상 모든 해답을 알지는 못했다. 하지만 학교에서 그들은 힘을 가진 존재였다. 따라서 어른이 틀렸다는 사실을 알더라도 일단 그들이 시키는 대로 하면 득이 되었다. 학교를 떠나고 여러 해가 지난 다음에야 어른이 아닌 자신의 선택을 신뢰할 수 있었다. 지금도 나는 공무원의 말을 별로 의심하지 않고 받아들이는 편이다. 과거의 예에서 정부는 최선을 안다고 생각했던 버릇이 남아 있어서다. 물론 지금은 항상 그런 것이 아님을 알지만 말이다.

그렇다면 기숙 학교를 충분히 알고 경험했으면서도 내가 아이들을 기숙 학교에 보내기로 한 이유는 뭘까? 비록 의문을 품었지만 우리 세대에서 널리 인정되는 가르침을 무시할 만한 배짱이 없었기 때문이다. 다들 인정하는 걸 보면 옳을지도 모르니 따르는 게 좋겠다는 생각을 하게끔 충분히 세뇌가 되었다고나 할까. 아이들이 남 앞에서 꿀리지 않기를 바라는 마음도 한몫했다.

게다가 이들 명문 학교는 내가 다니던 때보다 나아졌다고 자위했다. 학교가 암묵적인 가르침을 공식화하고 좀 더 타당한 내용으로 만들고

자 노력하는 것도 사실이었다.

지금은 유형에 상관없이 모든 학교가 전인 교육을 시킨다고 말한다. 시민 정신도 이제는 하나의 교과 과정으로 포함되었다. 바라던 성과를 거두지는 못했지만 하워드 가드너(Howard Gardner) 교수의 다중지능(multiple intelligences) 이론을 처음 접했을 때 깊은 감명을 받았던 것을 잊지 못한다. 책을 읽는 내내 감탄사를 연발했다. 지능에는 다양한 유형이 있다는 내용이었다. '당연하지!' 나는 전적으로 동감이었다. 이런 사람이 나뿐만이 아니었다. 많은 교사와 학교가 이런 이론에 기초하여 학생들의 다양한 능력에 맞춰 교육 프로그램을 바꾸고 다양화하는 노력을 기울였다. 나는 아직까지 그런 노력이 충분치 않다고 생각한다. '균형 잡히고 유능한 시민, 자신의 모든 재능을 활용할 줄 아는 시민'을 배출하는 것이 학교 교육의 장기 목표라고 주장하면서도 정작 이를 평가할 측정 방법이 없다는 사실도 내가 아직 부족하다고 생각하는 부분적인 이유다. 아직까지도 학업 성취도만이 공식적으로 측정되고 있다. 결국 '시험에 나오는 것이 중요한 것'이라는 상식에 따라 전통적인 지능이 여전히 우위를 차지할 수밖에 없다. 그러다 보니 전인 교육을 시키겠다는 교사의 바람과 반대로 학교는 시험 점수 높이기에 점점 더 치중하고 있다. 흔한 일이지만 눈앞의 목표와 성적표가 교육 활동의 진정한 목적을 왜곡한다.

20년 전 왕립예술학회 회장으로 일할 때 나는 '능력을 위한 교육(Education for Capability)'이라는 캠페인을 이끌었다. 몇몇 교육자와 사업가가 뜻을 모아 시작한 캠페인으로 당시 영국 교육이 지나치게 한쪽에만 치우쳐 있다는 우려를 표명하고 대안을 제시하자는 취지였다. 그때나 지금이나 교육받은 사람이란 박식한 개인을 가리키는 개념이었다. 지식이 많으면 되는 것이고 실천과는 무관한 개념이었다. 다시 말해 학교는 이해하는 법만 배웠을 뿐 실천하는 법은 배우지 못한 아이들을 배출하고 있었다. 우리는 공식 성명서에서 다음과 같이 주장했다.

"균형 잡힌 교육은 당연히 분석 능력과 지식의 습득을 중시해야 한다. 하지만 동시에 창조적 능력을 활용하고, 맡은 바 과제를 완수하며, 일상생활을 훌륭히 꾸려나가며, 매사 타인과 협력하여 해내는 능력을 아울러 포함해야 한다. 교육 기관을 벗어난 학생들이 마주할 세상을 준비시키는 데 교육자는 더 많은 시간을 쏟아야 한다."

100명의 재계, 정계, 교육계 지도자가 성명서에 서명했지만 실제 교육 현장에서는 크게 관심을 끌지 못했다.

"그런 능력은 생활 현장에서 습득해야 합니다." 이렇게 말하는 교사도 있었다.

'능력을 위한 교육'을 홍보하고 다니던 시절 한 명문 사립 학교 직원들에게 강연을 해달라는 요청을 받았다. 강연이 끝나자 교장이 고마움을 표하면서 몇 가지 의견을 덧붙였다. 교실에서 진행되는 많은 부분이 마음에 들지 않겠지만 수업이 끝난 뒤의 교실 밖 활동은 마음에 들 거라는 내용이었다. 교실을 벗어난 아이들은 단체 운동 경기, 연극과 오케스트라, 지역 봉사, 조사 활동 등을 한다는 것이었다.

"그러시군요. 하지만 이런 곳이 드물다는 것이 문제입니다." 내가 대답했다.

당시 방문한 학교가 기숙 학교였기 때문에 그나마 다양한 활동이 가능했다. 24시간 책임지는 기숙 학교는 어떤 식으로든 학생들에게 할 일을 주어 분주히 움직이게 해야 한다. 그래서 수업 이외의 시간을 훌륭한 능력 교육 활동으로 채울 수 있었다. 하지만 수업이 끝나자마자 학교를 떠나야 하는 학생들은 다르다. 그들은 공부 이외의 것을 배우려면 학교 말고 다른 곳을 찾아가야 한다. 영국 학교의 90퍼센트 이상을 차지하는 공립 학교 학생이 모두 같은 처지다. 당시 나는 모든 학교가 하루 일과를 둘로 나누어 정오까지는 교실에서 수업하고, 오후에는 과외 활동을 해야 한다고 주장했다. 교사가 반드시 과외 활동까지 이끌 필요는 없고 공동체에서 전문가나 경험자의 도움을 받는 형식으로 진행하면 되었다. 늦은 감은 있지만 최근 영국에서 이런 방식을 도입해 실천하고 있다. 2005년 루스 켈리(Ruth Kelly) 교육부장관은 과외 활동을 보다 활발히 진행하도록 학교 시간을 6시까지로 연장한다는 정책을 발표했다. 장관의 바람을 현실화할 충분한 예산이 지원될지는 두고 볼 일이다.

1980년대 초반 나는 학교라는 조직에 뿌리 깊은 문제가 있음을 알았다. 당시 나는 영국학교협회로부터 학교를 조직으로서 살펴달라는 요청을 받았다. 학교의 조직 체계, 운영 방법과 구조가 적절한가를 타 조직과 비교해서 분석해달라는 것이었다. 과연 학교는 나에게 어떤 조직이라는 인상을 주었을까? 나는 그전에 〈조직의 이해〉라는 책을 낼 만큼 조직에 일가견이 있었다. 대부분 기업이 많았지만 다양한 조직의 내부에서 혹은 여러 조직과 협력하여 일한 경험도 풍부했다.

습하고 추운 11월의 어느 날 몇몇 학교를 방문하려고 길을 나섰다. 당시 코벤트리의 교육감이었던 로버트 앳킨(Robert Aitken)이 관할 구역의 여러 학교를 소개해준 것이 큰 도움이 되었다. 처음 안 사실이지만 그렇게 춥고 습해서 기분이 처지는 아침에는 작은 초등학교를 들르는 것이 기분 전환에 그만이었다. 딱 봐도 모두가 즐거워한다는 사실이 느껴졌다. 즐기면서 해야 제대로 배운다는 말이 저절로 떠오르는 광경이었다. 어린 학생들이 그룹별로 앉아 실습하고 있었다. 디자인 스튜디오나 건축 사무소 같은 데서 보는 모습과 크게 다르지 않았다.

길 아래 종합 중등학교(comprehensive secondary school, 진학뿐 아니라 취업 교육 과정도 병행하는 종합학교. 우리나라 중고등학교 과정을 포괄한다-옮긴이)로 가자 다른 세상 같았다. 교직원실에서 커피를 마시며 대화를 시작했다. 학교에 얼마나 많은 사람이 일하고 있느냐고 물었던 것을 지금도 생생하게 기억한다.

“70명 정도 될 겁니다.” 대답이 그랬다.

나는 깜짝 놀랐다. 아무리 봐도 상당히 큰 학교였기 때문이다. 로버트 앳킨 교육감이 듣고 말했다.

“이런, 청소부들을 빠트렸군요.”

“아닙니다. 학생들을 빠트렸습니다.” 내가 말했다.

정신이 번쩍 나는 사건이었다. 영국학교협회의 요청대로 학교라는 조직을 들여다보니 학생은 공장의 생산물처럼 다뤄지고 있었다. 학생들은 조직 차원에서 처리 중인 원료로 취급되었다. 수업이라고 불리는 다양한 작업장을 거치면서 이들은 검사를 받고 시험을 보고 등급을 부여받은 다음 외부로 발송되었다. 이런 처리 과정은 통상 5년에서 7년 정도 걸렸는데 애초 원료가 좋으면 마지막에 좋은 등급을 받을 가능성이 높았다.

그것이 당시 학교의 통념이었다. 많은 헌신적인 교사가 어린 학생들을 위해 최선을 다하는 그런 공간을 이런 식으로 생각하다니 참혹한 현실이 아닐 수 없었다. 더구나 이런 통념은 지금도 크게 달라지지 않았다. 나의 요지는 학교가 취하는 이런 전제 때문에 학교 업무가 필요 이상으로 어렵게 돌아간다는 것이다. 조직 차원에서 학생을 생산물이 아닌 노동자로 다룬다면 분위기가 많이 달랐을 것이다. 실제로 내가 방문한 초등학교에서는 그렇게 다루는 것 같았다.

유기적으로 돌아가는 공장과 사무실 노동자는 각자 맡은 특정 임무가 있다. 그들은 근무 시간의 대부분을 다른 노동자와 함께 임무를 수행하며 보낸다. 보통 그들의 임무는 시작과 끝이 있다. 성공하거나 실패하면 스스로 결과를 알 수 있다. 필요하면 거리낌 없이 도움을 요청한다. 노동자는 자신이 잘하는 일과 남이 더 잘하는 일이 무엇인지를 안다. 그게 합리적이다 싶으면 협력한다. 훌륭한 조직은 각자 맡은 일을 하는 데 필요한 모든 기술과 기능을 반드시 배울 수 있게 해준다. 교사는 강사일 뿐 아니라 각종 실습 감독자로서 학생들이 흥미를 느낄 유익한 활동을 만들어내는 중요한 역할을 한다. 실습 과제물을 둘러보러 출장을 갔을 때 미술 대학에서 고급 유리 제품을 만드는 젊은이에게 물었다.

"교육 과정을 끝내면 어떤 학위를 받나요?"

"잘은 모릅니다. 하지만 꼭 필요한 학위입니다." 그러고는 막 완성한 아름다운 유리 제품을 가리켰다. 상을 받아도 될 만큼 훌륭한 수준이었다.

뭔지도 모르고 무조건 배운다는 사고방식은 주객이 전도된 상황이다. 이런 상황에서는 일부가 열심히 노력해도 학교 운영이 매끄럽지 않을 것이다. 극단적으로 말하면 나는 학교의 목적 자체가 인간 본성에 반한다고 생각한다. 사람은 충분히 원하면 무엇이든 배울 수 있다는 것이 나의 확고한 신념이다. 문제는 학교에서 가르치는 대부분의 것이 우리의 흥미나 학습 욕구를 자극하지 못한다는 데 있다. 장래에 도움이 된다며 학교 공부를 무조건 믿고 받아들이라는 식이다. 예를 들어 열다섯 아이에게 서른이라는 나이는 참으로 아득하게만 느껴진다. 멀면 관심도 안 가게 마련이다. 창고에 마구 집어넣는 주입식 교육으로 터득한 지식은 순식간에 사라진다. 내가 경험으로 체득한 사실이다. 모든 가르침에 '유통 기한' 딱지를 붙여둔다며 모를까.

일곱 살짜리 꼬마가 휴대 전화기로 문자 메시지를 보내는 것은 나보다 능숙하게 해낸다. MP3도 나보다 잘 다루고 동영상 만들기도 훨씬 잘한다. 그러니 필요하다 싶으면 아이들은 읽기와 셈도 금세 배울 수 있다. 해리포터가 베스트셀러가 된 것도 아이들이 읽고 싶어했기 때문이다. 아이들이 잘 배우지 못한다면 그것은 부모와 학교가 아이들을 자극하고 흥미를 끌 방법을 찾지 못했기 때문이지 아이들 탓이 아니다. 부모든 교사든 자신이 아닌 아이들의 흥미와 기호에 맞춰야 하며, 본인 위치가 아니라 아이의 눈높이에서 시작해야 한다. 사실 아이들은 때로 어른이 가르치고 싶지 않은 것까지 항상 뭔가를 배우고 있다.

"사회에서는 참으로 많은 학습이 이루어지고 있습니다. 당혹스러운 점은 대부분이 학교가 아닌 다른 공간에서 이루어진다는 것이지요."

'능력을 위한 교육' 강연을 할 때마다 내가 하는 말이다. 이런 현실은 어제오늘 이야기가 아니다. 항상 그런 상황이었다. 사람들은 자신이 흥미를 느끼는 일을 할 때 가장 많이 잘 배우는데, 대부분의 학생이 학교에서는 흥미를 느끼는 일을 찾지 못하는 것이 우리의 현실이다.

1994년 유스컬처 TV(Youth Culture TV)를 설립하여 운영하는 사브리나 기네스(Sabrina Guinness)는 이런 현실을 참으로 날카롭게 꿰뚫어보았다. 기네스는 우리 부부가 발간한 〈홀로 천천히 자유롭게-현대의 연금술사〉라는 책에 진취적인 사업가로 소개된 인물이기도 하다. YC TV는 열한 살에서 열아홉 살까지의 청소년을 데려다가 프로그램 제작을 포함하여 방송과 관련된 모든 업무를 교육하는 곳이다. 교육 과정은 매주 30분짜리 방송을 제작하는 것으로 끝난다. 주로 관습적인 학교 교육에 환멸을 느낀 아이들을 위해 만들어진 실전 위주의 교육이었다. 아이들이 결국 방송 관련 일을 하느냐 마느냐는 중요하지 않다는 것이 기네스의 생각이다. 아이들은 훈련 과정을 통해 평생 큰 도움이 될 자신감과 직접적이고 실용적인 기술을 가지고 그곳을 떠난다는 것이다. YC

TV의 교육 과정은 진지하게 진행된다. 지원자는 누구나 처음 4일간 연수를 받아야 하고, 그런 다음 기술적인 부분을 배우는 일련의 실습 시간을 거쳐야 한다. 이런 절차를 거친 뒤에야 비로소 실질적인 방송 프로그램 제작을 시작할 수 있다. 학교 교육에 환멸을 느낀 아이들이 YC TV에서 공부하려고 길게 줄을 서 있다. 그들이 배우고 싶은 것이기 때문이다.

'현대의 연금술사'를 조사하는 과정에서 우리는 학교뿐 아니라 가정이 더욱 중요하다는 사실을 알았다. 조사 결과는 하나같이 학교의 종류나 수준보다 가정 환경이 성적에 많은 영향을 미친다는 사실을 보여주었다. 또한 유복한 집안에서 자란 아이가 성적도 좋은 것으로 나타났다. 다른 조사 결과에 따르면 가족 간의 유대가 돈독할수록 아이의 성적이 좋았다. 긴밀한 가족 관계가 미치는 영향은 성적뿐만이 아닐 것이다. 어떤 형태로든 가정은 우리가 최초로 만나서 결코 적지 않은 시간 동안 접하는 사회의 축소판이다. 사회가 어떻게 돌아가는지, 사람들이 어떻게 관계를 맺는지, 어떤 것이 옳고 그른지 등을 가정에서 처음 배운다.

부모의 태도와 기대가 연금술사들의 삶에 중대한 영향을 미쳤음을 알았다. 어렸을 때부터 책임감을 부여하고, 실험을 통해 호기심을 시험할 기회를 제공하고, 실수가 치명적이지 않으며 변화가 흥미롭다는 사실을 배울 기회가 모두 연금술사의 초기 씨앗이었다. 이런 것을 장려하지 않고 억누르면 아이의 창조적 본능이 깨어나지 못할 위험이 있다. 우리가 조사한 연금술사 29명 중 3명만이 맏이였다. 맏이가 적었던 이유는 아마도 전통적인 학업 성취를 비롯해 부모가 맏이에게 거는 기대가 너무 큰 부담을 주어서 창조성을 발휘하기 힘들었던 게 아닌가 싶다. 맏이가 사회적으로 성공했을 수 있지만 기업가나 작가 등 창의적인 사람에게 필요한 실험 정신은 부족했다. 실험적인 인생을 살려면 어느 정도 자유가 필요한 법이다.

요즘 아이들, 특히 대도시의 아이들은 과잉 보호를 받는다는 징후가 곳곳에서 보인다. 어디를 가든 차나 버스를 타고 다니고 낯선 사람과의 접촉은 엄격히 금지된다. 아이들끼리 놀다 다치면 소송이라도 당할까 봐 친구와 어울리는 것조차 금지하는 경우도 있다. 이런 환경에서 실험 정신이 넘치는 아이가 있다 한들 과연 무엇을 할 수 있을까? 집이라는 안전한 장소에서 컴퓨터 게임을 하는 것 말고는 없을 것이다. 1999년 BBC에서 1300명의 청소년을 대상으로 실시한 연구를 보면 아이들은 부모와 교사의 과잉 감독과 통제에 지쳐 있는 것으로 나타났다. 대규모 교육 관련 회의에서 나는 다른 사람에게 해를 끼치지 않는 한 개구쟁이에게 관대할 필요가 있다고 제안한 적이 있다. 개구쟁이 짓은 아이들이 실험 정신을 펼칠 유일한 방법일 수 있다고 나는 말했다. 이 발언으로 인해 한 교사 노조로부터 나 같은 사람은 교단에 서지 못하게 해야 한다고 경고하는 엄중한 질책을 받았다.

하지만 가정이 학교보다 더 중요하다. 한 해를 통틀어 아이들은 깨어 있는 시간의 15퍼센트만을 학교에서 보낸다. 나머지 시간은 가정의 몫이다. 부모는 감당하기 벅찬 십 대 자녀에게 아무런 영향력이 없다고 생각하겠지만, 좋든 싫든 부모의 본보기는 강력한 교사다. 우리 두 아이가 부모를 따라 독립 생활자의 길을 선택한 것은 우연이 아닐 수 있다. "사람들과 함께 일하는 것은 좋지만 그들을 위해서 일하는 건 싫어요." 딸아이의 말이다. 우리 부부가 생활하고 일하는 방식을 보며 자란 두 아이는 이제 우리와 같은 길을 걷고 있다. 직장에 나가지 않고 우리처럼 집에서 배우자와 함께 일하는 것이다. 이혼한 부모의 자식이 이혼율이 높다는 사실은 결코 우연이 아니다. 우리 집에서는 상상할 수도 없는 일이 다른 집에서는 예삿일로 생각되는 경우도 있다. 음악을 좋아하는 가정에서 자라면 아이도 음악을 좋아할 확률이 높다. 음악의 경우는 유전까지 영향을 미쳐 더욱 가능성이 높으리라 본다. 과거에는 부모의 직업을 알면 자식의 직업을 저절로 알 수 있었다. 부모의 직업이 가업처럼 자식에게 대물림되는 경우가 많았기 때문이다. 부모가 알지도 못하는 수많은 직업이 생긴 요즘에는 그런 고리가 많이 약해졌지만 아주 사라지지는 않았다. 우리 선조는 대대로 설교단에 서는 성직자였다. 나도 각종 회의에서 연단에 서서 강연을 한다. 아들은 배우로 무대에 선다. 아들은 우스갯소리로 우리 집안에서 자기가 유일하게 정직한 사람이라고 주장한다. 스스로 배우임을 인정하기 때문이란다. 아들의 주장에 따르면 설교단에 서든 연단에 서든 무대에 서든 모두가 결국은 연기자라는 것이다. 주교, 부주교, 교수, 컨설턴트 등으로 달리 부르지만 일종의 배우란다. 아들의 말이 옳을지도 모른다. 어쨌든 그것이 우리 집안의 혈통이고 기질이다.

가족은 직업과 관심사뿐 아니라 무엇보다 가치관에 영향을 미친다. 부모의 가치관이 아이한테서 엿보일 때 때로 정신이 번쩍 나기도 흐뭇하기도 하다. 아내와 나는 늘 돈보다 일의 흥미가 중요하다고 생각했다. 생계를 해결할 정도의 경제적 여유가 있는 한은 돈보다 일을 중시해야 한다고 생각했고 실제로 그렇게 살았다. 하지만 두 아이 모두 같은 태도를 보이자 기쁘면서도 내심 걱정스러운 것도 사실이었다. 아이들이 정말 그만하면 충분하다 싶은 그런 삶을 살 수 있을까? 더구나 요즘은 '충분하다'는 기준이 우리가 젊었을 때보다 훨씬 높아졌다. 그러니 이런 생각을 하지 않을 수 없었다. 그래서 아들에게 배우는 취미 생활 정도로 하고 변호사를 생각해보는 게 어떻겠냐고 넌지시 말한 적이 있다. 변호사도 무대에 서는 직업 아니냐는 나름의 근거까지 덧붙이면서 말이다. 그러자 아들이 놀란 표정으로 나를 쳐다보며 말했다. "아버지가 그런 말씀을 하실 줄은 생각도 못했어요. 아버지는 늘 돈이 아니라 마음이 향하는 곳으로 가라고 하셨잖아요."

항상 말보다는 행동이 더욱 중요하다. 걸음걸이가 말투보다 기억에 남는 법이다. 지금 나는 좋은 쪽이든 나쁜 쪽이든 가족의 영향력을 되돌아보면서 우리 부부가 교사나 기숙 학교 관계자와 같은 외부인에게 자식을 선뜻 맡긴 이유가 뭔지 생각해본다. 내가 무능하다는 것도 하나의 이유가 되었다. 아들이 가까운 주간 학교에 다니면 방과 후 생활을 내가 책임져야 한다고 생각했던 기억이 난다. 나는 그럴 만한 시간과 여력도 없었고, 아이가 몰두할 만한 흥밋거리를 찾기도 힘들 거라는 생각에 걱정이 앞섰다. 또한 아들이 내 성에 안 차는 친구나 멘토를 만날까 봐, 말하자면 아이가 내 통제를 벗어날까 봐 걱정스러웠다. 그래서 아이를 사유장으로 보내는 쪽을 택했고 지금 와서 생각하면 아들을 잠시 잃었던 셈이 되었다. 아이를 보살피고 교육하는 일 대부분을 남에게 위임하고 보니 아들은 나의 통제 범위를 더욱 벗어나 있었다. 돌아보면 나의 비겁함이 부끄럽고 후회스럽다.

참으로 많은 부모가 아이의 성장과 교육을 제대로 알지도 못하는 사람에게 맡기는 편이 낫다고 생각하는 것이 우리의 현실이다. 그래서 탁아소로 놀이방으로 학교로 아이를 떠나보낸다. 도대체 우리는 어떤 세상을 만들고 있는 것인가? 어쨌든 학교는 필요하다. 프랑스에서 '육성'이라고 표현하는 아이의 발달 과정 전체를 가정에서 온전히 책임진다는 것은 현실적으로 불가능하고 아마도 좋은 방법도 아닐 것이다. 학교는 분명 아이에게 필요하고 유익한 것을 가르친다. 학교에서 배운 것 대부분을 잊어버리지만 그래도 일부는 남는다. 우리가 남아 있었으면 하는 것이 아닐 때도 많지만 말이다. 사실 드러나는 공식 교육보다 암묵적인 가르침이 더욱 강력할 수도 있다. 가족은 아이에게 생각보다 많은 것을 가르친다. 하지만 모든 가족이 훌륭한 교사가 되지는 않는다. 아예 가족이 없거나 바람직하지 않거나 게으르거나 가난한 경우도 있다. 학교는 그런 가정의 아이에게 안전망이 될 수 있다.

하지만 학교가 필요한 가장 중요한 이유는 생각하는 법을 배우기 위해서다. 과거에는 전통적인 권위를 상징하는 종교와 공동체 연장자가 이런 역할을 대신했다. 하지만 현대 사회에는 종교도 공동체 연장자도 권위를 상실했고 모든 규범이 혼란에 빠져 있다. 자주 잊고 있지만 우리 사회에 종교적 전통은 생각보다 뿌리 깊고 그만큼 미치는 영향력도 크다. 신앙이 없다고 공언하는 사람에게도 종교적 전통이 미치는 영향은 무시하지 못했다. 특히 기독교적 사고는 서구인의 생활을 지탱하는 토대로 작용해왔다. 우리가 상식으로 받아들이는 수많은 생활 규범이 실은 기독교 교리에서 나온 것이다. "무엇이든지 남에게 대접을 받고자 하는 대로 너희도 남을 대접하라." "네 이웃을 네 몸처럼 사랑하라." 이런 가르침대로 행동하지 않았어도 적어도 알고는 있다. 하지만 신화가 잊히면 그 안에 담겨 있던 메시지도 사라진다.

오랫동안 서구인의 정신 세계를 지배해온 종교가 힘을 잃고 상대주의가 기승을 부린다면 우리는 스스로 기준을 정하고 판단하는 법을 배워야 한다. 사실이 아닌 문제가 제시되면 어떤 주제든 그렇게 할 수 있다. 하지만 한 주제는 오로지 사고에만 집중한다. 요컨대 남녀노소 모두 철학을 공부할 필요가 있다. 가족은 본보기로 나름의 철학을 표출하지만 정작 그들 자신도 어떻게 해야 하는지 모르기 때문에 독립적으로 사고하는 법을 가르치기가 어렵다. 어려운 도전이지만 학교에서 '시민 의식'이라는 주제를 내걸고 특정 철학을 설교하기보다는 모든 세대가 환영할 만한 철학 과정을 개발했으면 좋겠다.

내가 그리는 철학 교과는 위대한 철학자의 저서를 축약한 버전이 아니라 대학에서 쓰는 에세이에 더 가깝다. 이런 에세이는 답을 구하는 질문을 던지는 방식이다. 꼭 에세이를 쓸 필요도 없다. 그룹 토론이 더 적합할 수 있다. '정의란 무엇인가'와 같은 토론 주제를 예로 들어보자. 정의는 사람들에게 마땅히 받아야 할 보상이나 처벌을 주는 것을 의미할 수 있다. 성과에 따른 보너스나 법을 어길 경우 벌금을 부과하는 것이 이에 해당한다. 또한 정의는 사람들에게 필요를 충족해주는 것을 의미할 수도 있다. 예를 들어 누진세는 가난한 사람에게 세금을 덜 물려서 그들의 필요를 충족해준다. 대부분은 이를 정당하다고 볼 것이다. 하지만 지나치면 부자들은 자신이 부당한 대우를 받는다고 생각할 수 있다. 과연 균형점은 어디인가? 특히 존 롤스(John Rawls) 같은 철학자는 평등이 기본 원칙이 되어야 한다고 주장한다. 다수가 이익을 보는 경우에만 일부 사람에게 불평등하게 보상이 주어져야 한다는 것이다. 그렇다면 모두의 이익을 위해 더 많은 의사가 필요하니 의사의 높은 보수가 정당하다고 주장할 수도 있다.

철학적인 질문이 대개 그렇듯 정답은 없다. 문제를 탐구하고 자신의 견해를 명확히 하려는 도전이 있을 뿐이다. 도덕과 윤리라는 큰 문제에 본인의 주관이 없다면 우리는 자신의 입장을 강요하려는 사람들에게 휘둘리거나 매사에 줏대 없이 자유방임적 태도를 취한다. 어느 쪽이든 위험천만한 상황이다.

일부 초등학교에서는 철학 교육을 시작했지만 많은 학교가 동참하리라고 낙관하지 않는다. 가장 큰 걸림돌은 학습 결과를 측정하는 방식이다. 철학은 사지선다형 시험으로 측정되는 영역이 아니다. 철학적 주제는 정답과 오답으로 뚜렷하게 나뉘지 않기 때문이다. 철학에서 중요한 것은 결과가 아니라 과정, 즉 주장을 어떻게 전개하고, 결론이 어떻게 정당화되는가이다. 철학에서 중요한 해답은 스스로 풀어낸 것뿐이다. 그러므로 점수를 매기기도, 등급을 정하기도, 이런 어려운 과목에 기꺼이 시간을 투자하려는 교사를 찾기도 어렵다. 하지만 옳고 반드시 필요한 일이기 때문에 해야 하는 일도 있다. 프랑스 학교에서는 철학을 핵심 과목으로 가르친다. 어쩌면 그래서 실용주의 영국인이 더욱 받아들이지 못하는지도 모른다. 그래서 가정이 중요하다. 영국 학교가 철학 교육을 쉬이 선택하지 않는 상황이므로 우리의 가치관에 미치는 가정의 영향력은 더욱 클 수밖에 없다. 어떻게 살 것인가뿐 아니라 어떻게 생각할 것인가를 말해주는 임무도 가정의 몫으로 남아 있기 때문이다. 성인이 되어 각자의 삶을 꾸려가는 두 아이를 보며 나는 가정과 가족의 중요성을 새삼 실감한다.

15장 ◦ 소중한 가족

Myself And Other More Important Matters

아들이 결혼을 생각할 무렵 나는 아들에게 이렇게 말해주었다. "명심해라. 너는 평생 사랑할 배우자와 결혼하는 게 아니다. 새로운 가족 전체와 결혼한다고 생각해야 한다. 그런 상황을 잘 알고 처신해야 한다. 너도 알게 되겠지만 가족은 무엇보다 소중하다."

이는 개인적인 경험에서 우러나온 말이었다. 비가 흠뻑 내린 어느 날 밤 콸라룸푸르에서 열린 파티에서 엘리자베스를 처음 만났다. 당시와 그 이후로도 한동안은 그녀가 어떤 집안 출신인지, 가족 관계가 어떻게 되는지 물어봐야겠다는 생각조차 하지 않았다. 그녀 자체로 충분하고도 넘쳤기 때문이다. 관계가 진지해지면서 상황이 조금씩 바뀌었다. 엘리자베스가 싱가포르에 있는 부모님 집으로 나를 초대했다. 그녀의 아버지는 싱가포르에서 육군 대령으로 복무 중이었다. 이 가족은 아일랜드 사제관에 있는 우리 가족과 많이 다르다는 것을 금세 알 수 있었다.

"우리 딸이랑 잠자리를 함께하나?"

엘리자베스의 집에 도착한 직후 거실에 앉아 있는 내게 미래의 장인이 술을 권하며 대뜸 물었다. 둘만 있을 때였다. 이것이 일종의 테스트라는 것을 알아차렸다. 이런 경우에는 그저 슬쩍 피해가는 게 상책이라 생각한 나는 얼굴을 붉히고 살짝 미소를 지으며 대답했다.

"감사합니다, 위스키에 물을 조금 타주시면 됩니다."

그는 나를 위아래로 훑어보더니 헛기침 소리를 크게 내며 위스키를 내밀었다.

엘리자베스의 아버지는 정말 활기가 넘쳤고 어머니도 마찬가지였다. 두 분은 친구나 동료와 함께하는 파티를 즐겼다. 나는 두 분의 태평한 인생관, 허를 찌르는 농담, 걸쭉한 입담, 누구한테나 후하게 대하는 관대함에 마음을 빼앗겼다. 내 부모님과는 상당히 다른 삶을 사셨다. 나는 그런 점이 좋았는데 두 분도 나에게 그렇게 친절할 수가 없었다. 내가 딸에게 청혼할 때까지는 그랬다. 딸의 애인이자 구혼자로서 나는 검열을 통과했지만 가족이 되는 것은 또 다른 문제였다. 런던으로 돌아온 우리가 약혼 사실을 알리고 부디 기쁜 마음으로 허락해달라는 편지를 보냈을 때 두 분은 터키에서 휴가를 보내던 중이었다. 마침내 엘리자베스 앞으로 기다리던 답장이 도착했는데 내용은 부정적이었다. 왜 그리 서두르느냐, 너는 아직 어리고 다른 할 일도 있지 않느냐 등 요지는 그랬던 것 같다. 지금 생각하면 어떤 면에서는 두 분이 옳았다. 나는 최적의 신랑감이 아니었다. 두 분은 외동딸에게 맞는 좀 더 훌륭한 조건을 갖춘 사람을 원했다. 무일푼인 아일랜드 사제의 아들인데다 군 복무까지 거절했다는 겁쟁이가 아닌 시골에 물려받을 부동산이 꽤나 있는 전직 장교쯤은 되어야 두 분에게 흡족하지 않았을까. 대령은 혹시나 하는 기대를 가지고 낚시를 하며 사귄 셸의 간부에게 내 서류를 살펴보고 가능성이 있는 놈인지 확인해달라고 부탁했다. 조회 결과가 딸을 맡겨도 되겠다 싶었던 모양이었지만 그 말을 듣는 나로서는 무척 황당한 일이었다. 장인은 농담 조로 셸의 연금 계획을 보니 내가 생전보다 사후에 더욱 가치가 있는 것 같다고 말했다.

6개월 뒤 우리는 결혼했지만 초기 징조는 여전히 좋지 않았다. 잘하고 싶은 마음에 비싼 돈을 주고 대형 리무진을 불러 예비 장모님을 결혼식 장소인 세인트 메리 앨더메리 교회로 모시기로 했다. 맨션하우스 역 맞은편에 있고 피로연이 열릴 톨로우 챈들러스 홀에서도 가까워 이동이 편리한 곳이었다. 그런데 안타깝게도 운전기사가 장모님을 세인트 메리 앨더먼버리 교회로 데려갔다. 발음이 워낙 비슷하여 있을 수 있는 실수였지만 공교롭게도 세인트 메리 앨더먼버리 교회는 벽돌을 하나씩 해체하는 작업을 하고 있었다. 해체한 다음 부재를 미국으로 가져가서 재조립하기로 한 것이었다. 안 그래도 이 결혼이 탐탁치 않던 장모님은 결혼식 당일에 지붕도 없고 벽도 반쯤 사라진 황량한 교회를 바라보게 되었다. 당연히 불쾌하고 불길한 광경이었다.

15년 뒤 장인은 너무 이른 나이에 돌아가셨다. 자신의 은퇴에 대비해 와이너리에 따로 보관하고 있던 최상품 클라레 와인은 마셔 보지도 못한 채였다. 열두 개들이 서른세 상자였는데 유언장을 열어보니 대부분을 나에게 남겼다. 장인의 유언장을 보고 얼마나 감동했는지 모른다. 나는 장인이 남긴 귀중한 와인을 오래도록 간직하고 있다. 일부는 팔아서 나중을 위해 새로운 와인을 사기도 했다. 그 와인을 마실 때마다 나는 감사의 표시로 남모르게 건배를 한다. 와인 때문이기도 하지만 더욱 중요하게는 와인이 상징하는 의미 때문이다. 내가 해석하기로 장인이 와인을 나에게 남긴 것은 마침내 나를 가족의 일원으로 인정했다는 의미다. 아일랜드에 있는 나의 본가만큼이나 소중해진 또 다른 가족의 일원으로 말이다. 장모님까지도 결국에는 나를 받아들이셨다.

새로운 가족의 일원이 되는 것은 낯선 타국에 가서 생활하는 것과 크게 다르지 않다. 그들의 방식과 관습을 배워야 하고, 자신의 정체성을 여전히 유지하면서 일원이 될 권리를 획득해야 한다. 나라와 민족처럼 집안에도 나름의 역사가 있고, 역사에 따라 나름의 문화가 형성된다. 우리가 약혼하자 예비 장모님이 우리 부모님께 장인어른의 선조가 기록했다는 가족의 족보를 보내셨다. 이에 뒤질세라 어머니도 집안의 상세 내력을 적어 답했다. 두 분이 교환한 것은 단순한 정보 이상이었을 것이다. 결혼이 겉보기처럼 마냥 유쾌하기만 한 행사는 아니다. 양가에서 서로를 판단하는 과정에서 다양한 문화 충돌이 있을 수 있다. 문화적인 격차를 메우는 것은 새로이 결혼한 부부의 몫이다. 그렇다고 격차가 완전히 없어지는 것은 아니다. 사위가 되고 나서야 그것을 알 수 있었다. 내가 아무리 노력해도 새로운 가족 안에서 나는 어디까지나 이방인이다. 영원히 머물러도 좋다는 영주권을 얻은 이방인 말이다. 영주권이란 출생에 의해 주어지는 것이 아니라 선택에 의해 주어지는 거주권일 뿐이다. 그럴 수밖에 없다. 가족은 조심스럽게 경계를 지키고 있다. 경계를 가지고 있지 않으면 힘겨운 시기에 안전한 피난처가 되어 줄 수 없다.

초기 몇 달 동안 나는 아내 될 사람의 환심을 사려고 처가에 공을 들였다. 그 과정에서 가족을 알기 전에는 결코 그 사람을 다 알 수 없다는 사실도 더불어 깨달았다. 사람 됨됨이의 많은 부분이 유전과 연관되어 있다. 우리의 사고와 행동 방식의 많은 부분이 어린 시절 자란 환경에서 결정된다. 이상하게도 젊은 시절 나는 친구에게 가족을 숨기고 싶어

했다. 부끄러워서일까? 친구들이 가족을 보고 어떤 태도를 보일지 두려워서일까? 무척 세련된 대학 친구들을 상대적으로 수수한 아일랜드 집으로 데려가는 것을 망설였다. 소박하다 못해 투박한 우리 가족의 생활을 어떻게 생각할지 걱정이 앞섰다. 예를 들어 매일 아침 식탁에 앉아 올리는 가족 기도, 고기를 와인이나 맥주가 아닌 차와 함께 마시는 모습을 보면 어떻게 생각할까? 하지만 공연한 걱정이었다. 놀랍게도 우리 집에 왔던 친구들은 그런 것을 무척 좋아했고, 부모님을 깊이 존경했으며, 심지어 아침 가족 기도에 함께하기까지 했다. 친구들은 나를 좀 더 이해하게 되었다. 친구들에게 내 출신을 알리고 나니 나도 오히려 속 시원한 안도감을 느꼈다. 이제야 깨달은 사실이지만 가까운 가족을 만나고 나면 사람들이 좀 더 진실하게 느껴졌던 것 같다. 그제야 외적 인격(public persona)이라는 보호막을 벗은 상대의 진면모를 볼 수 있었다. 누구나 벗어도 좋을 만큼 충분히 상대를 알았다 싶을 때까지는 자신을 보호하는 가면을 쓰고 사람을 대한다. 누군가 나에게 보여주는 최고의 경의는 그들의 부모나 형제자매에게 나를 소개해주는 것임을 이제는 안다.

하지만 새로운 가족이 내 삶에서 피할 수 없는 존재이며 자체로 인정해야 한다는 사실을 받아들이기까지는 시간이 걸린다. 장모님이 살아 계실 때 처가의 친인척은 크리스마스 일주일 전에 만나서 축하 인사와 선물을 교환하는 시간을 가지곤 했다. 참석자에게는 늘 긴장되는 자리일 수밖에 없었다. 장모님이 유명을 달리하면서 행사도 사라졌다. 장모님 생전에 행사를 손꼽아 기다리는 사람은 없었다. 하지만 이제 모두가 그때를 그리워한다. 같은 뿌리를 가졌다는 사실 하나로 무조건 같은 가치관이나 관심사를 갖는 것은 아니다. 가족이라고 항상 편안한 것도 아니다. 그런데도 항상 특별한 존재가 가족이다. 우리가 힘들 때 함께할 가능성이 가장 높은 사람이 가족이다. 우리가 가족을 좋아하든 싫어하든 이는 변치 않는 사실이다. 아버지에 이어 어머니까지 돌아가셨을 때 내가 느낀 엄청난 상실감이 지금도 생생하다. 이제 나는 고아였다. 하나뿐인 혈육을 잃고 혈혈단신이 된 오랜 친구의 참담해하던 표정도 잊히지 않는다. 좋아하든 싫어하든 우리에게는 가족이 필요하다.

같은 부모한테서 난 아이들로 구성된 전통적인 가정이 아니어도 이는 마찬가지다. 요즘은 가족 유형과 규모가 어찌나 다양한지 정신이 없을 정도다. 우리 집 두 아이는 과거 불평 아닌 불평을 하곤 했다. 친구들은 대부분 크리스마스 때 어느 부모에게 갈까를 놓고 고민하는데 자기들은 선택의 여지가 없다고 말이다. '우리' 딸이 아니라 '나의' 딸이라고 말해서 오해를 산 적도 있다. "부인에게도 딸이 있는 모양이죠?" 상대의 반응이었다. 이미 아이가 있던 사람들이 만나서 꾸린 재혼 가정이라고 생각한 모양이었다. 동거, 이혼, 연속 단혼(serial monogamy, 연속적 일부일처제, 일정 기간마다 배우자를 바꾸는 결혼 형태-옮긴이) 등으로 점점 재결합 가정이 늘어나는 추세다. 2001년 영국 가정의 10퍼센트가 혼합 가족(자녀가 있는 남성과 여성이 재혼을 하여 형성되는 가정-옮긴이)이며, 양 부모 가정이 아닌 가정도 30퍼센트나 되었다고 한다. 이런 새로운 가족은 서로의 기대치가 낮다는 점에서 오히려 전통적인 가정보다 편안할 수도 있다.

어쩌면 장수가 문제인지도 모른다. 빅토리아 시대에는 일반적인 결혼 지속 기간이 15년이었다. 배우자 중에 한 명, 주로 아내가 일찍 죽었기 때문이다. 지금은 죽지 않고 떠나는 것이 다르지만 평균 결혼 기간으로 15년은 여전히 유지되고 있다. 사람에 따라 더 길 수도 짧을 수도 있다. 그러니 '죽음이 우리를 갈라놓을 때까지'라는 말은 빅토리아 시대까지는 현실적인 근거를 가진 약속이었을 것이다. 지금은 많은 부부가 '우리의 사랑이 지속되는 한' 함께하겠노라고 맹세하는 쪽을 택한다. 어찌 보면 교묘히 논점을 피해 가는 말이다. 과연 사랑이란 뭔가? 세상 모든 부모가 그렇겠지만 나도 이따금 아들을 붙잡고 아들이 원하지도 않는 충고를 늘어놓는다. 장기적인 이성 관계를 고려할 때 열정이나 육체적인 매력에 휘둘리지 말고 언젠가는 최고의 친구가 될 수 있는 그런 사람, 시간이 흐를수록 깊어지는 그런 우정을 맺을 수 있는 사람을 찾으라고 역설하는 식이다. 어느 날은 우리가 잠자리에서 바라는 것은 멋진 섹스가 아니라 다정한 포옹이라고 열변을 토하기도 했다. 젊은 아들은 영 믿지 못하겠다는 표정이었지만, 개인적인 경험에서만 말한 것은 아니었다. 오래전 나는 조교의 도움을 받아 경영대학원에 다니는 기혼의 임원들이 성공적인 직장 생활과 안정된 결혼 생활을 병행하면서 생기는 스트레스를 어떻게 해결하는지를 조사했다. 조사 결과 좋은 결혼 생활을 유지하는 부부를 보면 시간이 흐르고 생활이 바뀌면서 부부 관계와 결혼 생활 패턴이 미묘하게 변화한다는 결론을 얻었다.

요사이 나는 '동일한 여성'과 두 번째 결혼 생활을 하고 있다고 우스갯소리를 하곤 한다. 아이들이 자라 각자의 삶을 꾸리게 되고 나의 부모님과 아내의 부모님, 개까지 모두 죽자 아내와 나는 갑자기 우리만의 삶을 꾸려갈 자유를 얻었다. 우리 부부의 결속에 크나큰 역할을 하고 일상생활의 많은 부분을 차지하던 가족이라는 구속과 유대가 현저히 약해졌다. 이는 흥미로운 변화의 시간이 될 수 있다. 우리는 함께한 과거가 있었다. 함께할 미래도 있을까? 나는 강연자, 방송 진행자, 작가로서 독립적인 삶을 꾸려가고 있었다. 엘리자베스는 막 사진학 학위를 받았고 이제 완전한 전문직으로 발돋움할 시기였다. 이대로라면 우리는 서로 관련성이 없는 독자의 일을 하면서 기분 좋을 만큼 바쁜 생활을 영위할 것 같았다. 별개의 일을 하는 부부 중에는 이런 시간을 새로운 인생을 일구고, 공통 관심사를 가진 새로운 배우자를 찾는 기회로 생각하는 사람도 많았다. 우리 부부는 서로에게 투자한 것이 워낙 많다 보니 그런 불상사가 생기도록 방치할 수 없었다.

그래서 우리가 하는 일을 결합시켜 우리의 우정, 결혼 생활, 가족 등 우리에게 소중한 모든 것을 지킬 방법을 찾기로 했다. 지금 아내는 내 매니저로 일한다. 대리인 역할을 하고, 약속을 정하고, 업무상 가는 모든 여행에 동행한다. 나는 아내의 사진과 책에 글을 써주고 가능한 최선을 다해 아내의 사진 촬영을 돕는다. 결과적으로 우리는 항상 함께하고 일심동체로 지낸다. 한 경영 컨설턴트가 아내에게 여행이 잦은 강연자를 배우자로 두어 안됐다는 위로의 말을 건네면서 남편과 가장 길게 떨어져 지낸 기간이 얼마나 되느냐고 물었다. "40분이요. 그이가 마트에 갔을 때지요." 아내가 대답했다. 항상 함께하는 생활을 모든 부부가 좋아하지는 않을 것이다. 하지만 우리 부부는 그런 생활을 사랑한다. 서로의 지인 중에 한쪽이 모르는 사람이 없고, 모든 경험을 공유하고, 혼자 보내는 밤이 없다는 사실이 기분 좋은 일이라고 생각한다. 그런 관계에서는 비밀이란 있을 수 없다. 우리는 그런 관계에서 새로운 친밀감을 발견했다. 열정보다는 상호 신뢰로 유지되는 그런 친밀감이었다. 배우자가 같다는 점만 이채로울 뿐 이는 진정 새로운 결혼 생활이었다. 새로운 배우자를 찾는 것보다는 이런 방식이 훨씬 편안하고 비용도 적게 든다.

결혼이나 장기 동거는 가족을 이루는 핵심 과정이다. 하지만 공동기도서에 따르면 결혼은 어려운 다음 단계, 즉 부모가 되는 서곡에 불과하고 사실 그럴 수밖에 없다. 나는 아이를 간절히 바라는 그런 사람이 아니었다. 솔직히 아이는 지나친 구속이라고 생각했다. 아내가 첫아이를 낳는 동안 옆에 앉아 있다가 간호사가 갓 태어난 딸을 들어올리자 '저놈 때문에 앞으로 20년은 꼼짝없이 일해야겠군'이라고 생각했던 기억이 난다. 집을 사는 것도 구속이긴 했다. 그래도 집은 마음에 안 들면 언제든 바꿀 수 있지만 딸은 불가능했다. 자식이라는 굴레에서는 도망칠 방법이 없다. 바꿀 수도 팔 수도 없으니까 말이다.

정확히 30분 뒤에 나는 모든 것을 망각했다. 생각지도 못한 기쁨을 맛보며 사람들이 말하는 '무조건적인 사랑'의 의미를 비로소 알았다. '앞으로 힘든 시간도 있을 테고 배우고 알아야 할 것도 많겠지만 아직 머리도 나지 않아 우스꽝스럽기까지 한 작은 여자아이를 사랑하는 일만은 결코 변치 않으리라. 아이가 무슨 짓을 하든.' 당시의 느낌은 대가를 바라지 않는 이타주의와도 달랐다. 마음속에서 저절로 우러나는 억제할 수 없는 사랑이랄까.

처음부터 그런 각오를 했으니 오히려 다행이었다. 부모 되기는 생각보다 어려웠는데 당황스럽게도 아이가 생기면 저절로 부모다워지는 것이 아니었다. 양육은 어려운 일로 우리 부부가 남달리 잘해내지도 못했다. 무엇보다 어려운 문제는 아이가 부모의 통제를 벗어나기 시작하는 때다. 지금은 정확히 기억나지 않지만 뭔가가 마음에 들지 않아 딸아이에게 고압적으로 대한 어느 날 나에게도 그런 불길한 전조가 나타났다. 겨우 여섯 살 딸아이가 원망스런 표정으로 '하지만 고토 선생님은…' 하고 말했다. 나의 패배를 인정해야 했다. 고토 선생님은 아이의 삶에서 지배적인 권위였던 것이다. 나는 그저 일요일마나 점심을 먹으러 오는 한 남자에 불과했다. 아들이 보는 나는 또 달랐다. 초등학교 수업 시간에 아버지의 직업을 짧은 글로 쓰라고 한 적이 있었다.

"그래, 뭐라고 썼니?"

아이가 경영대학원에서 일하는 나를 어떻게 표현했을지 궁금해서 물었다.

"아버지가 화가라고 했어요."

흥미로웠다. 어쩌면 아이가 나의 숨은 미술가 자질을 알아챘는지도 모른다.

"아빠가 뭘 그렸다고 했니?"

"벽 그림이요."

당연했다. 아이가 내가 일하는 모습을 본 건 그때가 유일했으니까. 집을 페인트칠하는 모습. 그달의 학부모 모임에서 교장이 나를 다소 겸손하게 대했던 것은 당연했다. 아이의 시각으로 자신을 보는 것이 건전한 충격이 될 때도 있다.

더 큰 문제가 기다리고 있었다. 당시에는 그렇게 느꼈지만, 지금은 아이들에게 바람직하지 않은 압력을 행사하고 부담을 주었다고 반성한다. 우리 부부는 학교의 교과 과정이 적성과 맞지 않더라도 아이들이 전통적인 의미의 성공이란 걸 해주기를 바랐다. 이제는 다중지능을 이야기한 하워드 가드너 덕분에 지능이란 것이 IQ보다 넓은 의미임을 안다. 음악이나 운동 분야에서는 뛰어나지만 학교 공부에서는 영 가능성이 보이지 않는 그런 사람도 있다. 음악도 반드시 클래식에 한정할 일은 아니다. 대중음악가나 축구 선수가 공부를 잘해서 대학에 가는 경우는 많지 않다. 이런 재능이 일찍부터 나타나는 것도 대학에 가지 않는 일부 원인이 된다. 딸아이는 과거에도 그렇고 지금도 명석한 조직가이고 탁월한 사교성을 가졌다. 이런 기질은 학교 성적보다 일상생활에 많은 도움이 되지만 그만큼 가치를 인정받지 못한다. 내 아들처럼 자식이 클라리넷 연주에 재능이 있어 열다섯 살에 영국 국립 청소년 오케스트라 단원이 되더니 학교를 졸업하자마자 팝 그룹의 색소폰 연주자 겸 리드 싱어로 활동하며 밴드와 함께 연주하고 노래하는 일만 계속한다면 부모는 또 어떻게 해야 할까? 나는 그저 '아빠, 제발 뒤에 계세요. 너무 눈에 띄는 거 싫어요'라는 소리를 들으며 아들의 공연에 참석해서 이런 기간이 오래가지 않기를, 만약 오래간다면 부디 성공하기를 격려하고 바랄 수밖에 없다고 생각했다.

아이들이 참여할 세상은 내가 그 나이 때 알던 세상과 너무나 다르고, 아이들은 나보다 훨씬 더 자신이 원하는 일에 확신을 갖고 있다는 사실을 알고 묘한 기분이 들었다. 아이들에 거는 우리의 기대와 바람은 무의미하고 심지어 역효과가 날 수 있다는 사실도 분명해졌다. 아들이 '아빠, 이 나라에서 중요한 건 대학에 들어가는 것이지 대학에 다니는 과정이 아니에요' 하는 입바른 소리를 하며 대학을 포기하고, 소속 그룹과 매니저와 전속으로 일하고 싶다고 말했을 때 나는 아들이 진정 원하는 것이라면 그 결정을 전적으로 지지한다고 반쯤 진지하게 말했다. 2주 뒤에 아들은 장기적으로 더 나은 선택이라며 그룹을 해체하고 대학에 가기로 결정했다는 사실을 알려주었다. 내가 그룹 활동을 포기하도록 설득하려 했다면 아들은 아마 반발심에서라도 기어코 대학을 가지 않았을 것이다.

하지만 때로는 이길 수 없다고 느낄 때도 있다. 어느 날 딸에게서 받은 편지 내용은 아직도 기억 속에 남아 있다. 내가 아이의 진로 선택에 의구심을 제기했던 때였다. "아빠는 늘 아들한테는 너무 많은 것을 기대하고, 나한테는 너무 기대가 적었어요." 딸아이는 편지에서 그렇게 말했다. 나는 단지 부담감을 덜어주고 싶었을 뿐이었는데 아이는 상처를 받고 있었다. 하지만 아이가 힘든 교육 시기를 잘 견뎌내고 나면 우리들 부모는 학교 선택에 왜 그리 고심했는지, 친구들이 침을 튀기며 자식의 학업과 성공을 자랑할 때마다 왜 그리 안절부절못했는지 과거를 돌아보게 된다. 부모가 자신의 삶을 살기 위해 열심히 노력하는 동안 자녀의 진정한 교육은 가정에서 이루어졌다는 엄청난 진실이 서서히 드러난다. 아이는 부모를 보고 배운 다음 나중에 반대로 할지, 모방할지를 결정한다. 대개 부모는 자녀의 본보기가 될 만한 이상적인 행동의 모델이 아니기 때문에 어느 쪽이 더 나은지 아이는 확신하지 못한다.

가족을 양육하는 일은 결코 쉽지 않다. 가족의 결속과 구성원의 개성 사이에서 균형을 유지하려면 세심함과 타협이 필요하다. 엘리자베스는 '합성' 기술을 사용하여 이런 미묘한 균형을 가족사진에 담아낸다. 가족사진에서는 단체가 중심이 되지만 전체 그림에는 구성원의 개별 이미지가 포함되어 있다. 그녀는 각자에게 한 개인으로서 자신을 말해줄 특정 포즈를 취하거나 자신의 열정을 표현할 뭔가를 해달라고 요구한다. 처음에는 젊은 아이들이 가족사진을 찍는다는 발상 자체를 거부한다. 하지만 단순히 아들딸이 아닌 자신을 드러낼 포즈를 취할 수 있다는 사실을 알면 신이 나서 참여한다.

이런 균형은 부부 관계, 나아가 모든 관계에서 핵심이다. 결혼 생활은 부부가 각자 별도의 공간을 가지면서 부부로 결속되어 있을 때 가장 잘 돌아간다. 나와 아내는 밀접하게 지내면서도 물리적으로 분리된 공간에서 서로 다른 일을 하기 때문에 별 탈 없이 지낼 수 있었다. 두 사람의 작업 공간을 보면 스스로를 다스리는 법도, 일 처리 방식이나 일상생활의 습관도 다르다는 것을 금세 안다. 우리는 둘 다 요리를 하는데 나는 시골에서, 아내는 런던 집에서 지내는 기간에 한다. 서로 요리하는 방식도 다른데 그것이 식사 시간에 묘미를 더하고 단조로움을 피하게 해준다. 우리는 늘 함께하지만 지나치게 가깝지는 않다.

아버지는 돌아가시기 몇 년 전에 낡은 봉투 하나를 주면서 '이제 다시는 이걸 볼 일이 없을 테니 네가 가져가라'고 했다. 봉투에는 에드워드 1세의 사생아로 태어난 딸까지 거슬러 올라가는 우리 가문 가계도가 들어 있었다. 흥미롭게도 자손이 있었다는 중요한 사실을 빼고는 조상들이 무슨 일을 했는지에 관한 정보는 거의 없었다. 물론 그들이 자손을 낳지 않았다면 오늘날 나도 없었을 것이다. 그러니 그들은 나와 두 아이에게로 이어진 중요한 혈통의 일부였다. 엘리자베스와 내가 그 대를 이어갈 수 있어 다행이었다. 성공회 결혼 예식에서 결혼이 성립된 이유를 다음의 세 가지로 명시한 것은 맥락을 잘 짚었다는 생각이 든다. 첫째, 자식의 출산과 양육을 위해서. 둘째, 합법적인 성관계를 위해서. 셋째, 번영과 역경 속에서 서로가 서로에게서 구하고 베풀어야 할 상호 사회(mutual society), 도움과 위안을 위해서.

요사이 흥미롭고 보람 있었던 일은 이런 '상호 사회'가 아이들까지 포함하여 확장되는 모습을 지켜보는 것이다. 아이들은 이제 오래전부터 아이가 아닌 동반자, 심지어 멘토와 같다. 새로운 세상에서 아이들은 우리보다 훨씬 현명하고, 어떤 면에서는 우리의 순진함과 점점 연약해지는 모습을 측은히 여기는 것 같다. 말은 안 해도 나이 들어 점점 노쇠

해가는 부모를 걱정하는 듯하다. 자식이 친구가 되면 괜찮은 가족이라고 생각해도 좋다.

모든 영역이 파편화되어 가는 세상에서 누구나 소속감을 느낄 수 있는 공간이 필요하다. 조직은 오래 지속되지 않고 개인의 능력이 고갈되면 우리를 밀어내는 경향이 있다. 이웃은 이사 가면 연락이 끊긴다. 너무 많은 관계가 선상 로맨스로 끝나는데 당시에는 죽고 못 살지만 이내 시들해진다. 하지만 가족은 항상 그 자리에 있다. 가끔 가꾸고 다져주어야 할 필요는 있지만 변함없이 우리 곁을 지키는 것이 가족이다. 과거 많은 이가 가족의 쇠퇴를 예언했지만 틀렸음이 밝혀졌다. 가족의 형태는 바뀔 수 있지만 결코 없어지지 않을 것이다. 가족은 소중하지만 그만큼 자양분이 필요하다. 가족을 가꾸는 자양분의 핵심은 소통이다. 의심과 질투는 침묵 속에서 활개를 친다. 우리는 기회가 닿는 대로 결혼식, 제례, 생일, 기념일, 심지어 장례식에서도 우리가 가족임을 감사하고 축하하는 자리를 마련한다. 무슨 구실을 대서든 거나한 식사 자리를 마련하려 한다. 함께 잘 먹는 가족이 오래 살고 사이좋게 지낸다는 믿음 속에서 말이다.

비 오는 저녁 콸라룸푸르의 칵테일 파티에서 엘리자베스를 봤을 때는 그 결과가 어느 날 새로운 가족과 그 안에 작은 가족을 거느린 대가족으로 발전하리라고 생각도 못했다. 당시 나의 시야는 훨씬 근시안적이었다. 지금 생각하면 이와 비교하면 내 삶의 다른 모든 부분은 빛이 바랜다.

가족은 그야말로 나에게 일어난 최고의 행운이다. 두 아이가 각자의 일을 시작하느라 분주할 무렵 나도 바삐 해야 할 일이 있었다.

16장 ◦ 경영 구루가 되어

Myself And Other More Important Matters

삶은 때로 신비로운 방식으로 모습을 드러낸다. 중국에 있는 나비의 날갯짓이 지구 반대편에서 폭풍을 일으킬 수도 있다는 카오스 이론에 등장하는 가상의 나비처럼 개인의 삶에서도 아득한 과거의 무관한 작은 사건이 상황에 변화를 주기 시작해서 시간이 흐른 뒤에 우리의 운명을 바꿀 수도 있다. 나한테도 그런 일이 일어났다.

다국적 컨설팅 회사 맥킨지의 컨설턴트인 톰 피터스(Tom Peters)와 밥 워터맨(Bob Waterman)을 들어본 적이 있는가? 나뿐 아니라 다들 들어본 적이 없다. 1982년 두 사람은 〈초우량 기업의 조건(In Search of Excellence)〉이라는 책을 발간했다. 이들은 책에서 성공적인 기업을 위한 8가지 비결을 제안하고, 그 교훈을 따르고 있다고 생각되는 현존 기업을 예로 든다. 읽기 쉽고 흥미롭고 어찌 보면 도발적인 내용이었다. 경제경영 분야라기에는 의외의 요소가 많은 그런 책이었다. 나는 영국에 소개되기 전에 미국 판본을 받았는데 신선한 책을 발견했다는 생각에 마음이 흐뭇했다. 내심 영국에 있는 누구도 그 책을 몰랐으면 하고 바랐다. 책에 나온 일부 표현을 강의에서 '도용'했으면 싶었기 때문이다. 하지만 상황은 뜻대로 되지 않았다. 책은 세계적인 베스트셀러가 되었고, 내 강의를 듣는 학생들도 이미 그 책의 메시지로 무장하고 강의에 들어왔다.

그렇다고 아주 혁명적인 발상을 이야기한 것은 아니었다. 특이한 것은 '핵심 사업에 집중하라', '고객과 밀착하라', '엄격함과 온건함을 동시에 지녀라' 같은 원칙 제시를 통해 메시지를 전달하는 방식이었다. 그들이 주장한 내용은 지금은 무척 익숙한 원칙이지만, 당시 관리자들에게는 눈이 번쩍 뜨일 만큼 새로운 개념이었다. 피터스와 워터맨의 공로는 경영 이론을 대학 교실에서 대중의 장으로 끌어낸 것이다. 피터스는 이후 많은 책을 집필하면서 마이크를 쥐고 연단에도 섰다. 이틀에 걸친 그의 강연에서는 복음을 전파하는 자의 열정이 느껴졌다. 청중은 그의 열정에서 전율을 느꼈고 그에게 매료되었다. 그는 청중을 즐겁게 해주고 자극하고 찬탄을 불러일으켰다. 그는 자신을 괴짜, 고집쟁이, 대담한 실패의 왕자, 무질서의 제왕, 열정의 대가, 기업의 치어리더, 짜증쟁이 등 실로 다양하게 표현했다. 이런 자기 소개에서 그의 매력과 성격을 엿볼 수 있다. 그의 책은 실제 비즈니스와 사람들의 이야기로 가득했다. 첫 책에 언급된 '초우량' 기업 중 상당수가 훗날 궤도를 이탈했다는 사실이 그의 열정과 매력을 반감시키지는 않았다. 하지만 일부 사람은 그의 책에 언급되는 것이 불행의 전조라고 비아냥대기도 했다. 그는 단지 그런 기업이 자신이 만든 원칙을 끝까지 지키지 못했을 뿐이라고 말한다.

톰 피터스는 진정한 대중 강연자로 탈바꿈한 최초의 경영학자였다. 〈포춘〉지는 그를 '우르-구루(Ur-guru)', 즉 '최초의 구루'라고 불렀다. 〈이코노미스트〉지는 그를 '오베르-구루(Ober-guru)', 즉 '최고의 구루'라고 표현했다. 피터 드러커는 피터스보다 활동 기간도 길고 책도 많이 냈다. 드러커는 2005년 마지막까지 집필을 하다가 아흔다섯의 나이로 죽었다. 자신을 작가라 부르는 걸 좋아한 드러커는 가장 박식한 사람이었지만 사실 연단에 서는 데는 서툴렀다. 피터스를 포함한 비슷한 부류를 지칭하기 위해 '구루'라는 단어를 누가 처음 만들었는지는 분명하지 않다. 사실 썩 맞는 단어도 아니다. 드러커는 언론인이 '사기꾼'이라는 단어가 헤드라인으로 쓰기에는 너무 길어서 구루란 단어를 생각해낸 것이라고 비꼬아 말한 적이 있다. 어쨌든 이들 경영 구루는 추종자 무리를 양성하지도, 일종의 경영 수련원 같은 데서 설교를 하지도 않는다. 이들은 조직 관리에 특정한 진리를 주장하며 자신의 신념과 아이디어를 부끄러워하는 법이 없다. 이제는 관리자들 사이에서 인기도에 따라 상위 50명의 강연자를 정리한 구루 리스트까지 있는 마당이다. '구루 서킷'에는 프로 테니스 선수처럼 인정받은 핵심 인물이 있다. 이런 구루 중 일부는 1년에 최소 100회 이상의 강연을 하는데 통상 같은 순위에 있는 오페라 스타 수준의 강연료를 받는다.

어떻게 구루가 되는지는 명확치 않다. 실제로 공식 단체라는 것이 없으니까 가입 신청을 할 수 없다. 또 자신을 구루라고 지명할 수도 없다. 언론이나 이런 사람을 관리하는 강연가 에이전시에서 부여하는 직함이기 때문이다. 구루의 절대 다수가 미국인이다. 대규모 강연 모임이 주로 미국에서 열리기 때문인데 지금은 글로벌 시장의 확산과 더불어 확장되고 있다. 하버드 비즈니스 스쿨 출판사에서 내 책 〈비이성의 시대(The Age of Unreason)〉가 출판될 무렵인 1989년은 공교롭게도 톰 피터스와 구루 열기가 한창 고조되었을 때였다. 감사하게도 피터스는 과분한 칭찬으로 내 책의 앞표지를 장식해주었다. 다행히도 책은 일부의 호응을 얻었다. 무엇보다도 이 책은 몸집이 축소되고 아웃소싱을 활용하는 조직의 도래를 예견했다. 내가 '토끼풀 조직(Shamrock Organization)'이라고 이름 붙인 것으로 이 조직은 핵심 직원, 하청업자, 외부 전문가 또는 임시직 세 잎으로 구성된다. 토끼풀이라는 비유를 든 이유는 잎사귀들이 서로 다른 범주의 근로자를 가리키지만 그들도 하나의 잎이라는 사실을 강조하기 위해서였다. 즉 하나의 조직을 이루는 구성 요소로 상하 관계가 아닌 동등한 파트너이자 동맹자라는 의미다. 언어가 태도를 만든다는 것이 나의 지론이다.

미국에서 열린 강연회에서 나는 토끼풀이 찍힌 티셔츠를 입은 한 무리와 이야기를 나누고 내심 기분이 좋았던 적이 있다. "우리는 회사 이름을 아예 '토끼풀'로 바꿨습니다. 선생님 의견이 워낙 일리가 있어서요." 나는 그들의 행운을 빌어주면서 톰 피터스 효과에 빠져 너무 빨리 망하지 않기를 바랐다. 이 책 덕분에 한 강연 사무실에서 제의가 와서 1년간 함께 일하는 실험적인 한 해를 보냈다. 특이한 경험이었다. 그들이 제작한 카탈로그에 이력과 함께 게재된 내 사진을 보는 것이 썩 기분 좋은 일은 아니었다. 그 카탈로그는 서른 명 남짓한 다른 강연자와 함께 관심 있는 사람에게 일종의 상품처럼 제공되었다. 내가 상품이 되어 통신 판매업의 일원이 된다는 것은 내 미래와 전혀 맞지 않았다. 1년 만에 그 명단에서 물러났지만 그들의 카탈로그는 여전히 구루 클럽에 내 이름을 올려놓았다.

엘리자베스는 나의 공식 대리인이자 이미지와 평판 관리자가 되었다. 그녀는 또한 내 개인 사진사이기도 했는데 다른 사람이 나를 공개적으로 사진 찍는 것을 허용하지 않았다. 우리는 내 강연의 몇 가지 규칙을 정했다. 먼저 우리는 개인적으로 만난 사람과만 일하기로 합의했기 때문에 일종의 관계와 신뢰가 형성될 수 있었다. 일 년에 최대 10회만 강연 일정을 잡기로 했다. 그것도 나에게 새로운 경험을 제공하는 단체나 국가를 대상으로 겨울철에만 하기로 했다. 5회는 수수료를 받고, 나머지 5회는 공익을 위해 비용만 받고 하기로 했다. 그 정도면 생계를 유지할 수 있기를 바라면서 말이다. 여름철은 엘리자베스의 사진 촬영을 위해 비워두기로 했다.

나는 강연 활동이 우리 삶을 지배해서는 안 되며 이 일을 통해 나도 뭔가를 배워야 한다고 마음먹었다. 강연회는 새로운 곳에서 낯선 사람을 만난다는 점에서 나에게 유익했다. 그래서 나는 행사 기간 내내 머물며 가능하면 며칠 전에 미리 현지 사람과 만나는 것을 좋아했다. 또한 강연회는 글쓰기에 필요한 새로운 아이디어의 소중한 시험대가 되어주기도 했다. 강연회의 청중이 바로 내 책의 독자가 될 사람이어서 강연의 반응이 신통치 않으면 다시 생각해야 했다.

이런 규칙 때문에 해외에서 열리는 행사의 경우 5~6일이 소요된다. 그러니 열 번이면 충분했다. 나의 본업은 글쓰기다. 하지만 강연이라는 시험대가 없으면 내 책은 출간되어도 읽히지 않을 것이라는 두려움이 있었다. 다른 작가는 친구나 동료에게 원고를 보내 의견을 구한다. 나는 대신 청중을 활용했다. '메모할 필요 없습니다. 곧 책으로 나올 겁니다.'라고 말하곤 했다. 옥스퍼드에서는 교수님 앞에서 에세이를 큰 소리로 읽어야 했기 때문에 말하는 대로 쓰도록 배웠다. 나는 많은 종속절을 포함한 긴 문장을 소리 내어 읽을 정도로 힘이 없었다. 항상 문장을 짧게 유지해야 한다고 자신에게 상기시키곤 했지만 늘 성공적이지는 않았다.

집필을 시작한 초기에 '포그 지수(fog index)'라는 개념을 접했다. 포그 지수를 구하려면 한 페이지에 사용된 단어를 모두 센 다음 그 수를 마침표의 개수로 나눈다. 이걸 보면 평균 문장의 길이가 나온다. 그런 다음 3음절 이상의 단어마다 하나씩, 해당 페이지의 모든 전문 용어마다 하나씩 더한다. 나의 경우에는 페이지당 포그 지수가 18인 경우가 많다. 〈선(Sun)〉지는 평균 10 미만이고, 〈이코노미스트〉지는 종종 30 이상이다. 강연할 때는 강연 대상부터 집중 시간, 말하려는 주제의 청중의 수준을 파악해야 한다. 하지만 포그 지수가 20을 넘으면 아무리 주제에 정통한 청중이라도 현장에서 관심을 끌 수 있을지 의문이다. 그래서 나는 문장이 늘어지는 것을 막으려고 강연할 때 원고 없이 청중을 보며 말한다. 그러면 청중과 항상 눈을 맞출 수 있다는 이점도 있다. 하지만 미리 할 말을 외워야 한다는 번거로움도 있다. 덕분에 잠 못 드는 밤을 보내고 강연 전 약간의 신경과민에 시달린다. 이런 고충을 토로하자 배우인 아들이 한마디한다.

"그래도 그건 쉬운 편이에요. 아버지 할 말만 기억하면 되잖아요. 저는 셰익스피어가 쓴 문장을 외워야 해요."

"맞는 말이다. 하지만 셰익스피어의 대사는 운율이 맞아서 외우기 쉽잖니. 게다가 50분 동안이나 이어지는 긴 독백도 없고."

주의해야 할 점이 있다. 포그 지수를 낮추려면 음절 수가 많은 '상상력(imagination)'이나 '감미로운(mellifluous)' 같은 단어는 쓰지 말아야 한다. 하지만 여기에 너무 엄격하게 매달리면 창의성, 서정성, 아름다움이 가려질 수도 있다. 세심히 살피는 것이 중요하다.

구루 일은 60대 내내 우리 인생에 재미와 흥분, 여행을 더했다. 살면서 항상 그랬듯이 나는 늦게 발동이 걸렸다. 동년배들이 은퇴를 고려할 무렵 나는 어느 때보다 바쁜 나날을 보냈다. 다행히 구루의 세계에서 나이는 상관이 없었다. 중요한 것은 아이디어와 그 아이디어의 표현이다. 지식 정보 사회가 대두함에 따라 더 많은 직종에서도 그렇다. 피아노 조율사가 여든이 넘은 장님일지라도 청력이 좋고 손가락이 멀쩡하면 사람들은 개의치 않는다. 피아노의 조율 여부가 중요할 뿐이다. 이는 창의적인 작업을 하는 모든 사람에게 해당된다. 재능은 나이에 구애받지 않고, 인종 차별도 없으며, 장애를 인식하지 않는다. 나는 책상 위에 루시안 프로이트(Lucien Freud)의 자화상 한 점을 놓아두었다. 프로이트가 여든 살에 그린 것이다. 중요한 것은 나이가 아니라 작품이라는 사실을 나에게 일깨우기 위해서다. 그의 경우에는 그것이 그림이었고, 나의 경우에는 아이디어와 그것을 표현하는 방식이다.

과연 어떤 아이디어일까? 솔직하게 말하면 내 아이디어 중 독창적인 것은 거의 없다. 차이를 만들어내는 것은 내가 이를 표현하는 언어다. 첫 책의 서평을 아직까지도 소중히 간직하고 있다. 시작 부분이 이렇다.

"이 책에는 전에 들어보지 못한 말이 하나도 없다." 순간 가슴이 철렁 내려앉는다. 그리고 이렇게 이어진다. "하지만 글로는 만나지 못했던 내용이다." 평론가는 나의 의도를 완벽하게 파악했다. 조직에 관한 알려진 연구 결과를 언어로 재구성하여 학생들이 더욱 의미 있게 생각하도록 하자는 것이 나의 취지였다.

1976년 당시 미국에서 나온 조사 연구 결과는 주로 학문적인 언어로 표현되어 있어서 이해하기가 여간 힘든 게 아니었다. 요즘은 조직에서 제멋대로 만들어낸 언어가 쓰이는데 실제 현장에서 일어나는 일과 무관하거나 의미가 없는 경우가 많다. 전문 직종에서는 그들만의 암호와 전문 용어를 만들어낸다. 전문가가 사용하는 언어는 문외한을 배제한다고 해도 직무상 큰 문제가 없다. 그러나 경영 분야에서 종종 이런 과장된 언어 사용이 도를 넘는 경우가 많다. 아무런 의미도 갖지 못하는 상투적인 문구이거나 너무 어려워서 몇몇 입문자만이 해독할 수 있는 그런 언어 말이다. 해독 가능한 소수만 데리고 조직을 운영할 수는 없는 노릇이다. 이런 황당한 사례는 무수히 많다. 모든 조직이 고객을 진심으로 배려한다고 주장하며 실제로 고객에게 열을 올리지만 상담 전화 연결을 40분이나 기다리고 있노라면 그런 말이 사실인지 의심스럽다. 모든 조직이 직원이야말로 가장 소중한 자산이라고 떠들면서도 직원을 뭉텅이로 해고한다. 모든 기업이 전략적인 발전 계획이 있다고 하지만 속내를 들여다보면 대개 단순한 희망을 투사한 것에 불과한 경우가 많다. 모든 기업이 세계 최고가 되겠다며 매달리지만 연구 결과를 보면 꿈을 이루는 기업은 극소수에 불과하다. 그러다 보니 이런 언어들이 현실에서는 또 하나의 상투적 문구일 뿐 아무런 의미도 영향력도 가지지 못한다.

경영 전문가, 컨설턴트, 경영대학원, 심지어 일부 구루가 만들어낸 새로운 용어도 마찬가지다. 리엔지니어링, 핵심 역량, 저스트 인 타임 생산 방식(JIT), 6시그마, 360도 피드백, CRM(Customer Relationship Management, 고객 관계 관리), 소셜 네트워크 분석(Social Network Analysis), 세계화, 투자 수익률 마케팅(ROI Marketing) 등은 빤한 것을 번드르르하게 보이도록 포장한 유사 기술 용어다. 요즘 한 은행이 홍보하는 내용이다. "글로벌 입지를 활용하여 다양한 시장에 통로를 개방함으로써 고객에게 효과적인 금융 솔루션을 제공할 수 있도록 국제적인 청사진을 강화하겠다." 나한테는 이 말이 고객이 어디 있든 항상 고객과 함께하며 돕겠다는 말로 들린다. 이런 유사 전문 용어는 모든 경영 문제에 기술적이고 전문적인 해결책이 있는 것처럼 보이게 하는 잘못된 환상을 만들어낸다.

나는 현실이 많이 다르며 훨씬 단순하다고 본다. 조직은 말끔하게 디자인하고 면밀히 배치하여 측정하고 통제할 수 있는 기계가 아니다. 그런 방식으로 관리할 수 있고 마땅히 그렇게 해야 하는 일부 특이한 조직이 있기는 하다. 그런데 이들 예외적인 조직 때문에 모든 조직이 하나의 거대한 구조물에 불과하다는 그릇된 생각이 널리 퍼져 있다. 이것을 논리학자는 '범주 오류(Category Error, 서로 다른 범주에 속하는 것을 같은 범주의 것으로 혼동하는 데서 생기는 오류-옮긴이)'라고 부른다. 너무 오랫동안 경영 이론가는 조직의 작동 방식을 설명하기 위해 공학의 언어를 도용해 왔다. 사람은 인적 자원이라 하는데 비용을 책정하고, 적절히 배치하여 통제하고, 필요하면 이동시킬 수도 있는 그런 존재다. 한마디로 관리되는 대상이다. 경영학의 모든 표현에서 사람은 관리되는 사물이지 사람이 아니다. 시청각 자료를 관리한다는 표현은 말이 된다. 하지만 기술자까지 패키지로 관리하는 것은 아니다.

사실 'manage'는 본질적으로 혼란스러운 단어다. 흔히 '대처하다'라는 의미로 이 단어를 쓴다. 배우자에게 '오늘 하루 어땠어?(How did you manage today?)'라고 말할 때 동기 부여 이론의 담론을 기대하는 것은 아니다. 'manage'는 심지어 '차를 고쳤어?(Did you manage to fix the car?)'처럼 '어떤 일을 처리하다'라는 의미로도 쓰인다. 관리자는 조직을 파악하기 위해 사물과 기계에 쓰이는 언어를 사용하면서 본의 아니게 일을 더욱 어렵게 만든다. 사람들은 사물로 간주되는 것을 좋아하지 않으며 대처하거나 해결해야 할 문제로 간주되는 것을 반기지 않는다. 사용하는 단어가 이를 통해 표현하고자 하는 의미를 제대로 표현하지 못한다면 새로운 단어로 바꾸는 것이 기존 단어를 재정의하는 것보다 낫다. 우리는 자신이 원하는 의미로 단어를 만드는 '이상한 나라'에 살고 있지 않다. 현실 세계에서는 단어를 왜곡하면 듣는 사람만 혼란스럽다. 조직은 기계가 아니다. 이는 내가 쓴 모든 책의 핵심 메시지였다. 조직은 살아 있는 개인들의 공동체다. 그러므로 조직을 설명하려면 공동체와 개인과 관련된 언어를 사용해야 한다. 말하자면 정치와 평범한 일상생활에서 쓰는 단어를 섞어서 사용해야 한다는 것이다. 리더십('관리자'라는 단어와 달리 정치 이론에서 유래한 단어)의 필수 과제는 개인의 열망과 필요를 모두가 속한 공동체의 목표와 결합하는 일이다.

리더가 공동체의 목적이 무엇인가를 알고 그 중요성을 구성원 모두에게 납득시킬 수 있다면 과제 수행이 훨씬 수월해지리라는 사실은 천재가 아니어도 알 수 있다. 또한 공동체의 구성원은 각기 다른 업무를 수행하기에 적합해야 한다. 구성원들이 자신이 무엇을 해야 하며, 그 일을 수행할 역량이 있으며, 최선을 다하면 일의 지속성을 보장받고, 잘하면 적절한 보상을 받는다는 사실을 인지한다면 당연히 공동체는 사명을 완수할 가능성이 높다. 물론 이론이야 쉽지만 행동은 훨씬 어려운 것이 사실이다. 하지만 화려한 말이나 줄임말 따위로 그럴싸하게 포장한다고 해서 일이 쉬워지는 것은 아니다.

대다수 사람은 조직이 어떻게 돌아가는지 기본적인 이해를 가지고 있다. 그들에게 필요한 것은 그저 이를 일깨워주고, 자신이 이해한 바를 맡은 일에 적용할 자신감을 심어주는 일이다. 런던 경영대학원의 수만트라 고샬(Sumantra Goshal) 교수는 언젠가 피터 드러커를 '상식의 학문'을 실천하는 사람으로 묘사한 적이 있다. 나에게도 그렇게 말해주었으면 하는 바람이다. 예를 들어 사람들이 조직의 창립 과정에 참여했을 경우 대의나 사명에 더 헌신할 가능성이 높다는 것은 상식이다. 이를 증명하는 연구 따위는 필요 없다. 혼자서 일하는 개인보다 집단으로 일할 때 더 나은 결과를 낼 가능성이 높다는 것은 연구해보지 않아도 알 수 있다. 올스타로 구성된 팀이 항상 최고의 팀은 아니며, 심지어 그런 팀이 최고의 팀인 경우는 오히려 드물다. 자만심이 방해가 되기 때문이다. 일류 노잡이들이 비협조적이고 오만한 태도로 일관하자 일류 선수를 버리고 이류로 교체하여 케임브리지와의 경주에서 우승한 옥스퍼드 조정팀을 소재로 한 영화 〈트루 블루(True Blue)〉는 이를 생생하게 보여주는 좋은 예다. 우리는 모두 다른 재능과 개성을 갖고 있다. 그러므로 적재적소에 사람을 써야 만사가 원활하다. 이를 제대로 못하면 그야말로 대혼란이 야기된다. 실전에서는 이런 예가 흔치 않다는 것이 안타깝지만 이것이 상식이다.

무엇보다 사람들은 조직이 원활히 돌아가려면 신뢰가 필요함을 본능적으로 안다. 조직 내에서는 리더의 신뢰뿐 아니라 구성원 간에도 최선을 다하면 아무 일 없으리라는 믿음이 있어야 한다. 사람들은 신뢰란 당연히 주어지는 것이 아니라 본인의 노력으로 얻어야 하는 것임을 안다. 또한 신뢰는 자신이 하는 일만큼이나 사람 됨됨이에 영향을 받고, 깨지기 쉽고, 한번 잃으면 다시 회복하기 어렵다는 것도 너무나 잘 안다. 게다가 모르는 사람이나 전화와 이메일 같은 전자 기기를 통해서만 아는 사람은 신뢰하기 어렵다는 것도 안다. 이런 기본적인 상식을 입증하고자 치밀한 연구를 할 필요는 없다. 각종 규칙, 지속적인 점검, 많은 감시 장치로 조직이 혼란스럽지 않으려면 신뢰가 필요하다. 신뢰만 있으면 자연히 될 일을 신뢰 없이 억지로 끌고 가느라 조직에서 너무 많은 시간과 에너지가 소모된다. 구성원들이 스스로 할 일을 알고 해낼 역량이 있다면 알아서 하도록 믿고 내버려두어야 한다.

나는 종종 경영진에게 본인이 없을 때 문제가 발생해도 믿고 맡길 수 있을 만큼 충분히 오래 잘 알고 있는 사람을 떠올려 보라고 물어본다. 스무 명 이상의 이름을 생각해내는 경우가 드물다. 이는 진정으로 효율적이고 효과적인 조직이 되려면 스무 명 미만의 운영 단위로 설계되어야 함을 의미한다. 이론상으로는 비경제적이라는 느낌을 준다. 조직은 필연적으로 신뢰와 인간적인 친밀감을 바라는 심리적 욕구를 충족시켜 주지 못하는 데서 오는 손실보다 규모의 경제로 인한 이익이 크다고 생각하고, 모든 구성원이 원활한 조직 운영을 위해 최선을 다해주기를 기대한다. 그러고는 기대가 충족되지 않으면 깜짝 놀란다. 존재 자체가 규모의 경제에 근거하고 있는 대규모 조직에게는 특히나 난처한 문제다. 둘 다 필요한데 모두 가질 수 있을까? 규모의 경제를 살리면서 소규모 조직에서 오는 이점을 결합할 수는 없을까? 정치 이론의 관점에서 보면 가능하다. 바로 효율성이 충분히 검증된 연방제가 해답이다. 연방제에는 오랜 세월 충분히 검증을 거친 명확한 운영 원칙이 있다. 초기 미국 헌법의 지적 토대가 된 〈연방주의자 논집(The Federalist Papers)〉을 보면 잘 정리되어 있으니 우리가 해야 할 일은 이 원칙을 조직에 적용시키기만 하면 된다.(연방주의자 논집은 미국 헌법 비준을 앞두고 이에 찬성하는 연방파 정치인들이 1787년부터 1788년 사이 잡지에 기고한 85편의 글을 모아 1788년에 발행한 논문 모음집이다-옮긴이)

나는 기존 조직 이론을 굳이 다시 만들 필요가 없다고 생각한다. 직원 역량에 의존하는 조직이 점점 늘고 있으므로 조직의 말단에 있는 직원이라도 충분한 자격과 재능을 갖췄다면 모두 전문가로 대우해야 한다. 따라서 우리는 전통적으로 전문가 조직을 운영해온 방식을 살펴보고, 수백 년 역사를 가진 조직에서 어떤 교훈을 얻을 수 있을지 진지하게 검토해야 한다.

"극장에 가보세요." 내가 독자와 청중에게 자주 하는 말이다. 공연이 시작되기를 기다리는 동안 프로그램 안내장을 살펴보라. 아무리 작은 역할이라도 공연과 관련된 모든 사람의 이름이 나와 있다. 사람은 누구나 개인으로 인정받고 싶어한다. 극단에서는 배우를 인적 자원이라고 말하지 않는다. 그렇게 불렀다가는 아무도 극단에서 일하지 않을 것이다. 팸플릿을 유심히 살펴보라. '관리자(manager)'는 무대 관리자, 조명 관리자 등으로 사람이 아닌 물건을 담당하는 사람을 가리키는 말이다. 이런 관리자의 이름은 특별히 강조되어 표시되지도 않는다. 오히려 관객과 직접 소통하는 사람, 즉 배우의 이름이 강조되어 표시된다. 배우는 결코 관리를 받지 않는다. 심지어 감독은 공연이 진행되는 동안 무대에서 그들을 지도하지도 않는다. 배역을 맡은 사람이 알아서 해내리라고 믿기 때문이다. 실제로 감독이 자리를 비운 무대에서 배우가 감독의 지도 이상으로 극을 훌륭하게 이끌어가는 경우도 드물지 않다. 신뢰는 영감을 주기 때문이다. 극장에서 배울 점이 한 가지 더 있다. 공연이 끝날 때마다 관객에게서 감사의 표시를 받고 중요한 사람에게서 직접 평가를 받는다는 사실이다. 연말 인사 고과 따위를 기다릴 필요가 없다.

찾으려고만 하면 배울 거리는 곳곳에 널려 있다. 전문적이고 서비스 중심의 조직에서는 고객과 직접 접촉하는 직원이 조직의 첫인상과 지속적인 인상을 형성하는 주체다. 이들은 콜센터 직원, 기계를 수리하는 엔지니어, 판매대에 서 있는 판매원, 서빙을 하는 웨이터일 수 있다. 하지만 얄궂게도 고객과 대면하는 이들이 가장 열악한 보수를 받는 직원인 경우가 많다. 그래서는 관리가 쉽지 않다. 당신이 우리 회사에 없어서는 안 될 중요한 인물이라고 아무리 강조한들 월급 봉투는 다른 얘길 하고 있다면 그 말이 얼마나 신뢰가 가겠는가? 개인의 중요성을 강조하려는 형식적인 절차로 조직은 고객과 대면하는 직원에게 이름표 부착을 의무화함으로써 다소 심리적 보상을 해주려 한다. 하지만 이런 방법으로는 직원도 고객도 어느 누구도 속이지 못한다.

조직은 보통 사람의 집합체이므로 일상생활에서도 필요한 교훈을 얻을 수 있다. 뭔가를 배우는 방식, 필요한 사람이나 함께 사는 사람과 관계를 맺는 방식은 우리가 일하는 조직에 유익한 교훈을 준다. 가정에서든 직장에서든 삶은 삶이다. 나도 처음에는 기업 경영 사례 연구에서 소재를 끌어오곤 했는데 사람들이 한 번도 마주한 적 없는 기업 이야기보다 일상생활에서 끌어낸 이야기가 훨씬 쉽게 다가간다는 사실을 알았다. 그래서 일상생활의 교훈이 직장에서 어떻게 적용되는지 알려주는 것을 나의 역할로 삼았다.

나는 또한 사람들이 개념보다 이미지를 더 잘 기억하며, 그림이 전문 용어보다 머릿속에 오래 남는다고 확신한다. 그래서 강연 중간에 이미지를 자주 활용한다. 엘리자베스가 찍은 사진이나 미술 작품 등 모작일 때도 많다. 명작이 위대한 이유는 인간의 딜레마를 날카롭게 다루거나 인간사의 특정 국면을 섬세하게 포착하기 때문이다. 시멘트나 플라스틱으로 의자와 계단 같은 친숙한 사물의 내부 또는 밑면을 표현한 레이첼 화이트리드(Rachel Whiteread)의 조각 작품은 우리가 평소 보지 않거나 알아채지 못한 주위의 사물과 환경에 주의를 기울이게 한다. 그의 조각은 우리가 평소 관심을 기울이지 않았던, 고객과 대면하는 위치에 있는 직원들처럼 대다수가 무시하고 지나친 사물의 이면을 보라고 우리를 일깨워준다. 나는 우리 사회의 미래 단서도 이미 일어나고 있지만 주목받지 못하는 현상들 안에 숨어 있다고 생각한다. 독립적이고 자유로운 벼룩 경제의 부상, 소유에서 권리로 이동하는 회사법의 변화 같은 현상이다. 혁신 역시 계단 아래 눈에 잘 띄지 않는 공간을 남보다 먼저 발견하는 데서 비롯된다.

좋은 이야기와 비유는 듣는 사람의 머릿속에 재빨리 이미지를 연상시킨다. 토끼풀은 초기에 활용한 은유였다. 삶과 변화를 보여주는 두 가지 시그모이드 곡선은 인간의 딜레마를 시각적 이미지로 표현한 또 다른 비유였다. 도넛도 마찬가지다. 도넛 이미지를 보고 의아해하는 청중에게 도넛이 효율적인 조직을 설계하는 열쇠가 될 수 있다고 말한다. 모든 업무에서 도넛의 중앙에 있는 잼은 반드시 해야 하는 핵심 과제를 나타내고, 밀가루 반죽은 자주성을 발휘할 여지가 있는 공간이다. 잼으로 가득차고 반죽이 없는 도넛은 개인이나 집단에게 자주성을 발휘할 여지를 주지 않는다. 반죽이 너무 많고 중앙에 잼이 부족하면 핵심 과제에서 통제력을 잃기 쉽다. 큰 도넛, 즉 큰 조직은 조직의 사명을 명확하게 인식하고 이를 완수하려는 공통의 열정이 있어야 한다. 그렇지 않으면 자주성 발휘를 위한 공간이 악용되어 그 공간이 점점 줄어들고 결과적으로 동기를 상실할 수 있다. 자주성을 발휘할 여지가 없이 목표만 남아 있는 조직은 반죽이 없는 도넛과 같다. 그래서는 제대로 굴러갈 수가 없다. 따라서 도넛은 이미지를 통해 적절한 권한 위임 구도를 말해주는 도구다. 연방제 조직은 작은 도넛들로 구성된 커다란 도넛이라고 볼 수 있다. 핵심과 자주성을 위한 여백이 적절한 균형을 유지하면서 전체가 조화를 이루도록 도넛을 제대로 만들면 모든 것이 잘 돌아갈 것이다. 나는 현대 자본주의의 딜레마를 표현하는 방식으로도 도넛을 활용한다. 소수가 너무 많은 잼을 독차지하고, 다수가 알맹이 없는 반죽에 남겨진 상황이 오늘날 우리가 직면한 문제다.

토끼풀, 도넛, 조정 경기 노잡이, 포트폴리오 등은 개념으로 된 아이

디어를 기억하기 쉬운 이미지로 표현하려는 나의 노력의 일부다. 이것들은 앞서도 언급한 '낮은 수준으로 정의된' 개념이다. 이런 방식으로는 정확한 정의가 불가능하고 어떻게 해야 하는지 방향을 알려주지도 못한다. 비유와 이미지는 개념을 대체하는 것이 아니라 생각을 자극하려는 목적에서 쓰이는 것이다. 나의 목표는 사람들을 대신해 세상을 해석해주는 것이지, 어떻게 대처할 것인지 알려주는 것이 아니다. 삶이나 조직 운영 방법을 내가 당사자보다 잘 알 수는 없는 노릇이다. 더 잘 안다고 주장한다면 그것은 그들의 지능과 독립심을 모욕하는 일이다. 하지만 그들이 상황을 잘 이해하도록 돕는다면 사람들은 그들 앞에 놓인 기회와 위험을 명확하게 파악하고 대처할 수 있을 것이다. 그것이 나의 역할이라 생각한다.

서서히 나는 '어떻게'를 다루던 데서 '왜'라는 질문으로 옮겨 왔다. 소크라테스적 충동이 나로 하여금 계속 질문을 던지게 만든다. 대다수 사람은 대기업에서 일하는 것을 좋아하지 않는데 왜 그런 큰 조직이 필요할까? 큰 조직은 왜 직원을 그렇게 대하는 걸까? 우리는 왜 이렇게 살고 있는 걸까? 성공에는 참으로 다양한 얼굴이 있는데 우리는 왜 지금 이런 성공을 선택한 걸까? 우리는 왜 세상의 수많은 불의를 보면서도 아무것도 하지 않는 걸까? 우리는 왜 우리의 기대를 저버린 신에게 계속 매달리는 걸까? 돈 자체가 목적인 돈에 대한 사랑이 너무 과한 건 아닐까? 문제가 있는 것은 자본주의 자체인가, 아니면 자본주의에 대한 우리의 해석인가?

나는 사람들에게 적절한 경쟁이 유지되도록 세심하게 규제되는 자유 시장 경제만큼 세상을 더 나은 곳으로 만들어줄 체제는 없다고 말한다. 하지만 정작 자본주의 이야기에서 '더 나은 세상을 만든다'는 문구가 빠지는 경우가 많다. 현재로서는 자본주의가 이기심을 원동력으로 삼고 있는데. 이는 자칫 탐욕으로 변질될 수 있는 요소다. 자본주의는 약육강식의 치열한 경쟁 세계에서 자신의 이익을 위해 최선을 다하는 것이 인간의 본성이라고 간주한다. 우리는 유전적으로 아귀다툼을 벌이도록 프로그래밍 되어 있는 동물이라고 말이다. 이는 다소 우울한 가정이다. 그리고 반드시 사실인 것도 아니다. 우리는 모두 이타적인 유전자를 갖고 있고, 세상에서 무언가를 얻고 싶은 만큼 세상에 공헌하기를 원한다. 내가 보기에 기업과 기업에서 활용하는 판단 기준에서 힘을 얻은 이기적 자본주의 담론이 반드시 사실이라고 볼 수 없는 대의명분에 우리를 가둬둘 위험성이 있다. 하지만 약육강식의 잔인한 자본주의가 지배적일 때 속으로만 반론을 제기하며 통념을 따르는 것 말고 우리가 무엇을 할 수 있을까.

클수록 그리고 많을수록 좋다는 자본주의의 논리 앞에 기업은 끊임없이 경쟁 기업을 인수하여 덩치를 불린다. 그런 과정에서 은행가와 컨설턴트의 도움을 받아 인수 합병을 실행하지만 최종적으로 고객과 인수한 회사 주주들이 혜택을 본 경우는 소수에 불과한데도 말이다. 그런데도 기업은 왜 통제하기도 벅찬 거대 조직을 만들어내면서 계속해서 인수 합병을 추진하는 걸까? 기업은 왜 연간 활동 보고를 할 때 고객이나 전체 사회의 이익은 말하지 않고 자신들의 이익만 이야기하는 걸까? 더 많은 권한과 매출, 영향력 등 많을수록 좋다고 생각하기 때문이다. 기업 이외 다른 영역의 조직에서는 많은 것이 항상 좋은 것이 아니라는 사실을 안다. 나는 가끔 기업 경영진에게 '교향악단에 내년도 성장 계획이 무엇이냐고 물으면 어떤 대답이 나올 것 같냐'고 묻는다. 아마 악단의 수나 공연 횟수를 늘리는 것보다는 레퍼토리와 명성을 높이는 쪽을 더욱 중요한 목표로 삼을 것이다. 물론 돈이 많으면 좋겠지만 그것은 이런 목표를 달성하기 위한 수단일 뿐이라고 답할 것이다. 예술 단체나 학교처럼 작을수록 오히려 더 나은 결과를 내는 조직도 있다. 나파밸리에서 와인을 제조하는 사람을 만났는데 그의 꿈은 사업을 키우는 것이라고 했다. 내가 주위를 둘러보며 물었다. "추가 토지를 어디서 찾을 건가요? 이웃의 땅을 사들일 생각입니까?" 그러자 그가 대답했다.

"아아, 부피를 키우겠다는 게 아닙니다. 그럴 필요는 없지요. 그냥 좀 더 낫게 하자는 것이지요."

왜 많은 기업이 이렇게 생각하지 않을까?

나는 기업이 수단을 목적으로 혼동하고 있다고 생각한다. 정부의 지원을 받는 우리 사회가 기업의 목적을 다수의 욕구를 충족시키는 것으로 재정의하기 전까지는 앞으로도 계속 그럴 것이다. 세금만 내고 나머지는 정부에 맡겨두는 것만으로는 충분하지 않다. 우리는 기업의 목적을 재정의하고, 기업의 변화를 이끌기 위한 적극적인 노력을 해야 한다.

당연한 얘기지만 나의 주장은 내 가치관의 반영이다. 나는 결국 도구에 불과한 조직보다 개인을 더 소중하게 생각하는 사람이다. 조직이 사실상 조직이라고 볼 수 있는 개인을 좀 더 진지하게 받아들이면 조직의 목표 달성이 한결 수월해질 것이다. 넓은 의미에서 조직은 사회를 위한 봉사자이다. 기업은 사람들이 필요로 하거나 원하는 물건과 서비스를 제공하기 위해 존재한다. 우리는 효율적이고 효과적으로 일하기 위해 조직에 의존한다. 이상적으로는 조직의 이익과 우리의 이익이 일치해야 한다. 조직이 목표를 단순한 생존 이상의 가치로 정의하면 가장 번창할 것이다. 오로지 자신의 이익만을 위해 일하는 개인과 조직은 결국 자신들이야말로 최악의 고객이라는 사실을 깨달을 것이다. 결코 만족하는 법도 없고, 좀체 감사할 줄도 모르고, 남겨줄 유산도 없을 테니까 말이다. 풍요로운 현대 사회에서 성공의 정의는 가장 다루기 힘든 문제다. 선택의 폭이 좁았을 때가 오히려 쉬웠다. 지금 우리는 선택이 가능하지만 선택을 위한 좋은 기준이 없는 상황에 놓여 있다. 그래서 기업의 경영진도 철학자가 되어야 한다.

17장 ◦ 일을 겸한 여행

Myself And Other More Important Matters

인도의 콜카타에서 현지 사업가를 대상으로 하는 경영 세미나에 내가 흥미가 있었을까? 영국문화원이 내가 오스트레일리아로 가는 길에 인도를 들른다는 말을 듣고 강연 요청을 해왔다. 영국문화원은 화려한 경력을 자랑하는 인재들로 구성된 훌륭한 기관이지만 돈이 많지 않았다. 그들이 제시한 수수료도 적었다. 하지만 나의 대리인인 엘리자베스는 상상력 빼면 시체인 그런 사람 아니었던가. 그녀는 '돈은 안 줘도 되니까 그 대신 문화원이면 인맥이 넓을 테니 콜카타에서 가장 흥미로운 네 사람과 한 시간만 만나게 해줄 수 있느냐'고 제안했다.

그래서 우리는 알고 보니 유쾌한 마르크스주의자인 주지사, 수녀들에 둘러싸인 테레사 수녀, 대학 부총장, 저명한 지역 예술가와 함께할 수 있었다. 개인적이고 비공식적인 만남이었다. 나에게는 돈으로 결코 살 수 없는 귀중한 경험이었다. 이를 계기로 우리 부부의 강연과 여행은 이런 방식이 굳어졌다. 우리는 초청자가 인맥과 영향력이 있지만, 돈이 없는 경우에는 세계 여러 나라에서 똑같은 계약을 맺었다. 주최 측에서 정치인이나 시민 지도자와 함께하는 오찬이나 만찬을 마련해줄 때도, 현지의 기업이나 학교, 박물관, 오페라하우스 등을 방문해 그곳 운영자를 만나도록 주선해줄 때도 있었다. 덕분에 나의 강연이나 세미나가 현지 문제와 밀착될 수 있었다. 세상과 다양한 문화를 배우는 재미난 방식이었다.

사실 나는 여행에 능숙하지 않았다. 명소를 구경하거나 유적지를 배회하는 것을 즐기지도 않는다. 그저 거기에 다녀왔다는 말을 하거나 머릿속에 이미지를 담아두는 것을 좋아한다. 정확히 말하면 나는 사회학적 시각을 가진 여행자라 할 수 있다. 나는 한 나라가 어떻게 돌아가는지, 사람들이 어떻게 생활하고 일하는지를 관찰하고 가능하면 직접 그들을 만나는 것을 좋아한다. 주제넘은 염탐꾼이 되지 않으면서 그런 욕구를 만족시킬 가장 좋은 방법은 방문하고 싶은 곳에 할 일이 있는 것이다. 말하자면 일과 연계하여 여행지를 방문하는 것이다. 지난 몇 년간 세계 각지에서 강연과 세미나를 해달라는 초청을 꾸준히 받았으니 나는 운이 좋은 사람이었다. 내 호기심을 충족시킬 수 있었고 초청자가 기꺼이 연락처를 공유해주었다.

하지만 무엇보다 최고의 여행 도우미는 BBC 방송국의 마이크였다. 진취적이고 유능한 PD 덕분에 나는 BBC의 여러 라디오 프로그램 제작에 참여할 수 있었다. 나에게 주어진 일종의 특권이었다. 대다수 사람은 BBC라는 마법 같은 글자가 적힌 마이크에 대고 이야기하는 것을 너무도 좋아했다. 한 프로그램에서 나는 내 인생의 여정을 되짚어보며 삶에서 종교적 의미를 찾아보라는 요청을 받았다. 나는 태어나고 자란 아일랜드, 옥스퍼드, 싱가포르, 미국, 윈저 성, 토스카나로 돌아가 현재 그곳에 사는 사람들을 만나고 당시의 내 삶이 어땠는지, 신과 인생에 대해 무엇을 배웠는지 뒤돌아보았다. 이는 좀체 주어지지 않는 매혹적인 기회였다. 지나온 삶을 돌아보고 과거의 장소를 걸어보고 자신이 떠난 사이 어떻게 변했는지 살펴보는 이런 기회를 과연 얼마나 많은 사람이 가질 수 있을까.

무엇보다도 이런 소중한 기회를 통해 나는 부끄럽게도 젊은 시절 내가 얼마나 미숙했고, 시간을 얼마나 허비했고, 마침내 나만 신경 쓰던 사람에서 주위 사람에게 관심을 갖는 사람으로 성숙하기까지 얼마나 오랜 시간이 걸렸는지를 깨달았다. 나는 1957년 메르데카 데이(Merdeka Day)에, 즉 말레이시아 독립일에 콸라룸푸르 파당 광장(지금은 독립을 기념하여 메르데카 광장으로 이름이 바뀌었다-옮긴이)에 서 있던 것을 기억한다. 눈앞에서 영국 국기가 영원히 내려지고 그 자리에 말레이시아 국기가 올라갔다. 옛 영연방 일부 지역이 독립하는 역사적인 순간이었다. 하지만 새롭게 독립한 시민들의 감격과 역사적 감회보다는 언제 맥주를 마시게 될까에 더 관심이 많았던 철없던 내 모습 또한 생생하게 기억한다.

방송국 마이크를 들고 다니면 남이 하는 말을 많이 들어야 한다. 그들의 이야기를 듣다 보면 매번 어느 곳에서나 세상이 내가 서 있는 곳을 중심으로 돌아간다는 느낌을 받는다. 실제로 만나는 사람에게는 그들의 장소가 세상의 중심이다. 런던에서 역사적인 생방송 자선 콘서트가 열리고 있을 때도 우간다 신문에 영국은커녕 유럽에 관한 뉴스조차 전혀 찾아볼 수 없다는 사실을 인지하는 것은 유익한 경험이다. 뉴질랜드에서는 자국을 지구의 중심에 놓고 영국을 위쪽 귀퉁이에 얼룩처럼 표시한 지도를 보며 은근히 즐거워한다. 이렇게 몇 주쯤 여행하고 영국 이스트앵글리아 들판의 나의 터전으로 돌아오면 방금 떠나온 수천 킬로미터 떨어진 도시에서도 여전히 삶이 지속되고 있다는 사실이 아득하게만 느껴진다. 우리가 우리만의 세상에서 벗어나려면 쓰나미, 지진, 기근 같은 대재앙과 언론의 대대적인 보도가 있어야 한다. 그마저도 열흘쯤 지나면 잊힌다. 나는 신문을 끼고 사는 일종의 뉴스 중독자다. 이처럼 뉴스에 열을 올리는 이유는 여러 가지가 있지만 내 눈에 보이는 지평선 너머에도 삶이 있다는 사실을 일깨워주기 때문이기도 하다.

그것이 우리가 여행을 하는 또 다른 이유다. 세상에는 많은 중심지가 있으며, 그곳에 사는 사람들에게는 더없이 중요하다. 사랑하고, 배우고, 세상에 무언가를 남기고 싶어하는 그들의 관심사는 우리와 무척 비슷하지만 환경이 우리와 다를 수 있다. 예를 들면 다르질링에서 찻잎을 따는 사람이 기억난다. 엘리자베스가 가족사진을 찍어주었을 때 그는 가족을 무척 자랑스러워하면서도 미소 없이 근엄한 표정을 지었다. 아이들한테 무슨 일이라도 있느냐고 물었더니 그는 오히려 우리를 의아한 듯이 바라보았다. 그는 가족이 뜨거운 태양 아래서 작은 잎사귀를 따서 등에 짊어진 광주리를 채우는 고된 일보다 나은 삶을 살기를 바랐다. 차 회사는 거기서 일하는 노동자의 자녀를 위한 무료 학교를 설립하고 아이들에게 읽기, 쓰기, 셈하기를 가르치고 있었다. 이 학교를 졸업하면 아이들은 마을의 큰 학교로 진학할 수도, 나중에 먼 델리에 있는 대학에 갈 수도 있다. 하지만 대도시에서의 삶이 과연 부모의 시골 생활보다 더 좋을까?

이는 소위 발전이라는 것을 둘러싸고 제기되는 뿌리 깊은 질문이다. 과연 많을수록 좋은 것인가? 발전할수록 좋은 걸까? 지금 상태에서 세상의 발전을 멈춘다는 것도 가능할까? 아니면 항상 세상을 앞으로 움직이기 위해 끊임없이 노력해야 마땅한 걸까? 찻잎 따는 노동자의 자녀가 모두 큰 도시로 대학을 가면 햇볕을 가려주는 키 큰 나무 그늘 아래 키 작은 차나무들이 굽이치듯 줄지어 자라는 목가적인 차 밭에는 과연 어떤 일이 일어날까? 차 밭 사이로 커다란 기계가 다닐 수 있도록 모든 것을 기계화할까? 이미 그곳에는 찻잎을 부수어 인스턴트 차로 만드는 공장이 들어서 있다. 온통 파이프와 기둥뿐인 외양이 꼭 작은 정유 공장처럼 보인다. 시장이 원하는 것이라고 그들은 말한다. 그것이 말하자면 발전이다.

참 놀라운 일이다. 시장은 냉혹한 힘을 가지고 있다. 숨기도 경쟁을 피하기도 어렵다. 만약 우리가 시장의 논리에 동참하지 않는다면 세계의 어딘가에서 다른 사람이 우리의 고객에게 물건을 팔 것이다. 그것이 바로 숨을 곳이 없는 세계화다. 사랑스러운 다르질링 차는 손으로 따서 분류하기 때문에 우려내면 찻잔 가장자리에 찻잎이 달라붙는다. 하지만 이제 그런 차는 희귀하고 값비싸다. 우리 부부는 매년 다원에서 받는 크리스마스 선물을 소중히 여기지만 차를 맛보면서 다른 많은 물품처럼 차도 이제는 하나의 상품이 되었음을 곱씹게 된다. 차가 어디서 났으며, 어떻게 따는지 누가 신경이나 쓰겠는가? 찻잎을 따는 사람의 보수가 얼마인지 누가 상관이나 하겠는가? 공정 무역 운동가를 비롯하여 많은 사람의 노력에도 불구하고 바쁜 소비자는 그저 차를 구매할 뿐이다. 시장은 모든 것을 소비자의 공통 기호에 맞춰서 들이민다. 덕분에 세상에는 온통 똑같은 물건이 넘쳐난다. 효율적이지만 슬픈 현실이다. 다름은 기쁨이다.

내가 조국 아일랜드처럼 인기가 적은 나라를 좋아하는 것도 이런 다름 때문이다. 우간다, 싱가포르, 뉴질랜드, 슬로베니아, 발트해 연안의 에스토니아, 라트비아, 리투아니아 같은 나라 말이다. 이런 나라의 상황은 이해하기도 쉽다. 나는 이런 나라들을 벼룩 경제라고 부른다. 국제 무역을 지배하는 코끼리 국가와 대비되는 개념이다. 이들이 매력적인 것은 그들의 다름, 즉 차이다. 모든 곳을 식민화하려는 글로벌 시장의 힘에 맞서는 보루로써 그들은 이 차이를 지키고자 열심이다. 이들 나라는 농지와 국민의 재능 이외에 가진 것이 없다. 싱가포르는 그나마 땅이랄 것도 거의 없지만 1인당 국민 소득으로 보면 세계에서 가장 부유한 축에 든다. 아일랜드도 마찬가지지만 이런 발전이 비교적 최근의 일이라는 점에서 싱가포르와는 다르다. 슬로베니아와 에스토니아는 유심히 볼 필요가 있고 우간다가 과연 대열에 합류할지는 두고 볼 일이다. 뉴질랜드는 최고의 대열에 들게 될까? 이들 나라는 왜 이렇게 다를까? 이들 나라를 여행하면서 무엇을 배울 수 있을까?

무엇보다 경제를 배울 수 있다. 내 가설에 따르면 벼룩 경제는 어떤 식으로든 거대한 코끼리 등에 타고 있을 때 더욱 잘 굴러간다. 그런 면에서 아일랜드는 유럽연합의 일원으로서 큰 혜택을 받았다. 아일랜드가 개발도상국 단계를 벗어나는 동안 받았던 것은 보조금과 교부금만이 아니었다. 아일랜드 정부 차원에서 외국 기업, 주로 미국 기업을 유치하기 위해 제공한 갖가지 혜택도 도움이 되었다. 덕분에 외국 기업은 공통 언어, 고학력, 젊고 값싼 노동력의 도움을 받아 유럽 시장 진출을 위한 거점으로 활용했다.

이런 외국 기업 덕택에 아일랜드는 과거 산업혁명 시기 굴뚝으로 대변되던 공업 사회를 거치지 않고 농업 사회에서 곧장 지식 정보 사회로 전환할 수 있었다. 아일랜드 젊은이들은 열정적으로 새로운 세계를 받아들였다. 컨설팅 회사 A. T 커니(A.T. KEARNEY)가 집계한 국가 순위를 보면 아일랜드는 한참 상위에 있다. 수출입 비중이 높을 뿐 아니라 1인당 해외 여행과 국제 전화 사용량 증가 면에서도 단연 앞서간다. 유럽연합이라는 코끼리도 도움이 되었지만 한편으로 아일랜드의 능동적인 자세와 준비도 중요한 역할을 했다. 아일랜드는 20년 전부터 전문가를 양성하는 고등 교육에 집중 투자했고 다국적 기업 유치에도 열심이었다. 그리하여 오늘날 '켈트의 호랑이'가 탄생했다.

뉴질랜드는 인구 규모뿐 아니라 오랫동안 유용한 코끼리였던 영국 시장에 의존해왔다는 점에서 아일랜드와 처지가 비슷했다. 뉴질랜드에게 영국은 유용하긴 하지만 다소 먼 감이 있는 코끼리였다. 하지만 영국이 유럽 공동 시장에 편입되면서 그동안 누렸던 특혜를 비롯한 각종 이점이 사라졌다. 물건을 믿고 판매할 코끼리 없이 홀로 남겨진 것이다. 뉴질랜드는 새로운 코끼리가 필요했다. 인근의 오스트레일리아는 시장 규모가 충분치 않았고 미국은 너무 멀었다. 그래서 대다수 뉴질랜드인은 중국을 새로운 코끼리로 생각한다. 그나마도 감소하는 농산물 수출을 제외하면 국내 시장에 만족해야 하는데, 국내 시장은 규모가 너무 작아 중소기업이 글로벌 경쟁자와 겨룰 만큼 성장할 수 없는 조건이다.

하지만 뉴질랜드는 워낙 물리적으로 동떨어진 위치에 있나 보니 세계 다른 지역의 위기에서도 비교적 자유로워 괜찮은 생활 수준을 누린다. 게다가 많은 뉴질랜드인이 일에 매달리느라 삶의 다른 즐거움을 놓치는 것은 어리석고 부끄러운 일이라는 인식을 갖고 있다. 딸아이가 뉴질랜드에서 6년 동안 살 때 딸을 볼 겸 뉴질랜드에 간 적이 있다. 어느 날 아침 배관공이 샤워기를 수리하러 왔다. 일하는 도중 그의 전화기가 울렸다. 보아하니 어디선가 그를 급히 찾는 모양이었다. 배관공이라는 직업상 급히 찾는 일이야 흔하겠거니 생각했다. 그런데 알고 보니 긴급한 이유는 따로 있었다. 배관공이 전화기를 내려놓고 딸아이를 보며 말했다. "죄송한데 빨리 가봐야겠습니다. 해안에 파도가 밀려왔다네요. 두 시간 뒤에 다시 오겠습니다." 하던 일을 미루고 파도타기를 하러 간단 말인가. 하지만 당황한 기색이 없는 딸아이를 보니 이곳 해변 마을에서는 늘 있는 일인 모양이었다.

아마 뉴질랜드인이 옳을 것이다. 한산한 도로와 해변이 있는 아름다운 땅에서 사는 삶은 경제적인 것 이상의 의미가 있다. 하지만 공공 서비스를 세계적인 수준으로 유지하려면 경제 성장은 필수다. 글로벌 세계는 항상 비교를 불러온다. 어느 나라도 너무 뒤처지면 훌륭한 시민이 떠날 수 있다. 경제 성장은 끊임없이 돌아가는 러닝머신 같은 것이다. 누구도 거기서 함부로 내릴 수 없다. 여유로워 보이는 뉴질랜드도 언젠가는 자국의 코끼리 기업과 물건을 팔 코끼리 나라가 필요할 것이다.

복잡하게 얽히고설킨 세상은 잠시도 멈추는 법 없이 끊임없이 내달린다. 이런 곳에서는 현상 유지라는 것이 있을 수 없다. 뭔가에 성공했는가 싶으면 또 다른 문제가 발생하여 어서 해결해달라고 아우성이다. 산 넘어 산이랄까. 하지만 가장 큰 문제는 미친 듯 내달리고 있는 이 길이 어디로 이어지는지, 정말 끝이 있는지 모른다는 것이다. 온갖 풍파를 헤치고 나아가는 여정이 어쩌면 계속할 만한 가치가 없는 것일 수도 있다. 진보는 환상에 불과할 수 있다. 하지만 계속 여행하는 것 외에는 다른 대안이 없다. 우리네 인생이 그러하듯이 말이다. 나라라고 해서 어찌 우리와 다르겠는가.

세계화는 기껏해야 득실이 반반이다. 무엇보다 어느 나라도 거기서 벗어날 수 없다. 폐쇄적인 사회를 서서히 개방해야 하는 작은 나라 부탄조차도 세계화의 거센 물결을 피할 수는 없었다. 이제 어디에도 세계화를 피해 쉴 곳은 없다. 어쨌든 세계화는 기술의 확산을 장려하고 심지어 강제하기까지 한다. 기술 확산은 기업과 국가들이 서로 뒤처지지 않으려고 기를 쓰는 와중에 자연스레 발생하는 현상이다. 경쟁에서 우위를 차지하려는 집요한 탐색은 바쁜 자본주의 꿀벌들이 가장 새롭고 저렴한 꿀을 찾아다니게 만든다. 이런 활동은 비용과 가격을 떨어뜨리는 동시에 꿀벌들이 더 새로운 지역으로 이동하여 노하우를 널리 퍼뜨려 일자리와 부를 가져다주는 역할을 한다. 이는 좋은 소식이다. 하지만 나쁜 소식은 그들이 머물다 떠난 지역이 돈과 전문 지식을 투입하여 자체 인재 은행을 구축하고 이를 영토 내에 유지할 수 없다면 그 뒤에 공백을 남긴다는 것이다.

글로벌 자본주의는 본질적으로 탐욕스럽고 성급하다. 국가는 몇 세대를 기준으로 생각하지만 기업은 몇 년, 길어야 5년 단위로 내다보며 움직인다. 신흥 시장을 찾아 떠도는 자본주의 기업은 자신들을 받아들이는 국가와 긴밀하지만 짧은 관계를 맺는다. 미국 사회학자 어빙 고프먼(Erving Goffman)은 잠시 동행하다 헤어지는 이들 기업과 국가의 관계를 '택시'에 비유했다. 물론 이렇게 머물다 가는 기업에게 악의는 전혀 없다. 받아들이는 국가 입장에서는 그들이 머무는 동안 최대한 활용하고 떠난 뒤 야기할 수 있는 혼란을 견뎌야 한다. 물론 그들이 들어오도록 유인하는 것이 무엇보다 먼저다. 불행히도 꿀벌이 떠난 뒤의 혼란은 경제 성장에 반드시 수반되는 불가피한 결과다. 경제 성장 속도가 빠를수록 최상층과 최하층의 소득 격차는 커진다. 심지어 영국처럼 노동당 정부가 이를 줄이겠다고 약속한 경우에도 마찬가지다. 안타깝게도 격차가 커질수록 뒤처진 사람들의 건강 악화, 우울증, 폭력 성향도 증가하는 것으로 보인다. 역설적이게도 경제 성장은 종종 사회의 퇴보를 가져온다. 세상에 쉬운 일은 없다.

세계화된 시장에서 소득 격차가 커지는 현상은 다른 상품과 마찬가지로 사람의 재능과 노동력이 국경을 넘어 거래되기 때문이다. 따라서 최상의 재능 가격은 반대편의 노동 비용과 마찬가지로 국가 간에 고정되어 있다. 시장은 일제히 고집스럽게 가격 하락 압력을 행사하면서 일부 가격을 올린다. 어느 책 제목처럼 승자가 모든 것을 가져간다. 따라서 부자는 더욱 부유해지고, 빈자는 절대적인 조건으로 보면 부유해진다고도 볼 수 있지만 상대적으로 보면 더욱 가난해진다. 어떻게 해야 이를 뒤집을 수 있는지 뚜렷한 해결책이 보이지 않는다. 당연히 극빈층을 시장 경제로 끌어들여 생활 수준을 향상시킴으로써 절대 빈곤을 해소할 수 있다. 이는 우리 모두에게 이익이 된다. 결국 부자가 더 부유해지려면 먼저 가난한 사람이 부자가 되도록 도와야 한다. 그래야 세계 경제 전체가 기하급수적으로 성장할 수 있다. 원인 제공자인 글로벌 시장이 문제를 해결하는 최선의 방법이라는 것이 참 이상하지 않은가. 하지만 이것이 우리에게는 유리한 경제학이다.

방송국 마이크를 들고 여행하면서 나는 죄책감이 들었다. 타인의 삶을 들여다보면서 아무런 도움도 주지 않는 '염탐꾼'이 된 기분이었다. 우리가 방문한 나라의 곤경 때문에 나의 생활이 크게 영향을 받지는 않았다. 하지만 한 번의 여행에서는 희망을 느끼며 떠날 수 있었다. 넬슨 만델라가 석방된 직후 몇 달 동안 남아프리카공화국을 방문했을 때였다. 당시는 남아프리카공화국 최초로 진정한 의미의 자유 선거 준비가 한창이던 시절이었다. 나는 한 기업의 직원 총회에서 강연할 예정이었는데 주최 측에서 친절하게도 노동조합 지도자와 아프리카민족회의(ANC, African National Congress) 관계자를 만날 수 있도록 주선해주었다. 특이하게도 그들은 하나같이 이전 정권을 비난하거나 심지어 그들에 대해 이야기하는 것조차 거부했다. 그들의 시선은 미래를 향해 굳게 고정되어 있었다. 나중에 이어진 '진실 화해 위원회(Truth and Reconciliation Commission)'는 사람들이 잘못에 대한 책임을 받아들이면서도 죄책감을 지우도록 만드는 더없이 좋은 방법이었다. 남아프리카공화국의 사례를 보며 나는 국가가 과거를 인정하고 청산하지 않으면 앞으로 나아갈 수 없다는 것을 깨달았다. 진실에 정면으로 맞서 이를 인정하지 않으면 과거가 앞으로 나아가려는 이들의 발목을 잡는 법이다. 아일랜드도 마찬가지였다. 아일랜드가 과거의 불행을 한탄하고 압제자를 탓하고 있는 동안에는 결코 앞으로 나아가지 못했다. 이후 과거의 압제자를 용서하고 나라의 운명에서 자신들의 책임을 받아들였을 때 비로소 앞으로 나아갈 수 있었다. 이는 국가뿐 아니라 개인에게도 마찬가지로 적용되며 그만큼 어려운 일이다. 나는 모든 어려움을 견뎌낸 남아프리카공화국 국민에게 깊은 감명과 희망을 느꼈고, 향후 예측되는 어려움도 많았지만 부디 잘되기를 바라며 그곳을 떠났다. 개인적으로도 그들에게서 배워야겠다고 다짐했다.

18장 ○ 일흔 살 생일

Myself And Other More Important Matters

2003년 7월 25일 나는 토스카나의 집에서 일찍 잠에서 깼다. 그날이 무슨 날인지를 깨닫자 절로 가벼운 신음이 터져 나왔다. 순식간에 나는 일흔 살이 되어 있었다. 성서에서 말하는 인간 수명에 도달했으니 인간의 한계를 넘어선 셈이다. 칠순을 기념하려고 가까운 친척이 모였다. 도대체 뭘 기념하는 거지? 생존이겠지 싶었다. 문득 보니 7월 말 토스카나 같지 않게 밖에는 비가 내리고 있었다. 이건 또 무슨 징조일까?

거울을 들여다보았다. 확실히 노인의 얼굴이었다. 정말 내 얼굴인가? 왠지 내 얼굴 같지가 않았다. 몇 주 전 런던 지하철 안에서 일어난 일이 떠올랐다. 우아한 젊은 에티오피아 여성과 시선이 마주쳤는데 그녀가 미소를 지었다. 그걸 보고 나는 생각했다. '아아! 다행이다, 아직까지 예전의 생기가 조금은 남아 있는 모양이군.' 다음 순간 여성이 나에게 자리를 양보하려 한다는 것을 알았다. 실망하는 기색을 드러내지 않으려 애쓰면서 얼굴을 붉히며 자리에 앉았다. '요즘은 여든이 되어야 진짜 노인이라는 말도 있잖아. 다행히 운과 건강이 따라주어 진짜 노인이 될 때까지 아직 10년이나 남았어.'라고 스스로를 위로했다. 어쨌든 아주 잘하진 못해도 아직까지 테니스를 치고, 아침마다 수영을 하고, 자전거를 타고, 산책을 하고, 과하다 싶을 만큼 와인을 마시고, 전일제 노동자만큼 일하고 있다.

하지만 늙은이의 징조는 이미 보였다. 무리하면 등이 말썽을 부렸다. 이른 아침에는 등이 경직되어 뻣뻣했다. 등 때문에 바닥에 앉아 양말을 신게 되었다. 매일 아침 약도 복용했다. 약은 날마다 내게 죽음을 상기시키는 신호였다. 나는 신호가 더 많지 않은 것만으로 운이 좋다고 위로하곤 했다.

죽음이라는 것은 이제 나의 앞길에서 중요한 실체가 되었다. 죽음은 마침내 우리 세대의 삶에 파고들었다. 부모님, 이모, 고모, 이모부, 고모부의 죽음이 당혹스러웠지만 한편으로는 때가 되어 그리 되었으려니 하는 마음도 있었다. 동년배들이 죽기 시작하면 아침에 일어나서 신문의 부고란을 보는 마음가짐이 달라진다. 이름을 보면 제일 먼저 그 사람의 나이를 생각하게 된다. 우리 부부는 요사이 전에 없이 많은 장례식과 추도식에 참석하고 있다. 항상 슬프지만 주위를 둘러보며 이런저런 생각을 하다 보면 편안함과 축복이 느껴지기도 한다. 고인을 기리기 위해 모인 추억을 공유한 익숙한 얼굴들을 보면 고인이 잘살다 갔다는 생각이 드는 탓이다. 동시에 내 장례식도 멀지 않았다는 사실을 새삼 실감하며 자리를 뜨곤 한다. 신변을 정리해야 할 시점이라는 생각이 든다. 그러고 나면 잠시 밝아졌던 마음이 다시 어두워진다. 계획은 영원히 살 것처럼 세우고, 오늘이 마지막인 것처럼 하루하루를 살라고들 말한다. 물론 훌륭한 말이지만 궂은 날에는 그렇게 열심히 살기가 쉽지 않다.

과연 내 장례식에 오는 사람도 내가 잘살다 갔다고 생각할까 자문해 본다. 나는 그동안 영광스럽게도 여러 대학에서 명예박사 학위를 받았다. 그런 행사에 가면 학교 관계자가 학위를 수여하는 명분을 읽는 동안 연단에 서 있는 것이 상례다. 갓 졸업하는 학생들이 지켜보는 가운데서 말이다. 그 내용이 꼭 미리 보는 사망자 약력처럼 느껴진다. 그럴 때면 내가 이미 죽은 게 아닌가 싶기도 하다. 표창장이라는 것은 당연히 찬사로 가득하다. 학위를 수여하는 대상을 비난할 수는 없는 노릇 아닌가. 그러니 표창장의 내용은 나라는 사람의 부분적인 진실만을 담고 있다. 개인의 진정한 삶의 모습은 대개 대중의 시선에 포착되지 않는다. 연예인처럼 대중의 관심을 끄는 사람이라도 마찬가지다. 파파라치도 그들의 삶의 진면모를 다 포착하지는 못한다. 아마도 스스로를 가장 잘 아는 사람은 자신이겠지만 자신조차도 항상 있는 그대로의 진실을 마주하기란 쉽지 않다. 하지만 죽음이 다가오는 시점에서는 잃을 것이 많지 않으므로 자신이 살아온 삶에 좀 더 솔직할 수 있다.

아리스토텔레스는 '임종 테스트'를 통해 인생의 마지막 날을 상상하고 자신의 삶을 어떻게 평가해야 할지 생각해보라고 조언했다. 나는 종종 세미나에서 경영진에게 이 테스트를 해보라고 권한다. "천수를 누리고 죽어 가고 있다고 상상해보세요. 가장 친한 친구가 추도식에서 여러분을 위해 읽어주었으면 하는 추도사를 써보세요." 물론 다들 어려워한다. 아직 한창 일할 나이인 중년이니 죽음이 멀게 느껴지기 때문이다. 30대 이하로 아직 죽음을 가까이서 접하지 못했거나 가깝고 소중한 사람의 죽음조차 겪어 보지 못한 사람은 죽음이라는 상황이 도저히 상상이 안 되는지 추도사가 환상이나 우스갯소리가 되어 버린다. 지긋한 나이에 진지하게 그런 연습을 해본다면 아마 여든 살 정도에 삶의 마지막에 서 있는 자신의 모습으로 상황을 설정해야 하지 않을까 싶다. 그때를 돌아볼 수 있다면 현재 자신의 시간과 정력을 쏟는 많은 일이 장기적인 안목에서 보면 보잘것없다는 것을 깨닫는다. 추도사를 읽을 친구는 아마도 상세한 경력 따위는 대충 넘어가고 고인이 어떤 사람이었는지에 집중할 것이다. 그리고 추억거리 한두 개를 곁들이고 고인을 알았던 사람들에게 두고두고 잊히지 않을 기억으로 끝맺을 것이다. 당연히 무슨 일을 했느냐보다 어떤 사람이었느냐가 중요하다.

나도 오십 대에 이런 연습을 해보았다. 당시 경험으로 남에게 인상 깊은 이력서를 만들고자 시간을 보내는 일은 결국 시간 낭비일 뿐임을 깨달았다. 초기 경력에서 내가 이룬 것들은 이미 과거 속으로 사라져 버렸음을 알았다. 조직이란 기억력이 좋지 못해서 과거 익숙했던 얼굴과 이름마저 금세 잊어버린다. 한때는 내 한마디에 움직이고 내 이름이 누구보다 중요하던 곳이라도 시간이 지나서 가보면 아무 의미가 없다. 아무도 나를 모르고 이름이나 얼굴을 알아보는 사람조차 없다는 사실을 깨닫는 것 말고는 이렇다 할 교훈도 없다. “한때 내가 여기 회장이었지.” 접수 담당자에게 그렇게 말했다. “아아, 그러세요?” 그게 전부였다. 세상의 영화는 한낱 구름처럼 흩어진다.

그렇다면 나는 누구에게 무엇을 남기고 싶은가? 어떤 개인적인 유산을 남기고 싶은가? 강연이나 방송은 물론 아니다. 나는 기억력의 조사 결과를 잘 알고 있다. 안타깝게도 내가 한 말의 80퍼센트는 방을 나가거나 라디오를 끄기도 전에 청중의 머릿속에서 지워진다. 그렇다고 책도 아니다. 내 책장에는 다양한 언어로 된 판본이 여러 권씩 꽂혀 있다.

책을 보관하는 이유는 참고용으로 쓰면서 지난 시절의 향수나 자극해 보자는 의도다. 내가 죽은 뒤에는 망자의 소지품을 태우는 의식에 따라 모두 태워주기를 바란다. 내 책을 보면 명예 학위나 기타 수상 내역을 기록한 띠지로 둘러싸여 있다. 이것들은 삶의 파편일 뿐이다. 집 뒤의 들판에서 가족들이 둘러서서 내 삶의 업적을 태울 때 장작더미로 쓰이는 편이 오히려 낫다. 책 안의 사상이 가치가 있다면 그즈음에는 다른 사람의 사고방식에 스며들어 있을 것이다. 어떤 아이디어가 누구에게 영향을 주었는지 알 수 없더라도 그 자체로 자랑스러울 것이다.

수십 년 동안 집착해온 경력 따위는 잊자. 책도 잊자. 땅속에서 썩어갈 육신도 잊자. 하잘것없는 존재라 해도 고통스럽지 않다. 내가 태어나기 전의 일도 생각해본 적이 없는데 굳이 사후의 일을 신경 쓸 필요가 있겠는가. 개인으로서 나에 대한 기억은 내가 가장 소중히 여기는 사람들인 가족과 몇몇 친구의 마음속에 남아 있기를 바란다. 만약 어떤 식으로든 불멸이 존재한다면 그것은 나를 기억하는 타인의 마음과 가슴속에 있을 것이다. 부모님이 돌아가신 지 25년이 흐른 지금 나는 오히려 살아 계실 때보다 더 많이 생각하고 그리워한다. 사실 생각해보면 충격적인 일이다.

유대인의 전통에는 상속인에게 물건이나 돈 이외에 자신의 신념과 가치관을 물려준다는 유언장이 있다. 상속인이 삶에서 자신의 신앙과 가치관을 실천하기를 바라는 마음을 담은 것이다. 타인에게 어떻게 살라고 규정하는 것이 나로서는 너무 주제넘은 행동 같지만 나도 죽은 뒤에 열어보라고 아내와 두 아이에게 써놓은 편지가 있다. 편지에는 내가 살면서 가장 중요하다고 생각한 삶의 지침을 짤막한 설명과 함께 각자에게 바라는 몇 마디가 적혀 있다. 나는 매년 편지 내용을 보충하면서 새로 쓴다. 솔직히 말하면 이런 과정은 가족보다 나에게 도움이 된다. 많은 것을 돌아보고 생각하게 하기 때문이다. 아리스토텔레스가 말한 임종 연습의 '핸디 버전'이다. 아버지가 삶과 죽음을 어떻게 생각했는지 전혀 몰랐다. 알았으면 좋았을 텐데.

가족은 내가 T. S. 엘리엇의 웹스터처럼 너무 죽음에 집착한다고 놀리곤 한다. 그도 그럴 것이 아리스토텔레스처럼 생의 마지막 순간에야 비로소 자신의 삶을 제대로 평가할 수 있다고 생각하기 때문이다. 생의 마지막 순간을 예상하면서 남은 시간을 내가 상상하는 추도사에 부합하게 살겠다는 목표를 세웠다. 보통 그렇게 할 마음의 각오가 되었을 때는 이미 상상한 임종이 아니라 진짜 임종을 맞는다. 정말 시간이 없다는 절박함이 밀려오기 전에는 인생을 꼼꼼히 돌아보기가 쉽지 않다. 조금만 미뤄두자는 유혹이 우리를 꾀기 때문이다. 자각은 약처럼 입에 쓴 법이다. 대부분의 비극에서 주인공은 너무 늦게 깨달음을 얻는다. 파우스트가 마침내 잘못을 깨달았을 때는 이미 너무 늦었다. 죽음이 코앞에 와 있었으니까.

대다수 사람처럼 항상 결심을 지키지 못하더라도 임종 훈련은 정말 중요한 일에 집중하도록 도와준다. 다행인 것은 나이가 들수록 결심을 지키기가 한결 쉬워진다는 사실이다. 겉보기에 나보다 성공한 것 같은 타인을 향한 부러움도 야망도 시들해진다. 그 이유는 대부분의 기회가 오래전에 지나가 버렸기 때문이다. 또한 그쯤 되면 현실에 맞춰 편안하게 살고자 자신의 과거와 실패를 합리화하기 때문이다. 신문의 인물 소개란에서 저명 인사에게 본인의 최악의 실수를 물어보면 처음엔 몰랐지만 결국 실수가 중요한 학습 경험이었다는 대답이 나온다. 지나고 보니 그런 배움의 기회가 있어 다행이었다는 요지다. 최악의 실수가 새로운 방향으로 나아가는 계기가 되어 결과적으로 인생의 전환점이 될 수도 있다.

나이가 들수록 잘 보이고 싶은 대상도 줄어든다. 그래서 본 대로 말하고, 바라는 대로 살고, 소중한 사람과만 시간을 보내는 것이 좋다. 성 아우구스티누스는 인생을 유혹의 사다리에 비유했다. 유혹을 차례로 밟고 올라가면서 짓눌러 없애는 것이다. 보통의 오르기와 달리 이 사다리는 나이가 들고 성장할수록 가벼워지는 것 같다. 대부분의 유혹을 오래전에 끊어 버린 탓은 아닐까.

침대에 누워 있는 생일 아침 삶을 돌아보며 어찌 후회가 없겠는가. 없었더라면 혹은 달랐더라면 싶은 것도 물론 있다. 20대를 온통 석유회사 임원이 되려고 발버둥치며 보냈는데 그러지 않았다면 더 좋았을 것이다. 한편으로 그런 경험이 없었다면 거대 조직을 내부에서 경험하지도, 관광객으로 붐비기 전 고즈넉한 동남아시아를 맘껏 즐기지도 못했을 것이다. 결정적으로 엘리자베스를 만나지 못했을 것이다. 말레이시아로 떠날 때 어머니의 작별 인사가 기억난다. "걱정하지 마라, 얘야. 네 책의 좋은 소재가 될 거다."

"책이요?" 내가 당황해서 물었다. "전 작가가 아니라 석유 회사 직원이 될 거예요." 때로 어머니들은 우리 자신보다 우리를 더 잘 안다. 돌아보면 어머니가 옳았다. 그러니 나는 그 시절을 후회하지 않는다.

나는 가끔씩 '스윙잉 식스티(swinging sixties, 60년대 중후반 런던에서 시작된 자유 분방함과 쾌락주의를 표방한 문화)' 시대에 이미 결혼해서 제대로 가정에 길들여진 나머지 그들이 주장하는 '자유'를 만끽하지 못한 것이 못내 아쉽다. 돌아보면 결혼 초기에 경제 관념을 갖고 돈을 좀 더 벌었어야 했다. 하지만 그때까지만 해도 돈벌이에 필요한 일을 할 마음의 준비가 덜된 상태였다. 정부의 선택에 어떤 방식으로든 영향을 미치는 정치 과정에 부분적으로 관여하여 이점을 활용했으면 좋았을 것이다. 하지만 나는 영혼은커녕 시간조차 특정 정당에 팔 생각이 없었다. 세상에 공짜란 없는 법인데 대가를 치를 생각이 없었으니 얻는 것도 없었다.

다시 젊은 시절로 돌아갔으면 싶기도 하다. 귀중했던 젊은 날에 별로 한 일이 없다. 당시 아일랜드는 지루한 나라였고 나 역시 따분한 청년이었다. 나는 운동도 여행도 안 했고 주위의 자연에도 별 관심이 없었다. 반면 따분한 나날이다 보니 많은 독서를 했다. 아마도 나이가 들어 글을 쓸 무렵에는 독서를 했던 것이 많은 도움이 되었을 것이다. 지금 생각하면 가난한 사람이나 실업자와 함께 뭔가를 도모하지 않고 그저 그들의 글만 썼다는 것이 후회된다. 거리 행진을 벌여본 적도, 항의 시위에 동참한 적도 없다. 세상 곳곳을 엿보는 여행을 할 때도 마찬가지였다. 세계에서 가장 가난한 지역을 돌아다녔지만 거기서 도움을 준 적은 없다. 이런 일은 가급적 젊은 시절에 하는 것이 좋다. 에너지가 넘치는 데다 잠자리나 화장실 시설은 어떨지 걱정이 상대적으로 적은 시기에 말이다. 하지만 젊은 시절에는 내 미래만을 너무 걱정한 나머지 다른 사람을 챙기지 못했다. 지금도 좋은 일에 돈을 내놓지만 현장에 가서 궂은일을 하지는 않는다. 이제는 가봐야 도움이 되기보다 민폐가 될 가능성이 높다고 나름 항변도 한다. 그럴 것이다.

나에게 성직자의 길로 들어서지 마라고 충고하던 주교님의 말씀이 다시 떠오른다. 옳은 말씀이었다.

"그 자리에서 지금 하는 일을 하게. 자네는 사제들이 결코 만나지 못하는 그런 사람을 만날 수 있지 않은가. 그런 위치를 활용해서 자네가 할 수 있는 방식으로 옳은 일을 하게." 주교님의 말은 나에게 말하자면 일종의 면책 조항 역할을 해주었다. 이후로 나는 이 말을 핑계 삼아 내가 아는 일에만 매달렸다. 당연이 옳은 말씀이었지만 사제관 시절부터 이어져온 '깨끗한 손'에 대한 죄책감은 여전히 남아 가슴 한곳을 찌른다.

아리스토텔레스도 주교의 말에 동의했을 것이다. '자신이 가장 잘하는 분야에서 최선을 다하라.' 이것이 내가 아리스토텔레스의 에우다이모니아 원칙을 해석한 것이다. 우리는 모든 일을 잘할 수 없다. 자신이 아닌 다른 사람이 되려 하지 마라. 유전자가 어느 정도는 우리를 규정한다. 좀 더 아름답게, 좀 더 똑똑하게, 좀 더 운동을 잘하게 태어났으면 하고 바랄 수야 있다. 다른 사회 계층으로 태어났더라면 삶이 달랐을 것이라고 생각할 수도 있고 실제로 그럴 수도 있다. 하지만 바람은 어디까지나 바람일 뿐이다. 언젠가 내가 대머리를 어찌하면 좋겠냐고 물었을 때 이발사가 해준 조언이 유일한 해결책이 되지 않을까 싶다. "태어나기 전에 부모를 바꿨어야지요." 하지만 나는 결코 그걸 바란 적이 없다.

로마의 풍자 시인 유베날리스(Juvenalis)에 따르면 '너 자신을 알라'는 말은 고대 그리스 델포이의 아폴로 신전에 새겨진 금언이었다. 참으로 어려운 일이다. '자신을 받아들여라' 또한 그만큼이나 어려운 일이다. 다들 그렇겠지만 나도 다르게 태어나 다른 성장 과정을 거치고 초창기를 좀 더 열심히 보냈다면 다른 삶을 살았으리라 상상할 수 있다. 하지만 어디까지나 나는 거울에 비친 내 얼굴에 만족하며 살아야 한다. 가장 잘하는 일에 집중하라는 아리스토텔레스의 제안은 백번 맞는 말이지만 그것이 무엇인지를 알고 받아들이는 것은 또 다른 문제다.

제일 잘하는 일이 젊었을 때만 가능한 그런 일이라면 상황은 더욱 힘들어진다. 당시 라디오 프로그램에서 럭비 리그 우승 팀이었던 위건의 감독과 인터뷰한 기억이 난다.

"제일 어려운 점이 뭡니까?" 내가 묻자 의외의 대답이 돌아왔다.

"혈기 넘치는 젊은 선수들에게 경기에서 뛸 날이 서른 이전에 끝난다는 사실을 납득시키고, 다른 직업을 위한 재교육을 받도록 설득하는 일입니다."

그 젊은이들은 럭비가 가장 잘하는 일인데도 오래 할 수가 없다. 전성기가 곧 지나고 남은 인생이 절정기가 될 수 있는 모든 운동 선수에게 해당되는 사실이다. 그나마 사람을 관리하는 재주를 가졌다면 사정은 좀 낫다. 운이 좋지 않다면 아직 한창때인데도 조직은 내보내려고 한다. 은퇴라는 걸 한 뒤에 '가장 잘하는 것'을 찾기는 쉽지가 않다. 내가 셸에 입사했을 때 대부분의 임원이 은퇴하고 18개월 이내에 죽었다는 말을 들었다. 그들에게는 셸 이후에 '행복'이 아예 없었다. 전문직 종사자는 자신의 전문 기술을 기반으로 독립적인 삶을 영위할 수 있으면 더 나은 삶을 살 수 있다. 하지만 이것도 점점 어려워지고 있다. 점점 더 많은 직업이 일을 유지하기 위해 비싼 보험에 들어야 하고, 급변하는 사회에서 최신 정보와 기술을 따라가는 비용도 만만치 않을 뿐 아니라 여간 어려운 일이 아니다.

우리는 은퇴를 다시 생각해야 한다. 은퇴 후 20년, 혹은 30년이 지난 뒤에도 대부분이 건강하기 때문이다. 은퇴는 명백히 잘못된 단어다. 은퇴는 인생의 또 다른 단계로 사회적 번영이 가져다준 예상치 못한 보너스이다. 이를 활용하지 않는 건 미친 짓이다. 엘리자베스와 내가 함께 쓴 〈다시 시작하는 삶(Reinvented Lives)〉이라는 책이 있다. 스물여덟 명의 여성이 60대의 삶을 이야기하는 내용이다. 성장한 아이들은 각자의 삶을 찾아 떠나고 부모님은 돌아가신 시점이라 그녀들은 자신의 삶에 집중할 수 있는 시간이 많아졌다. 딸과 함께 레스토랑을 하거나, 국제 법률 컨설팅을 하거나, 동물 구호 자선 단체를 운영하는 등 그녀들은 새로운 직업을 시작했다. 어린 나이에 결혼하는 바람에 잊어버리고 지내던 여자 친구들과 즐거운 시간을 보내기로 한 사람도 있다. 한 부부는 손주에게 푹 빠져서 행복한 나날을 보내고 있다. 한쪽은 초혼이고 다른 쪽은 재혼이었다. 여태 해오던 일에 더욱 집중할 기회로 삼는 사람도 있었다. 한창때는 이런저런 방해를 받았지만 이제는 일에만 집중하다 보니 나날이 사업이 번창한다고 한다.

이들 이야기에서 공통점은 보너스로 받는 시기를 최대한 활용하고자 긍정적인 조치를 취하는 그들의 방식이었다. 그들은 충족감을 느끼며 바쁘게 일하는 에우다이모니아의 살아 있는 본보기였다. 그들 중에 누구도 은퇴라는 말을 쓰지 않았다. 딱 한 명 예외가 있었는데 회사에서 강제 해고되어 불만을 품은 여성이었다. 하지만 돌아보면 그 일이 자신에게 너무 좋은 기회였다고 말했다. 덕분에 새롭고 더욱 흥미로운 삶으로 나아갈 수 있었다는 것이다. 많은 사람이 시간이 지나면 직장에 다니던 때를 과거 발전적인 경험을 쌓던 시기로 돌아볼 것이다. 지금 우리가 대학 시절을 돌아보듯이 말이다. 얼마 전 이웃에게 지인의 호칭을 붙일 수 있도록 그 사람이 과거 어떤 일을 했고, 어떤 사람이었는지를 말해달라고 부탁한 적이 있다. 그는 전혀 생각이 나지 않는다며 중요하지도 않다고 말했다. 대화의 주제가 되었던 문제의 남자는 고작 예순다섯이었다. '이미 일어나고 있구나. 남자들도 역시 60대에 삶을 다시 시작하고 있어.' 나는 속으로 생각했다. 포도밭을 사서 경작하는 친구가 있는가 하면 스키나 장거리 산행을 시작하여 거기에 열정을 쏟는 그런 친구도 있었다. 또 다른 친구는 영국 개방대학을 활용하여 젊은 시절 기회를 놓쳤던 분야의 공부를 다시 시작했다. 화가가 되어 지금까지 알지 못했던 재능을 드러내거나 작가가 되어 소설을 쓰는 사람도 많다. 이들에게 과거 무엇을 했는지 물어보면 가벼운 어깻짓으로 흘려 버린다. 한때는 중요한 일이었지만 이제는 더 이상 자신을 규정할 수 없는 과거일 뿐이라는 것이다. 새로운 삶이 더 중요해졌기 때문이다. 양육과 정규 직장의 제약이 없어진 그들은 지금 가장 잘하는 일에 집중할 수 있었다. 그들은 새로운 에우다이모니아를 찾았고 그것이 얼굴에 드러난다. 모두 그렇게 운이 좋아야 한다. 우리는 그럴 수 있다.

나의 경우는 내가 아는 농부랑 닮은꼴이다. 일흔을 훌쩍 넘긴 그에게 지금 무엇을 하고 있는지 물었다. "똑같아. 느려지기만 했지." 그가 답했다. "뭐하러 다른 일을 하겠어? 이것이 내가 좋아하는 일인데." 나도 그렇다. 아리스토텔레스의 해석가인 제임스 오툴이 들려준 존 제롬(John Jerome)의 이야기가 무척 마음에 든다. 제롬은 열한 권의 책을 집필한 작가다. 하지만 2002년 초 그가 죽었을 때 그를 아는 대중은 거의 없었고 심지어 문학계와 출판계에서도 크게 주목하지 않았다. 그의 책은 생전에 대중에게 그다지 인정받지 못했다. 수영, 산, 날씨, 석벽 축조 등이 그의 책의 주제인데 사려 깊고 심오한 정신 세계를 보여준다. 〈뉴요커(New Yorker)〉지에서 일하는 그의 처남인 브루스 맥콜(Bruce McCall)에 따르면 제롬은 한때 대중의 인기도 못 얻은데다 경제적으로도 도움이 되지 않는 상황 때문에 꽤 괴로워했다고 한다. 하지만 집필의 목적이 행위 자체에서 얻는 기쁨이라는 사실을 깨닫고는 괴로움에서 벗어났다고 했다.

"책을 쓰는 이유가 팔리지 않는 데 따른 보상 심리가 아닐까 싶을 정도였습니다. 양자가 아무런 상관이 없어지자 집필 주제를 그야말로 가장 순수한 목적으로 바꿨습니다. 자신이 사는 세상을 스스로에게 설명하는 그런 내용이었죠."

나의 일하는 출판사는 내가 제롬처럼 독사를 의식하지 않고 글을 쓴다면 달가워하지 않을 것이다. 사실은 나도 스스로에게 세상을 설명하기 위해 글을 쓴다. 부디 그것이 일부 독자의 관심을 끌기를 바라면서 말이다. 베스트셀러 목록에 이름을 올려보겠다던 초창기의 야망은 많이 누그러졌다. 물론 지금도 책이 베스트셀러가 되길 바라는 허황된 마음이지만. 나는 글을 쓰는 사람이다. 그것이 내가 하는 일이다. 돌아보면 쉰이 가까워지면서 삶을 다시 시작했고 아직까지는 그런 작업을 다시 할 필요를 느끼지 않는다. 책과 기고문의 성격이 바뀌고 발표되는 빈도수가 줄지도 모른다. 강연이 짧아지고 뜸해질 수도 있다. 하지만 농부처럼 느려지더라도 같은 일을 할 것이다. 일이 뜸해지면 요리할 시간, 가족이나 친구와 먹고 이야기하는 시간, 영화, 오페라, 콘서트를 감상할 시간, 다른 배움의 방법을 찾는 시간이 늘 것이다. 왜냐하면 사람이 배움을 멈추면 삶을 멈추는 것과 같다는 사실을 타인을 보면서 알기 때문이다. 이런 활동이 세상이나 세상의 일부를 바꾸리라 생각하지는 않는다. 하지만 나는 이미 오래전에 히포크라테스 선서의 일부분을 받아들여 '어쨌든 사람들에게 해를 끼치지 않겠다'고 스스로에게 맹세했다.

돈은 항상 걱정거리다. 작가는 정기적으로 받는 연금이 없고 오로지 저축뿐이다. 셸이나 다른 조직에 아직까지 남아 있는 친구들이 그렇게 좋은 대우를 받지 못할지라도 아무것도 하지 않아도 매달 인플레이션까지 반영된 금액이 꼬박꼬박 은행 계좌로 들어오는 것이 부러울 때가 있다. 이것도 우리 세대까지지 이후 세대는 그렇게 후한 대접을 받지 못할 것이다. 장래에는 나이가 들어서도 일을 해서 정부나 과거 회사에서 제공하는 연금의 모자란 부분을 메워야 할 것이다. 나이가 들수록 필요한 자금이 줄어든다는 것은 그나마 다행이다. 활동 포트폴리오를 어떤 식으로 짜든 일부는 수익을 창출해야 한다. 돈의 실질적인 유용성과는 별개로 여전히 가치 있는 사람이라는 자신감을 심어주기 때문이다.

침대에 누운 채로 나는 삶이 얼마나 덧없는지, 우리의 주제넘은 안간힘은 또 얼마나 보잘것없는지, 그럼에도 삶이 얼마나 소중한지 새삼 깨닫는다. 애정으로 나를 키워준 부모님, 훌륭한 자식들, 내가 이룬 성공의 원천인 사랑하는 아내, 좋은 친구들, 건강한 육체까지 인생은 나에게 관대했다. 삶의 마지막 순간을 사랑하는 사람과 함께 좋아하는 일을 하면서 보낸다는 것은 분명 생각지 않은 보너스이다. 냉소적일 필요는 없다. 지그문트 프로이트 이후 위대한 심리학자로 꼽히는 에리히 프롬은 온갖 어려움에도 불구하고 '사랑은 존재의 문제에 유일하게 합리적이고 만족스러운 해답'이라고 결론을 내렸다. 누구나 나처럼 시간의 모래 위에 발자국을 남기겠다는 원대한 희망과 야망을 품고 결연하게 길을 나선다. 그리고 결국에는 볼테르의 풍자 소설 〈캉디드(Candide)〉의 주인공 캉디드처럼 '내가 하는 일의 중요성은 너무나 보잘것없지만, 내가 그 일을 한다는 것 자체는 한없이 중요하다'는 결론에 도달했다. 정말 그렇다. 이제 나는 흡족한 마음으로 침대에 누웠다.

포트폴리오 인생

1판 1쇄 발행 | 2008년 3월 21일
개정판 1쇄 발행 | 2024년 9월 6일

지은이 | 찰스 핸디
옮긴이 | 강혜정

펴낸이 | 이동희
펴낸곳 | ㈜에이지이십일

출판등록 | 제2010-000249호(2004. 1. 20)
주소 | 서울시 마포구 성미산로 1길 5 202호
이메일 | eiji2121@naver.com

ISBN 978-89-98342-82-1 (03320)